LE RENSEIGNEMENT FRANÇAIS A L'AUBE DU XXIe SIÈCLE

Jean-Jacques CÉCILE

LE RENSEIGNEMENT FRANÇAIS A L'AUBE DU XXIe SIÈCLE

lavauzelle

Crédits photographiques de la couverture :

— Transall C-160 G Gabriel de la 54e Escadre de Renseignement Air (photo 54e ERA).

— Le « Rainbow Warrior » dans le port d'Auckland (Agence Sygma).

— Satellite d'observation Helios (photo Aérospatiale).

— Membre d'une équipe de recherche humaine (SIRPA/ECPA France).

AVANT-PROPOS

Pourquoi un ouvrage sur le renseignement français juste avant le nouveau millénaire ? N'est-ce pas une démarche inutile au vu des travaux effectués dans le domaine ces dernières années ? Par exemple, après la publication d'un ouvrage aussi bien documenté que celui de Francis Zamponi, que peut-on dire au sujet des Renseignements Généraux qui n'ait déjà été écrit ? En une phrase, le livre que vous, lecteur, avez maintenant dans les mains n'est-il pas un « bouquin » de trop, tout juste bon à dormir sur les rayonnages d'une bibliothèque que l'on imagine bien fournie ? Certes non.

Observons tout d'abord que, si la seule justification de ces pages se limitait au repère temporel du changement de siècle tout proche, alors elles n'auraient pas été écrites. A part — peut-être — quelques problèmes informatiques à résoudre, sans doute le 1er janvier 2000 n'apportera-t-il aux espions français pas grand chose de plus que le 31 décembre 1999. Bref, charnière il y a certes mais cette charnière-là n'est pas exclusivement l'affaire du calendrier des Postes.

En effet, il y a avant tout changement d'époque et les premières mesures décidées en vue d'adapter l'outil français de renseignement commencent à porter leurs fruits. Hier structurés pour contenir les visées expansionnistes du communisme mondial, les organismes spécialisés se sont trouvés dans l'obligation de repenser leurs structures ainsi que leurs missions pour continuer à tenir leur place dans un monde devenu multipolaire et soumis à une évolution rapide. Cette nécessité bien comprise, dans quelles conditions s'est déroulée cette adaptation ? Quelles en sont les premières conséquences ?

Deuxième point : ces pages se veulent un tour d'horizon prenant en compte l'ensemble du phénomène « renseignement » à l'échelon national. Or, la plupart des ouvrages traitant du sujet sont plus spécialisés, ils n'abordent qu'un problème précis généralement en rapport avec l'actualité ou retracent l'histoire, exposent les structures ainsi que les missions actuelles d'un seul service. Enfin, si l'on parvient à faire l'effort intellectuel de s'extirper d'une conception trop militaro-diplomatique de ce qu'est le renseignement, on s'aperçoit que des défis nouveaux sont à relever : renseignement économique et criminalité transfrontalière ne sont que deux exemples caractérisant le contexte avec lequel nos décideurs politiques doivent maintenant composer. Comment façonnent-ils l'outil clandestin qui va les y aider ? Comment utilisent-ils les nouvelles technologies qui sont à leur disposition ? Quels choix budgétaires ont-ils fait et comment ces choix-là sont-ils traduits dans les faits ?

Il n'échappera à personne que le traitement des aspects militaires a fait l'objet d'un soin tout particulier dans les pages de ce livre; cela tient à deux raisons majeures. Tout d'abord, la « grande muette » le devient de moins en moins : aborder les organismes ainsi que les unités dépendant du ministère de la Défense et travaillant dans le domaine du renseignement devient chose relativement aisée. Les armées, en partie parce que la professionnalisation implique un recrutement de qualité, ont appris que communiquer était souvent plus rentable que de se retrancher derrière un silence hautain. Mais il y a bien entendu des limites à ne pas dépasser. Ensuite, de par une carrière menée sous l'uniforme, l'auteur de ces lignes a acquis une bonne connaissance du renseignement militaire, ce qui est moins vrai en ce qui concerne les services que l'on pourrait, par opposition, qualifier de « civils » bien qu'en l'occurrence, l'usage de ce terme soit impropre.

Voilà. Ce qui devait être dit l'a été. C'est maintenant au lecteur de se faire une opinion. Quant à l'auteur, il ne lui reste plus qu'à espérer faire passer un bon moment à tous ceux qui, ayant compris l'importance du renseignement dans nos sociétés modernes, lui ont fait le plaisir de choisir ce livre pour nourrir leur réflexion.

Un dernier point cependant : nul paragraphe de remerciement n'apparaît dans les pages de cet ouvrage et ceci n'est pas la conséquence d'un oubli mais celle d'un choix délibéré. Car le microcosme du renseignement français est par essence un monde discret et beaucoup de gens qui comptent ont apporté à l'auteur une aide bienvenue tout en requérant l'anonymat. En fait, ces derniers sont incomparablement plus nombreux que ceux qui ont accepté de voir leur nom figurer au fil des pages de ce livre. En conséquence, remercier explicitement les hommes et femmes qui ont nominativement apporté leur aide pourrait apparaître comme l'expression d'une gratitude discriminatoire vis-à-vis de ceux qui l'ont fait sous couvert de l'anonymat. Que tous, nommés ou non, soient donc collectivement remerciés des conseils qu'il ont prodigués, des interviews qu'ils ont accordées et de l'obstination dont ils ont fait preuve lorsqu'il s'est agi d'ouvrir certaines portes restant désespérément closes. Ce livre est le leur. Sans eux, il n'aurait tout simplement pas été.

Paris, mai 1998.

CHAPITRE 1

LA DIRECTION GÉNÉRALE DE LA SÉCURITÉ EXTÉRIEURE (DGSE)

DGSE : un service de renseignement et d'action

S'agissant d'un organisme tel que la DGSE, une bonne compréhension du problème suppose de garder à l'esprit l'ambivalence de ses missions : la plupart des services secrets contemporains sont en effet non seulement impliqués dans des actions de collecte du renseignement mais aussi dans des « opérations clandestines ». Cette dernière expression nécessite d'être expliquée car les actions spécifiques qu'elle désigne sont souvent confondues avec une catégorie d'opérations militaires que l'on qualifie de « spéciales ». Les Américains effectuent une distinction entre la « covert operation » permettant de dissimuler la nationalité des opérateurs et la « clandestine operation » au cours de laquelle c'est le déroulement même de l'opération qui est dissimulé aux observateurs extérieurs. Pour eux cependant, les opérations spéciales peuvent appartenir aux deux catégories ainsi définies. En France, la distinction peut se résumer à cette affirmation : les opérations spéciales sont menées en uniforme dans le cadre d'une action militaire tandis que les opérations clandestines le sont en civil et par les services secrets. C'est la survivance contemporaine de la conception qu'avait des opérations spéciales le fondateur du SAS, David Stirling, qui la formalisa ainsi : « En résumé, les Forces Aéroportées et les Commandos fournissaient des éléments d'avant-garde pour préparer l'offensive sur des objectifs tactiques, et entreprenaient des raids au niveau tactique ; tandis que le SOE était une formation paramilitaire qui opérait la plupart du temps sans uniforme. Au contraire, le SAS a toujours été une unité strictement militaire. Le SAS a toujours opéré en uniforme ». Auteurs d'un travail leur ayant valu en 1996 le prix de la Fondation pour les Etudes de Défense, Eric Denécé et Nicolas Warnery définissent quant à eux les opérations clandestines comme se caractérisant « notamment par le fait qu'elles ne laissent pas de signature (à moins que celle-ci ne soit délibérée), qu'elles revêtent souvent un caractère illégal, qu'elles sont limitées dans le temps et menées par des effectifs très réduits ». Bref, pour aider à une compréhension intuitive du sujet, relevons que le sabotage du *Rainbow Warrior* est l'archétype de l'opération clandestine : effectuée en civil — imagine-t-on les faux époux Turenge débarquer à Auckland en uniforme ? — elle était censée ne pas laisser de trace, était accomplie dans l'illégalité la plus totale, son exécution devait normalement durer très peu de temps et les effectifs impliqués restreints.

Pour appréhender parfaitement ce qu'est la DGSE, précisons que, théoriquement, elle ne devrait opérer qu'en dehors des frontières hexagonales : nous aurons plus tard au fil des pages l'occasion de revenir sur les entorses tacitement admises à ce cadre par trop rigide, ainsi que de souligner les frictions que cela engendre régulièrement avec la DST. Soulignons enfin que, hors de l'expression « contre-espionnage », le mot « espionnage » est tabou dans le petit monde des professionnels français et ce, en raison de la connotation péjorative que lui prête volontiers le langage courant. Cette remarque ne manque cependant pas de saveur lorsque que l'on développe la signification de l'ancien acronyme désignant de qui est actuellement la DGSE. En effet, les lettres SDECE signifiaient « Service de Documentation Extérieure et de Contre-Espionnage ». En clair, alors que « les autres » se livraient chez nous à des activités répréhensibles d'espionnage, nous avions le bon goût de n'accomplir chez eux que des actions de « documentation »...

Un peu d'histoire : le SDECE et l'ère de Marenches

Intrinsèquement, le microcosme des services secrets est peuplé d'hommes discrets que l'on a aucune peine à imaginer perpétuellement engoncés dans un imperméable et coiffés d'un chapeau à larges bords dissimulant leurs traits. Pour s'en persuader, rappelons simplement qu'il n'y a pas si longtemps, les noms des directeurs du Mossad et du Shin Beth israéliens étaient considérés comme relevant du secret d'Etat tandis qu'en Grande-Bretagne, l'usage était de désigner le directeur du SIS ('Secret Intelligence Service', également connu sous l'acronyme MI 6) par la seule initiale de son patronyme. Pour Alexandre de Marenches, rien de tout cela. Au contraire, une foule de surnoms tous plus imagés les uns que les autres lui collèrent à la peau, décrivant le personnage aussi sûrement que le coup de pinceau d'un impressionniste concrétise la vision artistique du peintre : « Porthos » pour sa faconde, « Le Patricien » pour son aplomb naturel ou encore « Le Mahousse » ainsi que « Le Quintal » pour sa corpulence. Car de Marenches, c'était un cas à part, un Monsieur dont Christine Ockrent se complut à dépeindre les traits en utilisant un vocabulaire dithyrambique. Dans l'éloge funèbre qu'elle fit de celui qui battit — et détient encore du reste, même si c'est à titre posthume — le record de longévité à la tête de la Piscine, elle écrivit : « C'était un seigneur. De l'imagerie du Moyen Age, jusqu'auquel il faisait volontiers remonter ses ancêtres, il avait gardé la prestance, la faconde et l'outrance. L'appétit, aussi, et le goût de la chevalerie. Il aimait les chevaux, les femmes, et il tolérait les hommes quand ils avaient du courage. » Est-ce à dire pour autant que le personnage était exempt de tout défaut et son action au-dessus de toute critique ? Certainement pas. On lui connaissait par exemple des colères mémorables ; une certaine brutalité, aussi, à laquelle il laissa notamment libre cours lorsque, appelé à la tête d'un SDECE contesté, il fit le ménage dans un service accusé de s'être laissé aller à quelques « coups bas » qui furent, au plus haut niveau de l'Etat, jugés déplacés. Bref, un René Imbot avant l'heure, le *Rainbow Warrior* en moins. Il était aussi d'un anticommuniste que Jacques Isnard qualifia de viscéral à une époque où le partage du monde en deux camps n'était pas, selon Christine Ockrent, dénué d'intérêt : « L'Union soviétique représentait l'empire du mal et le communisme, la gangrène. Dans ces années-là, le monde était plus simple, surtout pour les espions, et l'on pouvait disserter sérieusement de géopolitique, sans courir le risque d'être nargué par le moindre chef de clan serbo-bosniaque. » On a donc aucune peine à comprendre que le personnage en question n'aie pas jugé bon de rester à son poste lorsque, l'alternance aidant, François Mitterrand avalisa en 1981 la présence de ministres communistes dans le gouvernement d'union de la gauche. Sans doute peut-on également dire que de Marenches confondit parfois les fonctions de directeur général du SDECE et de diplomate itinérant, confusion que Roger Faligot et Pascal Krop évoquèrent en ces termes : « Un vrai Kissinger à la française, dit volontiers de son ami (...) le général Vernon Walters, longtemps attaché militaire américain à Paris, puis numéro deux de la CIA. (...) Walters n'a pas tort. On reproche même, caserne Mortier, au directeur général de disparaître soudainement, de s'envoler constamment vers de nouveaux rivages, de délaisser son rôle de patron des services spéciaux pour se muer en Talleyrand de la diplomatie secrète. Giscard d'Estaing s'en agace : le chef du SDECE rencontre volontiers, et conseille, maintes têtes couronnées et leaders du monde arabe. » Mais, dans cette France des années 70 où l'exercice du pouvoir en matière de politique étrangère passe parfois par les voies diplomatiques « normales » et souvent par des réseaux occultes, sans doute faut-il croire que l'agacement dont fit preuve le chef de l'exécutif fut superficiel. Pour avoir maintenu Alexandre de Marenches à la tête du service pendant onze longues années de 1970 à 1981, sans doute les décideurs politiques qui prirent successivement en charge les intérêts français y trouvèrent-ils leur compte.

Au sein même d'un SDECE excessivement militarisé, il devait à son grade de colonel de réserve le fait d'être respecté. N'avait-il pas, en outre, été blessé en participant à la campagne d'Italie avant d'être nommé aide de camp du général Juin, futur maréchal de France ? Dans certains cercles, ce sont là des laissez-passer qui, quand bien même fussent-ils brandis par un civil, forcent le respect envers celui qui les détient. Son dernier combat à la tête du SDECE fut de vilipender l'invasion de l'Afghanistan : il se complut dans les déclarations affirmant à qui voulait l'entendre qu'il avait prévu l'irruption des soviétiques à Kaboul. Sans doute y trouva-t-il à posteriori une justification à son anticommuniste « primaire ». Ce n'est cependant qu'en 1986 que la DGSE commença à s'impliquer physiquement au compte-gouttes dans un conflit qui semblait déjà perdu par les Soviétiques; certaines sources affirment cependant que, dès 1983, les services secrets français livrèrent à la résistance afghane une quantité non négligeable d'armements et d'équipements.

Du SDECE à la DGSE : un profane à la tête du service

L'arrivée de la gauche au pouvoir et de ministres communistes au gouvernement précipita donc la démission d'Alexandre de Marenches qui fut remplacé par Pierre Marion dont l'expérience en matière de renseignement était inexistante : tout juste peut-on mentionner qu'il aurait collaboré avec les services secrets en tant qu'honorable correspondant sans que la réalité de cette collaboration ait cependant été établie de manière indiscutable. Du reste, dans un ouvrage en forme de jeu de massacre relatant par le menu les quelques mois qu'il passa à la tête du SDECE puis de la DGSE, l'intéressé fut le premier à reconnaître sa méconnaissance du milieu. Il le fit notamment en relatant sa rencontre avec le ministre de la Défense, Charles Hernu, qui venait tout juste de lui révéler l'objet de sa « convocation » : « Je crois tout d'abord avoir mal compris. Mais non, il s'agit bien des Services Secrets. Je dis ma surprise; cela ne correspond en rien à mon expérience de quarante années d'industriel; je ne connais rien de cette activité. (...) Faut-il qu'à soixante ans je me fasse à une activité entièrement nouvelle ? (...) Comment pourrai-je remplir une telle fonction alors que je ne connais pratiquement personne au gouvernement, au Parti socialiste, parmi les militaires ? » Cette ignorance des arcanes du renseignement et des allées du pouvoir n'empêcha cependant pas Pierre Marion d'avoir ce qu'il appela une « impression » sur le SDECE, laquelle « impression » était loin d'être flatteuse. Pour lui, le service présentait un aspect désuet, peu dynamique; il s'en était fait l'idée d'un « organisme vétuste et sommeillant ». Sans doute convient-il cependant de relativiser cette impression : vis-à-vis de l'ouvrage rédigé par l'ancien chef des services secrets, on ne peut qu'être circonspect tant l'auteur semble se complaire dans l'exercice d'un sens critique omniprésent et indifférencié.

Quoi qu'il en soit, après une période d'observation de quelques mois, Pierre Marion estima avoir mesuré l'ampleur de la tâche qui l'attendait et entreprit en conséquence d'apporter un certain nombre de changements notables. Tout d'abord, l'organisme fut rebaptisé et un décret fixa les attributions de la nouvelle DGSE en ces termes : « La Direction Générale de la Sécurité Extérieure a pour mission, au profit du gouvernement et en collaboration étroite avec les autres organismes concernés, de rechercher et d'exploiter les renseignements intéressant la sécurité de la France, ainsi que de détecter et d'entraver hors du territoire national les activités d'espionnage dirigées contre les intérêts français afin d'en prévenir les conséquences. Pour l'exercice de ses missions, la DGSE est notamment chargée d'assurer les liaisons nécessaires avec les autres services ou organismes concernés; d'effectuer, dans le cadre de ses attributions, toute action qui lui serait confiée par le gouvernement; de fournir les synthèses de renseignements dont elle dispose. » Simultanément à la promulgation de ce décret, Pierre Marion se défit d'une cinquantaine de fonctionnaires du SDECE dont trois cadres supérieurs et restructura l'organisme : il créa notamment une « Direction Générale » lui permettant de contrôler étroitement les activités du service. Du reste, Pierre Marion ne cacha nullement que c'était là sa volonté puisqu'il écrivit : « En découvrant l'esprit auquel préside ma réorganisation, certains me reprocheront de conduire la Maison « rênes courtes ». Pour prolonger la métaphore, j'avoue n'avoir jamais vu un cavalier menant sa monture avec les rênes traînant par terre. (...) [l'activité des Services Secrets] réclame une étroite coordination, une attention sans faille du responsable supérieur sur nombre d'aspects opérationnels délicats, et un contrôle impitoyable des organes centraux par le biais de la Sécurité. » Dès sa prise de fonction, Pierre Marion fit de surcroît état d'une volonté affirmée de moderniser le service notamment sur le plan de l'équipement informatique ainsi que de réorienter ses activités pour favoriser une meilleure prise en compte des missions relatives à l'antiterrorisme, à la pénétration des pays de l'Est et au renseignement économique. Ces bonnes intentions ne furent cependant pas suffisantes à assurer le maintien à son poste d'une personnalité de plus en plus contestée au fil des mois. Les rênes étaient trop courtes, le personnage trop coléreux et ses envolées lyriques dans le domaine de la géopolitique indisposèrent : il fut brutalement démis de ses fonctions. L'amiral Lacoste fut choisi pour le remplacer, mettant fin à cette première intrusion d'un civil à la tête de l'organisme de renseignement : ayant pris la tête du SDECE en juin 1981, Pierre Marion la quitta en novembre 1982. Dès le début du mois d'octobre, son successeur s'était déjà vu proposer le poste...

Si Pierre Marion avait été avant tout choisi grâce aux sentiments d'amitié que lui portait Charles Hernu, il semble en revanche que l'amiral Lacoste le fut après s'être fait remarqué des sphères proches du pouvoir que l'exercice de ses fonctions l'avait déjà amené à fréquenter. En effet, après un séjour au Centre des Hautes Etudes Militaires, il avait été appelé au cabinet militaire du ministre de la Défense Yvon Bourges avant de prendre la direction du cabinet militaire du premier ministre, Raymond Barre. Sa nomination à la tête de la Piscine fut entérinée par le Conseil des ministres en date du 15 novembre 1982; ce jour-là fut béni des officiers, sous-officiers et officiers-mariniers appartenant à la DGSE qui voyaient le poste de directeur général revenir à un militaire et ce, malgré une opposition farouche du ministre de l'Intérieur Gaston Defferre. Néanmoins, ce dernier eut partiellement satisfaction puisque l'amiral Lacoste se vit très vite imposer Philippe Parant comme directeur général adjoint. Il semble cependant que l'ancien préfet de Saint-Pierre-et-Miquelon, unanimement considéré comme un « espion de la DST », fut maintenu dans un isolement soigneusement entretenu. Cela lui évita au moins d'être éclaboussé par les retombées consécutives au sabotage du navire de l'organisation écologique *Greenpeace.*

Le traumatisme *Rainbow Warrior*

Relater une fois de plus par le menu le déroulement de l'opération qui prit le navire pour cible serait parfaitement inutile. Cependant, on ne peut évoquer l'histoire contemporaine des services de renseignement français en passant sous silence cette tragédie ainsi que les conséquences qui en découlèrent. En effet, l'affaire en question éclaire d'un jour singulier d'une part l'interdépendance entre renseignement et action clandestine, d'autre part les rapports entre la classe politique au pouvoir et les services secrets notamment au niveau des processus de prise de décision.

Les Soviétiques avaient coutume de dire « sans reconnaissance, pas un pas » : cette maxime semblant sortir tout droit du discours d'un tacticien militaire prend tout son sens lorsqu'on aborde l'étude ou la planification d'une opération clandestine. Les agents « action » que l'on envoie sous couverture dans un pays étranger doivent être totalement familiarisés avec les lieux censés servir de cadre à l'opération : cette règle est intangible et doit être appliquée avec une manie du détail confinant à l'obsession. Pas un immeuble, pas une rue ne doit leur être inconnu et cette simple constatation de bon sens amène à considérer d'un œil nouveau l'effort « renseignement » préalable à l'action. Il va de soi — et c'est l'évidence même —

que la cible visée doit faire l'objet d'un dossier aussi complet que possible mais les actions de collecte des informations doivent également concerner une documentation plus triviale : plans de ville, schémas des réseaux de transports en commun, cartes postales touristiques, guides, informations concernant le mode de vie, etc. Il ne faut pas oublier, de plus, que les agents doivent être parfaitement en règle avec les formalités administratives en usage; cela implique non seulement la connaissance des formalités en question mais aussi la mise à contribution d'ateliers parfaitement outillés pour reproduire toute une gamme de documents dont il importe de reconstituer la matière du support, d'imiter les tampons nécessaires ainsi que de connaître l'identité des autorités censées les délivrer. Ces documents doivent coller parfaitement avec la « légende », tissu de demi-vérités et de mensonges s'appuyant sur des faits réels destinée à faire endosser à l'agent « action » une personnalité semi-imaginaire interdisant de remonter jusqu'au service d'appartenance en cas de capture. En fait, l'éventail des informations à réunir est tellement ouvert qu'il est quasiment impossible d'en dresser un catalogue exhaustif : dans l'absolu, un clandestin doit s'identifier à son personnage de manière suffisamment crédible pour qu'aucun contrôle de quelque nature que ce soit ne puisse permettre de découvrir la supercherie.

Or, dans le cas du *Rainbow Warrior,* il apparaît que cette phase indispensable fut négligée faute de temps : décidée fin mars 1985, le sabotage eut lieu le 10 juillet de la même année, ce qui laissa aux planificateurs du Service Action à peine plus de trois mois pour monter l'opération là où le double est considéré comme un minimum. C'est du moins la thèse que soutint Jacques Derogy lorsqu'il écrivit : « Or, et c'est la deuxième faiblesse de l'opération, elle est préparée en un temps record. Pour être au point, estiment les 'pros', une mission aussi pointue nécessite six mois, voire un an de préparation. Plusieurs équipes doivent se relayer pour étudier le terrain; des agents de la Recherche doivent reconnaître les lieux avec une telle précision que les exécutants pourront y évoluer les yeux fermés, comme s'ils y avaient vécu. C'est ce qu'on apprend à Aspretto. L'affaire d'Auckland a été montée en catastrophe, en trois mois à peine. » Ce fut court, très court, d'autant plus que la DGSE n'était pas implantée en Nouvelle-Zélande où elle n'entretenait aucune infrastructure ni « honorable correspondant » d'aucune sorte. La préparation « renseignement » de la mission fut en conséquence réduite à sa plus simple expression, ce qui conduisit à une prise de risque dans certains domaines. Tout d'abord, la « taupe » infiltrée dans les rangs de *Greenpeace* par les services secrets français ne dut son salut qu'à une extraordinaire cécité de l'organisation pacifiste : il apparaît en effet à posteriori que sa « légende », échafaudée dans l'urgence, n'aurait probablement pas résisté longtemps au moindre contrôle un peu sérieux. Surtout en cas d'intervention discrète mais efficace d'un quelconque service étranger sympathisant... Ensuite, les faux époux Turenge débarquant sur le sol néo-zélandais furent surpris par ce qu'ils y trouvèrent et le récit qu'en fit Dominique Prieur dans l'ouvrage qu'elle rédigea en collaboration avec Jean-Marie Pontaut ôte toute équivoque à ce sujet : « Ma première impression du pays confirme toutes mes craintes. On nous avait décrit la Nouvelle-Zélande comme 'très américanisée', avec un mode de vie proche de celui des Etats-Unis. Or, à Auckland, c'est exactement l'opposé de l'agitation des agglomérations américaines. La ville ressemble plutôt à une paisible bourgade de province. (...) Cela signifie qu'ici les citoyens doivent assurer leur police eux-mêmes et se montrer très attentifs à tout ce qui vient modifier l'ordonnancement d'une vie bien réglée. La pire des situations pour un clandestin ! » De manière générale, quelques phrases empruntées à la fausse épouse Turenge résument admirablement son point de vue de spécialiste de l'action clandestine concernant la préparation « renseignement » de l'opération : « Visiblement, le temps presse. Pourtant, une telle opération, engageant plusieurs équipes sur place, nécessiterait de longs préparatifs et repérages. Dans le cas présent, nous disposons d'à peine trois mois (...) C'est pourquoi quelques aspects de la reconnaissance préalable ne pourront être approfondis. Les exécutants devront donc effectuer eux-mêmes certains repérages au dernier moment. » On ne peut s'empêcher de penser que, de la part des décideurs politiques, cette opération prit l'aspect d'une application pratique de l'interjection satirique : « armons-nous et partez ! » Mais ces décideurs, justement, qui furent-ils ?

A n'en pas douter, l'initiative ne peut provenir que du ministre de la Défense Charles Hernu avec l'assentiment au moins tacite du président de la République François Mitterrand ainsi que celle du premier ministre Laurent Fabius. Autant que l'on puisse en juger à l'observation des procédures en usage dans ces cas-là, la décision fut probablement acquise ainsi : François Mitterrand n'approuva ni ne désapprouva mais son silence fut interprété comme une approbation; quant à Laurent Fabius, il préféra n'en connaître que le strict nécessaire. Du reste, il n'est même pas certain que, s'il en avait exprimé la volonté, les détails de l'opération lui auraient été révélés : sans doute lui aurait-elle été présentée de manière biaisée ou incomplète et ce, pour des raisons de sécurité. Quoi qu'il en soit, il paraît surréaliste de prétendre que ni l'un ni l'autre n'ait été au courant ou du moins si c'est le cas, cela ne peut résulter que d'un comportement négligent de leur part : l'importance des fonds nécessaires à l'opération — 3 millions de francs selon Jacques Derogy — impliqua l'approbation du chef de l'Etat-major particulier du président de la République ainsi que la signature du premier ministre en personne. Ceci étant exposé, quelles furent les motivations de Charles Hernu ? Ce dernier étant mort dans les circonstances tragiques que l'on connaît et les archives les plus secrètes des organismes impliqués n'étant pas accessibles, il est difficile d'être catégorique. Il apparaît que le ministre considérait que c'était là le seul moyen de stopper les écologistes mais en était-il objectivement persuadé où s'en persuadait-il pour s'autojustifier ? Sous la pression des délais, l'éventail de solutions n'a-t-il pas été réduit à la seule alternative populairement exprimée par l'expression « ça passe ou ça casse » ? Mais alors, le ministre de la Défense n'était-il pas à blâmer pour ne pas avoir su anticiper sur les intentions des écologistes ? Une amorce de justification a été avancée par Jacques Derogy quand, s'agissant de Charles Hernu, il écrivit : « Comme bon nombre de ses prédécesseurs, il raffole des actions spéciales, l'un des rares domaines de l'Etat où les ministres jouissent vraiment du pouvoir sans avoir à rendre compte devant le Parlement ou devant leurs électeurs. Le secret défense a du bon. » Témoin privilégié du drame, l'amiral Lacoste avança quant à lui cette explication : « Nous avons tout de suite lancé une série d'enquêtes et d'études préparatoires, et il est vite apparu qu'en raison des délais trop brefs (...) nous n'aurions ni le temps ni les moyens de monter des contre-mesures non violentes. » Plus loin, l'ancien chef de la DGSE fait part des scrupules qu'il affirme avoir éprouvé : « Cette opération était trop compliquée, trop risquée et surtout condamnable dans son principe même. Mais je dois dire qu'aucune des rares personnes au courant n'a élevé d'objections. » Quant à Charles Hernu, l'amiral lui prête ces propos : « On nous fait la guerre ! La poursuite des essais nucléaires est vitale pour la défense française. C'est l'un des attributs fondamentaux de notre souveraineté, nous ne pouvons pas tolérer que quiconque nous interdise de poursuivre ces expérimentations. » Ces paroles guerrières auraient, aux dires de Pierre Lacoste, fait taire ses scrupules.

Quoi qu'il en soit, les conséquences de ce ratage furent incalculables sur les plans national aussi bien qu'international et la DGSE s'en trouva déstabilisée pour longtemps. Perte de confiance de la part des politiques, image ternie vis-à-vis de l'opinion publique et des services étrangers équivalents — Kennedy n'avait-il pas dit en parlant de la CIA : « vos succès restent dans l'ombre mais vos échecs sont proclamés à son de trompe » — furent les moindres des inconvénients avec lesquels les directeurs successifs du service durent composer dans les années qui suivirent. Plus concrètement par exemple, le Centre d'Instruction des Nageurs de Combat (CINC) d'Aspretto, connu pour avoir formé l'élite des agents du Service Action, fut dissous et sa mission reprise par le Centre Parachutiste d'Entraînement aux Opérations Maritimes (CPEOM) à Quelern. Cette restructuration malvenue eut pour résultat immédiat de dégrader dans des proportions considérables l'aptitude du service à l'accomplissement de missions impliquant une infiltration sous-marine : non seulement nombre de cadres d'expérience refusèrent de suivre mais ceux qui le firent trouvèrent en Bretagne des conditions d'entraînement loin d'être idéales. En effet, Quelern est une « garnison » située sur la presqu'île de Crozon, à proximité immédiate de la base de l'Ile Longue abritant les sous-marins lanceurs d'engins de la Force Océanique Stratégique. Autant dire que, pour des raisons de sécurité, les autorisations de plongée ne sont accordées qu'au compte-gouttes et après dépôt d'une demande en bonne et due forme respectant en outre un préavis dissuasif...

Les démêlés de la DGSE avec l'organisation écologiste ne s'arrêtèrent cependant pas là. En effet, au mois de septembre 1985, le *Greenpeace,* remplaçant du *Rainbow Warrior,* fit escale à Curaçao avec la ferme intention d'appareiller en direction de Mururoa : pour les officiers de la Piscine encore sous le coup de l'échec néo-zélandais, ce fut la consternation. Cette fois-ci, la méthode employée se révéla cependant beaucoup plus subtile : la complicité d'un fonctionnaire permit d'obtenir une copie du plan de fréquence prévu pour être utilisé par une équipe de télévision embarquée. Fort curieusement, les transmissions du navire, à partir de ce moment-là, furent très régulièrement brouillées...

Alors chef d'Etat-major de l'Armée de Terre, le général René Imbot fut choisi pour remettre de l'ordre dans un organisme en état de choc. Deux tâches l'attendaient : tout d'abord faire en sorte que le pouvoir politique n'entende plus parler de la DGSE mais aussi rassurer le « clan des militaires » qui n'avait pas manqué de s'émouvoir du fait que les noms des exécutants aient été livrés en pâture à une presse avide de scandale avec le concours actif de la police française. Pour créer une manière d'électrochoc, le général Imbot en uniforme apparut au petit écran où il tint un langage abrupt que les militaires apprécièrent. A dater de cette déclaration audiovisuelle, le service se referma sur lui-même; sous les houlettes successives des généraux René Imbot et François Mermet, les espions adoptèrent une attitude respectant à la lettre les directives édictées par les hautes autorités politiques : se faire oublier. A défaut d'être un service de renseignement et d'action à l'efficacité discrète, la DGSE avait été fermement priée de ne pas se transformer plus avant en outil de destitution politique. Rapportés dans l'ouvrage de Jean Guisnel et Bernard Violet, les propos suivants tenus par un haut fonctionnaire caractérisent parfaitement l'attitude du service à cette époque : « On était absolument obligés, il fallait serrer les vis et [le général Imbot] l'a fait. Ensuite, la DGSE a replongé dans la médiocrité, mais sans faire parler d'elle. C'était ce que nous recherchions... » Cette remarque acide ne précise cependant pas le caractère apparent de cette quiétude : habitués à plus de retenue, les couloirs feutrés furent les témoins muets d'une chasse aux sorcières qui, quoique quasiment imperceptible en surface, faisait néanmoins rage au sein de l'organisme.

Le tournant Silberzahn

En date du 22 mars 1989, le conseil des ministres ratifia la nomination de Claude Silberzahn à la tête des services secrets français en remplacement du général Mermet touché par la limite d'âge. Le prétexte semble un peu mince. Dans l'absolu, il est incontournable mais, dans la pratique, l'expérience prouve que ce genre de règle contraignante est très souvent contourné voire carrément ignoré par les élites gouvernantes dès lors que cela sert la ligne politique du moment. Ecarter le général Mermet avait donc toutes les apparences d'une volonté marquée de réformer la DGSE provenant du plus haut niveau de l'Etat : il s'agissait de tourner définitivement la page après la désastreuse affaire du *Rainbow Warrior.* En outre, il importait de proclamer cette volonté à son de trompe et placer un civil à la tête de la Piscine signifiait qu'en haut lieu, « on » entendait ainsi rompre avec un passé militaire trop marqué. Quant au nouveau promu, il ne cacha pas, dans l'ouvrage qu'il écrivit, que cette nomination était désirée ; il relata en effet que, interrogé par François Mitterrand sur ses desiderata de carrière peu de temps après sa réélection, il manifesta son désir de relever le défi de la nouveauté et cita tout particulièrement la DGSE. Le chef de l'Etat prit bonne note de cette requête et c'est ainsi qu'en mars 1989, Claude Silberzahn fut, depuis 1981, la sixième personnalité à être investie des fonctions de Directeur Général de la Sécurité Extérieure. Il partageait avec certains de ses prédécesseurs le fait de n'avoir qu'une idée très succincte de ce qui l'attendait mais les lignes qu'il rédigea à ce sujet sont très révélatrices du personnage : « Ma méconnaissance a bien sûr des limites. Le haut fonctionnaire que je suis n'ignore pas que la vie des administrations, fussent-elles secrètes, recèle davantage de points communs que de différences. Certes, l'opacité de l'institution, la dissimulation de ses activités, ses budgets secrets et autres spécificités sont des données auxquelles je n'ai jamais été confronté. Mais pour devenir, au sens propre du terme, un hors-la-loi, pour savoir comment, pourquoi et à quel moment l'on transgresse les règles communes, il est nécessaire de les connaître parfaitement. » Bref, c'est conscient des ambiguïtés de sa tâche mais sans complexe aucun que l'ancien préfet de région Franche-Comté se mit au travail. Quant à l'organisme à la tête duquel il avait été placé, Georges Marion en dressa à l'époque dans les colonnes du journal *Le Monde* un portrait sans complaisance : « la DGSE ronronne et vit repliée sur elle-même, prisonnière d'un cadre idéologique sclérosé, incapable d'accueillir les compétences civiles ou militaires extérieures au cercle très étroit de son univers immédiat. » Peut-être la Piscine avait-elle pris trop à cœur les consignes imposées par l'échelon politique lui prescrivant de se faire oublier, le tout dans une ambiance de remise au pas « le petit doigt sur la couture du pantalon ». En l'occurrence, cette attitude ne semble pas avoir favorisé une ouverture vers le monde extérieur... Curieusement, dans un article publié quelques mois plus tard par le même quotidien sous la signature de Jacques Isnard, le constat semblait être devenu plus nuancé puisque ce dernier considérait qu'en regard des échecs concernant les domaines du renseignement diplomatique et politique, la DGSE faisait par contre preuve d'un certain niveau de prestations dans les secteurs militaire, scientifique, technique, industriel et financier.

Après un round d'observation ayant duré trois mois, le préfet Silberzahn annonça son intention de réformer en profondeur les structures de l'organisme qui lui avait été confié. Il créa une cellule « Stratégie/Communication » et détacha le Service Action de la Direction du Renseignement pour le subordonner à une Direction des Opérations. Cette séparation créa une dichotomie de fait dans la recherche du renseignement : alors que la Direction du Renseignement conservait la manipulation permanente des « honorables correspondants », la Direction des Opérations, sur demande, devait se tenir prête à fournir les moyens techniques permettant de monter une opération ponctuelle de recherche d'informations spécifiques. Sur le plan de l'infrastructure, le préfet Silberzahn estima qu'il était indispensable de doter la Piscine de locaux modernes et fonctionnels; en 1992, il initia en conséquence le projet « Fort 2000 ». A l'origine, ce projet était censé matérialiser l'ambition de regrouper l'ensemble des services de la DGSE à Noisy-le-Sec où était déjà installé le PC du Service Action : les services secrets français y exerçait leur emprise sur une quinzaine d'hectares agrémentés de 17 kilomètres de galeries souterraines. « Fort 2000 » eut une destinée mouvementée. Tout d'abord, la DGSE dut attendre que des crédits d'étude soient inscrits au projet de budget de la Défense 1994; une année plus tard, ce fut au tour des crédits finançant le début des travaux d'être inscrits au projet de budget 1995 : la décision semblait acquise. Las ! Chiffré initialement à 2 milliards de francs, le coût du projet « Fort 2000 » dut, dans un deuxième temps, être ramené à 1 milliard de francs pour des raisons strictement budgétaires. Ensuite, l'attention du ministre de la Défense fut attirée sur les nuisances que l'installation de la DGSE à Noisy-le-Sec risquait d'entraîner notamment pour... une espèce particulière de crapauds ! Quant aux riverains, ils s'inquiétèrent des survols d'hélicoptères dont la fréquence ne manquerait pas d'augmenter. Finalement, « Fort 2000 » fut bel et bien enterré en mai 1996, officiellement pour des raisons financières. En contrepartie, la DGSE fut autorisée à prendre possession des locaux situés en face de la caserne des Tourelles et auparavant occupés par une unité du Train.

L'affaire des crapauds est révélatrice de l'influence que peut exercer un petit groupe d'écologistes animés par ailleurs des meilleures intentions du monde pour peu que leur action soit convenablement relayée. Du reste, ce n'était pas la première fois que la DGSE avait maille à partir avec de telles associations puisqu'en 1991 déjà, l'extension des installations du centre ROEM d'Arles, en plein Parc naturel de Camargue, avait suscité un émoi certain dans les rangs des amoureux de la nature. En l'occurrence, on peut se demander s'ils ne furent pas bel et bien manipulés. Selon Claude Silberzahn, il apparaît en effet que l'autorisation d'extension avait été acquise en concertation avec la directrice du Parc, ce qui n'empêcha pas un revirement après que les associations écologistes se soient émues du projet. L'affaire motiva de la part de l'ancien Directeur Général des services secrets ces quelques lignes où pointe une certaine amertume : « C'est une histoire camarguaise, sans chevaux ni taureaux sauvages, sans souffle ni ambition, et surtout sans le moindre souci de l'intérêt général. Une histoire d'obstination butée et de promesses trahies. Une histoire d'une simplicité rare qui, plus que mille autres, vient démontrer que, dans notre pays, l'indispensable outil de renseignement ne rencontre pas toujours, quand il a besoin, le soutien qu'il est en droit d'attendre. »

Il ne faut pas pour autant en retirer l'impression que le « règne » de Claude Silberzahn à la tête de la Piscine ne fut qu'une suite d'occasions gâchées; c'est surtout et aussi lui qui eut en particulier à gérer une montée en puissance des moyens tant humains que matériels au sein de la DGSE. Cette volonté de développement fut notamment matérialisée par l'autorisation de recruter une centaine de fonctionnaires supplémentaires au cours de l'année 1992, premier stade d'un plan pluriannuel prévoyant une augmentation substantielle des effectifs de la Piscine à hauteur d'environ 500 postes au total. De même, en 1992, le budget du service s'éleva à un peu moins de un milliard de francs, en augmentation de 9,7 % par rapport à l'année précédente alors que parallèlement, le budget de la Défense ne progressait que d'environ 0,5 %, niveau largement inférieur au taux de l'inflation. Cette manne faisait en particulier la part belle aux crédits d'équipement afin de financer un plan ambitieux de modernisation des moyens informatiques et des systèmes d'interception radio; un superordinateur Cray 2 fut ainsi acquis et installé dans les sous-sol de la DGSE, boulevard Mortier. A cette époque, il n'en existait que quatre autres exemplaires dans l'Hexagone, ceux-ci appartenant à la DGA, au CEA, à l'Ecole Polytechnique et aux services de

Météo France. Sans doute l'acquisition d'ordinateurs plus performants était-elle destinée à améliorer la puissance de calcul des services de la Piscine en charge du décryptage des messages interceptés. Pour gérer cette évolution, le préfet Silberzahn obtint la nomination d'un ingénieur général des télécommunications, Jérôme Vendre, au poste de Directeur Technique.

En prenant la tête de la DGSE, Claude Silberzahn trouva sur son bureau un certain nombre de dossiers épineux dont l'un est parfaitement révélateur du changement de cap auquel la communauté du renseignement hexagonale fut soumise. Au tout début des années 90 en effet, la presse se fit l'écho de l'arrestation par le FBI d'une poignée de « taupes » françaises placées par la DGSE au sein même des principales entreprises américaines technologiquement en pointe. Le magazine *Capital* cita ainsi dans son numéro de février 1995 des sociétés telles que Boeing, Bell Helicopter Textron, IBM, Texas Instrument ou encore Northrop. Les opérations d'infiltration auraient commencé en 1970 avant de subir un coup d'arrêt en 1988 : à l'été 1989, ce fut à Claude Silberzahn qu'échut la tâche redoutable de négocier le retrait total des agents de la DGSE infiltrés outre-Atlantique. L'histoire ne dit pas, par contre, quel fut le prix à payer en échange d'une certaine mansuétude des autorités américaines. Quant aux « rapatriés », ils furent bien entendu recasés à des postes de responsabilité dans des entreprises françaises, faisant ainsi profiter l'industrie hexagonale de l'expérience acquise. Il n'y a pas de petit profit...

Quel peut être le bilan de l'action du préfet Silberzahn à la tête de la DGSE ? Dans le cadre d'une critique de l'ouvrage écrit par l'ancien Directeur Général des services secrets en collaboration avec Jean Guisnel, la lettre d'information *Le Monde du Renseignement* publia dans son numéro daté du 30 mars 1995 un paragraphe que de nombreux observateurs ont jugé assez juste : « Ce dont M. Silberzahn ne parle pas est aussi révélateur que les sujets et les thèmes qu'il aborde. Il est notamment très disert sur les actions de la DGSE en Afrique francophone. On y découvre une « Maison » en pleine possession de ses moyens, qui agit, joue de son influence, intervient de manière autonome par rapport au pouvoir central. Mais, en contrepoint, on acquiert la confirmation que la DGSE est totalement absente de l'Europe de l'Est et centrale, comme au Moyen-Orient — à l'exception notable de l'Afghanistan (...). Quant aux nouvelles menaces : drogue, blanchiment d'argent, prolifération, [Claude Silberzahn] en relève certes l'importance, affirme qu'elles constituent des priorités, mais ne convainc guère de l'efficacité des mesures mises en œuvre. »

La DGSE face aux nouveaux défis du renseignement

La chute du Mur a non seulement redistribué les cartes dans les ensembles géopolitiques régionaux mais a également favorisé l'émergence de nouvelles menaces auxquelles il n'est pas prouvé que la DGSE se soit en effet adaptée de manière satisfaisante.

Prenons par exemple le cas de l'Europe centrale. Le visage bipolaire qu'on lui connaissait jusqu'au début des années 1990 vola en éclats à la dissolution du Pacte de Varsovie. Ce bouleversement géostratégique eut pour première conséquence l'octroi de l'indépendance à des nations qui se trouvèrent alors devant la nécessité de se doter de tous les attributs de la souveraineté nationale ainsi que de créer parfois *ab nihilo* une infrastructure industrielle digne de ce nom. Cette évolution fut en outre caractérisée par sa rapidité : les pouvoirs étaient littéralement « à prendre », situation qui aiguisa les appétits et ouvrit une ère d'instabilité au sujet de laquelle quiconque voulait maintenir une certaine cohérence diplomatique se devait d'être renseigné. De toute évidence, cette situation n'échappa pas à Claude Silberzahn puis à son successeur Jacques Dewattre qui prit en main les destinées de la Piscine en juin 1993. En effet, au cours de l'année 1994, il semble que les activités de la DGSE furent réorientées dans le sens d'une importance accrue accordée au renseignement d'origine humaine, ceci impliquant une forte augmentation du nombre de postes à l'étranger ainsi que le renforcement des activités clandestines visant à implanter des agents sous couverture. Cette évolution concerna bien évidemment l'Europe centrale puisque la presse ouverte se fit l'écho des difficultés de la DGSE à pourvoir les « antennes » de Varsovie ou encore de Riga (Lettonie). A ce qu'il paraît, les volontaires ne se bousculaient pas car d'autres affectations en Europe occidentale — Madrid ou Bruxelles notamment — étaient considérées comme « plus lucratives et moins contraignantes ». On touche là du doigt l'une des distorsions du système « à la française » où considérations financières et corporatistes prennent souvent le pas sur l'intérêt général. C'est particulièrement vrai à la DGSE où, de surcroît, la lutte pour le pouvoir entre militaires et civils ne semble jamais faiblir ; Jacques Dewattre eut l'occasion de s'en rendre compte puisqu'il fut lui aussi contesté par un lobby qui aurait apprécié de le voir remplacé par l'ancien chef d'état-major de l'Armée de l'Air, Vincent Lanata. En outre, au cours de ces dernières années, nombreux sont ceux à avoir estimé que la DGSE devrait rentrer dans le giron de Matignon et ainsi échapper à la tutelle parfois pesante de l'hôtel de Brienne. Ce point de vue a l'avantage de la logique — les fonds « spéciaux » finançant les opérations clandestines ne sont-ils pas gérés par les services du premier ministre ? — mais présente l'inconvénient de réduire, dans les faits, le nombre de « fusibles » protégeant le Chef de l'Etat et dont l'utilité a amplement été démontrée lors de l'affaire du *Rainbow Warrior*...

Etre budgétairement tributaire du ministère de la Défense présente pour la Piscine plus d'inconvénients que d'avantages : en particulier, cette situation signifie qu'elle se doit de participer peu ou prou à l'effort de réduction des dépenses demandé aux armées; la volonté de redéploiement dans les pays de l'Est en a notamment été freinée. Effectivement, en vue d'initier une collaboration dans le domaine de l'antiterrorisme et du crime organisé, pieuvre dont les tentacules se moquent des frontières, des postes avaient été créés à l'étranger. Ainsi qu'il a été précisé auparavant, ce fut notamment le cas à Riga et à Varsovie mais aussi à Moscou, Rome, Londres et New York. Or, officiellement par manque de crédits, décision fut prise au cours de l'année 1995 de réduire la représentation moscovite à un seul officier traitant en le privant de son adjoint. Pour être objectif, encore doit-on mentionner que d'autres explications peuvent être avancées à ce qui apparaît comme une mesure malvenue. Certains observateurs soulignent, par exemple, le peu d'empressement à collaborer manifesté à l'époque par les autorités russes dans le domaine de la lutte contre le crime organisé ou encore la vive concurrence exercée par la DST en ce qui concerne l'antiterrorisme jusque, et y compris, à l'extérieur des frontières de l'Hexagone. L'exemple le plus frappant de cette mainmise émergente est bien entendu l'arrestation au Soudan du terroriste Ilich Ramirez Sanchez plus connu sous le sobriquet de Carlos puisque la DGSE accepta, en l'occurrence, la maîtrise d'œuvre de la DST à laquelle elle « prêta » le colonel Jean-Claude Mantion.

Pourtant, dans les textes, la répartition des attributions est on ne peut plus claire : à la DGSE le contre-espionnage et le renseignement extérieur, à la DST le contre-espionnage intérieur. Dans les faits cependant, cette règle souffrit et souffre encore de nombreuses entorses. Pour la DGSE comme pour la DST, il apparaît difficile d'aller à l'encontre de ce que l'on nomme le « droit de suite » et qui consiste respectivement pour les deux services à poursuivre sur le territoire français ou à l'étranger des opérations initiées en dehors des limites territoriales qui leurs sont attribuées. Respecter strictement les textes impliquerait en l'occurrence un « passage de consignes » qui, notamment dans le cas de la manipulation d'agents, ne présente que des inconvénients sur le plan de la sécurité. Cette évidence est particulièrement mise en relief en ce qui concerne l'affaire *Farewell* évoquée par ailleurs dans le cadre de cet ouvrage. Bref, pour la DGSE comme pour la DST, les frontières françaises ne constituent nullement des barrières à l'étanchéité incontestée. Si cette disposition est la marque d'une certaine logique, elle a également été à l'origine de tensions, voire d'une franche hostilité entre deux services déjà naturellement portés à la méfiance réciproque. Ce flou artistique dans le domaine des attributions ne facilite du reste nullement la gestion des crises à l'échelon gouvernemental, les deux organismes pouvant alors se retrouver en situation de concurrence ou, du moins, parallèlement impliqués. Ce fut notamment le cas en Algérie lors des événements ayant abouti à l'assassinat de sept moines par les Groupes Islamiques Armés en mai 1996 et dans le déroulement desquels DGSE et DST intervinrent tour à tour. Certes, cette situation présentait des avantages et résultait en particulier de la mise à contribution des compétences particulières de chacun. Il n'en reste pas moins qu'elle était avant tout la conséquence d'une précipitation consécutive à une gestion trop tardive du dossier et présenta un côté pernicieux qui doit en conforter l'aspect exceptionnel. En tout cas, cette affaire a contribué à creuser un fossé déjà par trop profond, épisode que Jacques Isnard relata en ces termes : « En la circonstance, les deux services (...) s'en sont tenus à une attitude de méfiance, voire de rivalité, l'un vis-à-vis de l'autre. Au point, dit-on, de se dissimuler des renseignements. Ce qui a provoqué des éclats de voix entre les représentants des deux services lorsque chacun a découvert les opérations menées par l'autre et lorsqu'il s'est agi d'exposer, sinon de partager, les informations ainsi obtenues. »

Dans le futur, une répartition des attributions fondée sur le critère territorial révélera probablement un caractère de plus en plus suranné; c'est du moins l'opinion de Bertrand Warusfel qui fit remarquer : « A l'heure de la 'mondialisation' des échanges (et des menaces) et de l'intégration de l'espace européen (Union Européenne, Schengen), la distinction géographique paraît encore plus difficile à respecter. » Et l'auteur de citer à l'appui de son affirmation, dans le cadre d'un texte publié par la Fondation des Etudes de Défense, les propos que le directeur adjoint de la DST tint à l'occasion du cinquantième anniversaire de sa « boutique » : « Le contre-espionnage devient une activité internationale et la DST devient un service à vocation internationale qui développe à la fois les contacts avec ses homologues étrangers et les implantations de postes à l'étranger. » On imagine l'indignation outragée qu'un tel discours n'a pas manqué de provoquer caserne des Tourelles...

L'accession de Jacques Chirac à la magistrature suprême n'a apporté aucun changement majeur à la tête de la DGSE : Jacques Dewattre en est resté le Directeur Général tandis que Michel Lacarrière a conservé son poste de Directeur du Renseignement. Quant aux moyens humains, ils ne devraient pas faire défaut au service puisque celui-ci a, selon un plan avalisé par les autorités gouvernementales en 1996, été autorisé à recruter 500 civils et 200 militaires en surcroît de ses 4000 fonctionnaires. Ceci, malgré un budget pour l'année 1998 de 1,29 milliard de francs en baisse de 5 % par rapport à 1997. Il est vrai que cette déflation est, selon certains observateurs, consécutive à l'arrivée à terme de programmes d'équipement notamment dans le domaine de l'informatique et n'affectera probablement pas un projet qui devrait voir, d'ici à l'an 2004, la modernisation de cinq stations ROEM pour un total de 300 millions de francs. En 1997, la seule surprise est venue de la nomination à la tête du Service Action d'un colonel des troupes de marine : âgé de 51 ans, il est le premier officier de ce grade à investir Noisy-le-Sec sans avoir auparavant déjà servi à la DGSE. Peut-être a-t-il été chargé de remettre de l'ordre dans les rangs après que deux responsables du SA aient été mis en cause dans la dernière tentative de coup d'état perpétrée aux Comores par Bob Denard...

La DGSE contemporaine :
esquisse d'une anatomie à la mode Silberzahn

On ne peut en effet, en ce qui concerne les structures de la DGSE, qu'esquisser un schéma organisationnel qui ne peut prétendre ni à l'exhaustivité ni à la véracité absolue : la « maison » n'a certes pas pour habitude de tenir table ouverte et le mutisme y est de règle. Il semble que ce soit le préfet Silberzahn qui ait, dans le cadre de l'ouvrage qu'il rédigea en collaboration avec Jean Guisnel et qui relate son expérience à la tête de la Piscine, été le dernier en date à exposer les structures internes de la DGSE. Du fait même de la position qu'il occupa, on ne peut qu'être enclin à accorder foi à ses écrits quoique, nous le verrons plus tard, l'organigramme qu'il détaille pêche par omission. Il nous y présente un organisme principalement subdivisé en quatre directions principales, soit la Direction du Renseignement, la Direction des Opérations, la Direction Technique et la Direction Administrative et Financière.

Traditionnellement, le Directeur du Renseignement est considéré comme le numéro 2 du service; cela tient principalement au fait que le renseignement étant l'une des missions prioritaires de la DGSE, celui qui en assure l'acquisition, le traitement et la diffusion auprès des autorités politiques extérieures est pour une large part celui qui, jour après jour, constitue ou met à mal le capital confiance dont jouit la Piscine. Cela tient aussi au fait que, avant l'arrivée de Claude Silberzahn à la caserne des Tourelles, le Directeur du Renseignement ajoutait à ses prérogatives dans le domaine du traitement de l'information celle de contrôler le Service Action : il avait ainsi la main haute sur une grande partie des moyens opérationnels de la centrale et cela en faisait un personnage qui comptait. Quoi qu'il en soit, il incombe en particulier au DR de gérer les « honorables correspondants » par l'intermédiaire des « officiers traitants » agissant sous couverture mais aussi d'assurer le suivi des relations avec les services de renseignements étrangers. Créée par Claude Silberzahn, la Direction des Opérations contrôle le Service Action mais participe également à la recherche du renseignement lorsque celle-ci nécessite l'utilisation de moyens spéciaux en vue d'accomplir une mission particulière. C'est notamment le cas s'agissant des zones géographiques d'accès difficile ou lorsque aucun poste de résident contrôlé par la Direction du Renseignement n'est établi à proximité immédiate. Bien que l'ancien directeur de la DGSE ne le précise pas explicitement, sans doute est-ce de cette manière qu'il faut comprendre ce qui est ainsi exprimé : « A compter du changement de structures, le service Action est intégré dans un ensemble placé sous le commandement d'un officier général qui, outre l'action clandestine, est en charge de l'ensemble de la recherche du renseignement par voie opérationnelle ; sur ce dernier volet, il travaille donc sur 'commande' de la direction du Renseignement, avec laquelle il entretient un dialogue permanent. » De plus, il est fort probable que les trois centres dépendant du Service Action ainsi que le Groupe Aérien Mixte 56 « Vaucluse » soient rattachés à la Direction des Opérations. Avant de poursuivre cette radioscopie, détaillons en quelques lignes ce que sont les trois centres en question et le GAM 56.

Le 11e Régiment Parachutiste de Choc a eu, ces dernières années, une existence éphémère : recréé en novembre 1985, il a été dissous en 1993 avec une discrétion frisant la clandestinité. On a souvent présenté le Régiment Parachutiste de Choc comme totalement intégré au Service Action au point de ne constituer qu'une seule et même entité : cette hypothèse ne constitue probablement qu'une vue de l'esprit. En effet, la simple observation du principe de cloisonnement dont l'application est indispensable lorsqu'il s'agit d'assurer la confidentialité d'une opération en cours conduit plutôt à pencher en faveur d'une totale indépendance du 11e RPC vis-à-vis du SA, le régiment fonctionnant alors comme un réservoir dans lequel les planificateurs du service viendraient puiser les spécialistes ponctuellement nécessaires. Du reste, le schéma organisationnel adopté pour ce que sera l'Armée de Terre du futur prouve que ce genre de conception est dans l'air du temps. Au 11e RPC ont succédé trois « centres », le Centre Parachutiste d'Entraînement Spécialisé (CPES) à Cercottes près d'Orléans, haut lieu de la guerre subversive depuis le début des années cinquante, le Centre Parachutiste d'Instruction Spécialisé (CPIS) à Perpignan — qui a repris les traditions du 11e Choc — et le Centre Parachutiste d'Entraînement aux Opérations Maritimes (CPEOM) à Quelern, installé dans l'ancien Centre d'Entraînement Commando.

Le CPEOM est l'héritier du CINC dissous dans une tentative maladroite d'extirper les racines du mal *Rainbow Warrior*. Des circonstances tragiques — la noyade de quatre militaires du contingent le 24 février 1994 — ont dévoilé que le CPEOM comprenait un certain nombre d'appelés, la grande presse ayant même cité le chiffre de 380 pour l'ensemble des services secrets français. Ces appelés pourraient notamment être des scientifiques du contingent, des hommes chargés du soutien de la base de Cercottes — formés il n'y a pas si longtemps encore par un régiment parachutiste encaserné dans l'est de la France — ou encore des gens choisis sur dossier, entraînés à la guerre clandestine et rendus à la vie civile où ils entretiendraient une forme non précisée de disponibilité. Cette dernière hypothèse est loin d'être farfelue : la presse ouverte s'est fait l'écho, à la fin de l'année 1997, d'une volonté affichée de la part du Directeur Général visant à resserrer les liens avec les associations d'anciens. Mais la raison d'être du CPEOM est avant tout d'entraîner les nageurs de combat du Service Action. Au-delà de ce que cette qualification permet en matière d'infiltration sous-marine, le simple fait que le stage de formation puisse être considéré comme le plus exigeant et le plus éprouvant de tous ceux organisés par les forces armées françaises permet de disposer d'hommes ayant prouvé leur endurance et leur stabilité émotionnelle.

Parmi les attributions « temps de paix » du Service Action figure en bonne place le montage d'opérations destinées à tester la sécurité des centrales nucléaires d'EDF. Ce fut par exemple le cas dans la nuit du 28 au 29 octobre 1987 au cours de laquelle des « saboteurs » réussirent à pénétrer à l'intérieur du périmètre clôturé protégeant la centrale du Bugey et ce, de la manière ainsi relatée dans un rapport interne d'EDF publié dans les pages du *Canard Enchaîné* en date du 25 avril 1990 : « Les agents de la DGSE sont passés par-dessus la clôture de ZS, non instrumentée, ils n'ont pas été repérés. Ensuite, apparemment avec une échelle articulée, ils sont passés par-dessus la clôture électrifiée qui entoure le réfrigérant atmosphérique de la tranche 5 et ont posé deux emballages sensés contenir des charges explosives, puis se sont retirés sans s'approcher des clôtures de ZP instrumentées. Ils ont alors installé à l'extérieur du site un lance-roquette en s'appuyant sur la clôture de ZS. Le lance-rocket visait le bâtiment combustible de la tranche 5. » Du reste, la DGSE n'est pas l'unique organisme à être impliqué dans ce genre de test et les centrales ne sont pas les seuls objectifs visés : le (ou les) rédacteur(s) se cachant sous le pseudonyme Patrick du Morne-Vert révèle(nt) en effet dans l'ouvrage *Mission Oxygène* que des simulations d'attaque ayant pour objectif certaines installations de réparation des sous-marins nucléaires ont également été menées à Brest. Nombreux ont été ceux qui ont tenté de relativiser la portée de ces actions en soulignant que la sécurité des centrales reposait avant tout sur un dispositif allégé type « temps de paix » susceptible d'être très rapidement renforcé en cas de crise. C'est sans doute oublier un peu vite que les terroristes n'établissent, eux, aucune distinction de ce genre et que le support logistique dont ils bénéficient de la part de certains Etats met entre leurs mains des armements de plus en plus sophistiqués. Cela n'est du reste même pas indispensable : un lance-missiles antichar est efficace à 2 kilomètres, tandis qu'un simple lance-roquettes analogue à celui évoqué dans l'attaque de la centrale du Bugey porte à 500 mètres. Or, la multiplication des conflits autour de la planète permet de se procurer assez facilement l'un comme l'autre.

Le Centre Parachutiste d'Instruction Spécialisée (CPIS) installé à Perpignan — après avoir été semble-t-il encaserné à Margival dans les locaux laissé vacants suite à la dissolution du Centre d'Entraînement Commando —, a été créé pour fournir un réservoir de cadres entraînés à la guerre clandestine. On ne sait pas grand chose du CPIS, tout juste peut-on imaginer le degré d'entraînement des hommes qui la composent. Espérons cependant que leur formation ne soit pas orientée de manière outrancière vers les méthodes utilisées par les commandos militaires, précipitant ainsi une sorte de confusion bien française entre la guerre spéciale et les opérations clandestines. Enfin, le Centre Parachutiste d'Entraînement Spécialisé (CPES), installé à Cercottes dans la banlieue d'Orléans et héritier de l'ancien Centre d'Entraînement des Réservistes Parachutistes (CERP), constitue un terrain d'exercice où les futurs agents du Service Action viennent acquérir et perfectionner leurs aptitudes au maniement des explosifs, au crochetage des serrures les plus rétives ou aux finesses du combat à main nue.

Installé à l'écart sur la Base Aérienne 105 « Commandant Viot » (Evreux) abritant également des unités telles que l'EE 51 « Aubrac » (DC-8 SARIGUE) ou encore le GA 59 Astarté (transmissions stratégiques), le Groupe Aérien Mixte 56 « Vaucluse » est équipé de C-160F Transall, de DCH-6 Twin-Otter et d'hélicoptères AS-532UL Cougar. Sa mission est d'assurer le soutien aéromobile des opérations menées par le Service Action. Là aussi, la règle de base est la discrétion, tout juste peut-on donc imaginer que les équipages appartenant à l'unité sont particulièrement entraînés à l'utilisation des JVN, à la navigation nocturne, au vol basse altitude et à l'atterrissage de nuit sur terrain « sommairement préparé ».

Revenons maintenant à l'organisation de la DGSE proprement dite. Claude Silberzahn précisa dans son ouvrage : « Rien ne sera changé dans la structure de la Direction Technique, où les problèmes qui se posent ne sont pas d'organisation mais de moyens : elle absorbera d'ailleurs avec bonheur une spectaculaire montée en puissance. » Donc, si l'on accorde foi aux écrits de l'ancien patron de la Piscine et si l'on se réfère à l'organigramme publié par Jean Guisnel et Bernard Violet, on peut considérer que les activités de la Direction Technique concernent avant tout la recherche technologique, les activités SIGINT, les transmissions et l'informatique. Quant à la « montée en puissance » évoquée par le préfet

Silberzahn, le député Jacques Peyrat la présenta en ces termes au cours d'une séance à l'Assemblée Nationale au mois d'octobre 1987 : « En 1988, les principales opérations concerneront : la construction d'un nouveau bâtiment lié au plan de développement des écoutes, la construction d'un centre en métropole et d'un centre hors métropole, l'extension d'un centre hors territoire métropolitain, des travaux de sécurité sur les centres et stations extérieurs. Par ailleurs, l'effort de modernisation des matériels se poursuivra sur l'informatique, l'automatisation du recueil du renseignement de source technique, la modernisation des moyens de transmission et la protection des infrastructures. »

L'effort d'équipement en outils informatiques est principalement orienté vers l'augmentation de la puissance de calcul afin d'améliorer les performances cryptologiques mais concerne également les méthodes de traitement automatisé de flux d'informations sans cesse plus volumineux. C'est en particulier ce qui a poussé la DGSE à développer, initialement en collaboration avec Thomson-CSF, un logiciel dénommé TAIGA (Traitement Automatique de l'Information Géopolitique d'Actualité) bâti autour d'un moteur d'indexation, capable de réaliser des analyses sémantiques ainsi que de fusionner plusieurs sources. Une trentaine d'exemplaires de TAIGA seraient en service non seulement à la DGSE mais aussi à la DRM, à la DGA ainsi que dans quelques entreprise parapubliques d'envergure nationale. Le scientifique à l'origine du projet TAIGA en a depuis mis au point une version évoluée dénommée NOEMIC ainsi présentée par la lettre d'information *Le Monde du Renseignement :* « Celui-ci est spécialisé dans la collecte et la fusion de sources multiples (comme des fils d'agences de presse), puis le filtrage très fin des informations dans des dossiers spécialisés. Ceux-ci sont ensuite traités par un analyste qui peut rédiger ses synthèses sans perdre de temps à trier l'information pertinente. La force de NOEMIC réside cependant dans les 8000 entrées de ses lexiques sémantiques spécialisés en géopolitique et stratégie, tels qu'ils ont été élaborés depuis plus de dix ans par Christian Krumeich autour d'un langage pivot basé sur des concepts et des associations d'idées. » Bien entendu, rien ne dit que NOEMIC ait été implanté sur les ordinateurs de la DGSE; il n'en reste pas moins que ces quelques lignes éclairent le fonctionnement d'un tel progiciel et en révèlent les possibilités au service d'applications toujours plus diversifiées : ainsi, la même publication rapporte qu'un programme analogue appliqué au domaine de l'alimentation aurait permis de prévoir l'imminence de la crise dite « de la vache folle ».

Il ne faut pas être grand clerc pour imaginer les fonctions dévolues à la Direction Administrative et Financière. Celle-ci gère les budgets de fonctionnement et d'investissement ainsi que les fonds spéciaux attribués au coup par coup par les services du premier ministre. Elle est en charge de la négociation des marchés d'équipement et suit la carrière des personnels appartenant à la Piscine. La pratique des « fonds spéciaux » est pour un service secret une nécessité incontournable garante d'une confidentialité de bon aloi ; elle est efficace si elle ne donne pas lieu en contrepartie à une vérification tatillonne des dépenses effectuées. Le préfet Silberzahn rapporte ainsi l'anecdote suivante : « A *contrario,* on ne saurait multiplier les précautions sans nuire rapidement aux avantages que doit précisément offrir ce mode de financement. Je me souviens de cet agent prétendant qu'il avait perdu la trace d'un terroriste à Beyrouth pour avoir trop attendu le ticket de caisse du serveur : depuis quelque temps, la Centrale était devenue plus exigeante pour les pièces justificatives de dépense... » Souhaitons ardemment que cette historiette quelque peu courtelinesque ne soit que la pure invention d'un espion d'origine marseillaise trop porté sur la galéjade...

Ce que le préfet Silberzahn passe, presque, sous silence...

Il est cependant trois domaines que l'ancien Directeur Général de la Sécurité Extérieure n'aborda pas dans son exposé préliminaire présentant les structures de la DGSE : la sécurité, le contre-espionnage extérieur et les activités ROEM.

Les risques de pénétration font trembler de par le monde tous les dirigeants de services secrets et c'est la tâche des responsables de la sécurité que de s'assurer qu'une « taupe » ne puisse s'infiltrer dans les délicats rouages des organismes de renseignement. Les conséquences résultant de l'activité d'un agent double œuvrant au sein même de ces organismes peuvent en effet avoir une portée incalculable et l'affaire Aldrich Ames en administra une preuve flagrante. Traditionnellement, le service de sécurité de la Piscine est coiffé par un colonel de la Gendarmerie et ses attributions le consacrent comme un des personnages les plus puissants de la maison : l'imagerie d'Epinal n'en fait-elle pas celui qui sait tout des petits travers et des vices cachés de ceux à qui échoit l'honneur de travailler boulevard Mortier ? Afin d'éviter autant que faire se peut qu'une éventuelle « chasse aux sorcières » ne soit contrecarrée par une hiérarchie éventuellement complice, le service en question a été directement rattaché au « patron » de la Piscine. Si l'on en croit Jean Guisnel et Bernard Violet, le limogeage d'un responsable de la sécurité est chose ardue et semble devoir obligatoirement, pour être mené à bien, s'entourer d'un certain nombre de manœuvres occultes souvent peu recommandables destinées à en justifier le principe.

Il est difficile de s'étendre sur les activités de contre-espionnage extérieur : elles sont intrinsèquement les plus secrètes et cela est compréhensible puisqu'il s'agit en l'occurrence de s'attaquer aux services de renseignement adverses sur leur propre terrain ou sur le territoire d'un Etat tiers. Bref, on ne sait pour ainsi dire rien — ou pas grand chose — des opérations relatives à ce domaine. En fait, la seule affaire dont l'analyse permettrait d'en dire un peu plus est bien entendu le cas *Farewell.* Seulement voilà : la source fut, en l'occurrence, manipulée par la DST...

Evoquer le Groupement de Contrôles Radioélectriques (GCR) est presque tout aussi difficile et les informations à ce sujet sont rares et fragmentaires. On touche là à un tabou français qui semble ne pas être propre aux organismes de renseignement contrôlés par l'échelon gouvernemental puisque les forces armées sacrifient en l'occurrence au même culte du secret un peu tatillon. Par exemple et s'agissant de l'Armée de Terre, des unités telles que le 44e ou le 54e RT sont quasiment inabordables pour un journaliste. Le secret est à ce point opaque qu'un auteur a même — un peu vite — cru juste de prétendre que le GCR était rattaché à la DST sous prétexte que celle-ci entretenait par ailleurs un centre d'interception radio. Il apparaît au contraire que le GCR est le plus officiellement du monde rentré dans le giron du SDECE en 1973, rattachement autoritaire qui aurait notamment entraîné deux suicides. Seule l'affaire camarguaise a permis de lever un coin du voile et, les révélations aidant, il a alors été possible de dresser une carte — même si l'on ne peut lui donner d'autre valeur qu'indicative — des installations d'interception radio de la DGSE. Ainsi, le GCR contrôlerait des centres en France métropolitaine, dans les DOM-TOM et à l'étranger. Si ces localisations permettent de quadriller l'Afrique, l'Amérique Centrale et l'Amérique du Sud, le dispositif d'interception radioélectrique français semble en revanche superbement ignorer les pays de l'Est ainsi que le sud-est asiatique.

CHAPITRE 2

LA DIRECTION DE LA SURVEILLANCE DU TERRITOIRE (DST)

Les gardiens du Temple

La DST est fille de la Libération : elle a été créée par l'ordonnance du 16 novembre 1944 relative à l'organisation du ministère de l'Intérieur, laquelle fut complétée par un arrêté du 22 novembre fixant ses attributions et ses structures internes. Selon Philippe Bernert, la création de la Direction marquait une petite révolution car, pour la première fois en France, le contre-espionnage échappait « au contrôle des militaires, avoué ou larvé ». Mis à la tête de l'organisme naissant, Roger Wybot prit soin de lui assurer une indépendance totale et mit l'accent sur l'exploitation du renseignement qu'il confia à un service de documentation créé à son initiative. La tâche dévolue aux « documentalistes » consistait principalement à exploiter les informations transmises par les agents de terrain et à mettre à jour un fichier nominatif. Il leur revenait en outre d'identifier, par recoupement, les résidents étrangers suspectés de se livrer à des activités d'espionnage ainsi que, en cas d'arrestation d'un suspect, de préparer « les schémas d'interrogatoire » et d'intervenir « comme conseillers techniques au cours des auditions. » Très rapidement, un conflit ouvert avec la DGER (« Direction Générale des Etudes et Recherches », ancêtre du SDECE) amena les deux services à s'opposer. En effet, Roger Wybot avait mis sur pied au sein de la DST un « service central de manipulation » chargé de contrôler les informateurs; or, cette création provoqua le courroux des militaires de la DGER. Ceux-ci ne manquèrent pas de faire remarquer que, selon eux, cette prérogative devait leur être exclusivement réservée. Ce « désaccord » ne fut malheureusement que le premier d'une trop longue série.

Dans le cadre d'un ouvrage qu'il écrivit et qui relate son expérience à la tête de l'organisme, Jean Rochet libella ainsi l'énoncé des missions assignées à la DST : « [la Direction] doit détecter et neutraliser sur l'ensemble du territoire national y compris l'outre-mer, toute tentative d'espionnage et d'ingérence étrangère dans tous les domaines : politique, militaire, administratif, scientifique, technique ou économique. Pour ce faire, son activité correspond à une triple mission : mission de renseignement, mission de répression, mission de sécurité. Elle est donc à la fois : — Un service de renseignement (...). — Un service de police judiciaire spécialisé (...). — Un service de sécurité (...). A ce titre, il revient également à la DST de sensibiliser à ces problèmes toutes les personnes susceptibles d'être une cible pour les services de renseignement étrangers. »

Cela peut à priori paraître étrange de devoir se référer à un exercice littéraire pour trouver une formulation explicite des attributions de la DST. Cela tient à une raison précise : dès sa création, Roger Wybot obtint que l'organisme à la tête duquel il avait été placé bénéficiât de la protection accordée par le « Secret-Défense » : ceci lui fut accordé. Dès lors, une chape de plomb s'abattit sur le service de contre-espionnage et même les décrets initiaux furent classifiés. Il fallut attendre le 26 décembre 1982 pour que le décret n° 82-1100 daté du 22 décembre et fixant les attributions de la Direction de la Surveillance du Territoire ne soit publié au Journal Officiel. Le texte en question, raccourci à l'extrême, se contentait cependant d'énoncer quelques généralités; les deux premiers articles précisaient en particulier : « Article 1 — La Direction de la Surveillance du Territoire a compétence pour rechercher et prévenir, sur le territoire de la République française, les activités inspirées, engagées ou soutenues par des puissances étrangères et de nature à menacer la sécurité du pays, et, plus généralement, pour lutter contre ces activités. A ce titre, la Direction de la Surveillance du Territoire exerce une mission de défense. Article 2 — Pour l'exercice de ses missions, et dans le cadre des instructions du Gouvernement, la Direction de la Surveillance du Territoire est notamment chargée : de centraliser et d'exploiter tous les renseignements se rapportant aux activités mentionnées à l'article 1er et que doivent lui transmettre, sans délai, tous les services concourant à la sécurité du pays; de participer à la sécurité des points sensibles et des secteurs clés de l'activité nationale, ainsi qu'à la protection des secrets de défense; d'assurer les liaisons nécessaires avec les autres services ou organismes concernés. » Bref, les amateurs de scoops en furent pour leurs frais. En fait, beaucoup plus qu'un décret organique, ce texte ressemble à une mise au point s'agissant des renseignements que « tous les services concourant à la sécurité du pays » sont censés livrer « sans délai » à la DST. En outre, l'expression « sur le territoire de la République française » prend une saveur particulière lorsque l'on songe aux affaires

Farewell et Carlos présentées ci-après. Faisons également remarquer que le texte ne fait nullement référence au « droit de suite » dont tous les services se prévalent pour s'autoriser à poursuivre en dehors de leur zone géographique de compétence une opération initiée à l'intérieur de celle-ci. Sans doute est-ce mieux ainsi : la formalisation de ce qui reste un « permis de transgression » serait pour le moins ardue tandis que son admission tacite permet à l'organisme lésé de crier au loup lorsque surgit le moindre problème. Rue Nélaton, on affirme que le volume des activités menées par la DST à l'extérieur du territoire français est infime. Pour certains, c'est encore trop...

Les missions de la DST : esquisse d'une organisation

Longs murs peints en jaune, portes anonymes soigneusement closes, fréquents changements de direction pour dérouter les rares visiteurs admis à pénétrer dans ce lieu mythique : au siège central de la DST, chaque centimètre carré de moquette respire le secret. Pour les habitués qui y travaillent, ce n'est que la routine. A plusieurs reprises en effet, le fonctionnaire commis par l'organisme pour recevoir l'auteur de ces lignes précisa : « Ce que fait mon voisin, je n'ai pas le droit de le savoir et, du reste, je ne m'en préoccupe guère ! » Le sacro-saint principe du cloisonnement cher aux hommes de l'ombre est ici poussé au paroxysme. Pour les uns, une nécessité ; pour les autres, un penchant trop marqué interdisant parfois la résolution de certaines énigmes par manque de coordination. En l'espèce, qui pourra prétendre savoir où se situe le juste milieu ? En tout cas, les fonctionnaires de la DST s'enorgueillissent d'appartenir à un des rares services occidentaux qui n'ait pas découvert de « taupe » dans ses rangs. Est-ce parce qu'il y en a jamais eu ou parce qu'on a jamais démasqué celles qui y ont été et y sont peut-être encore ? La question restera probablement longtemps sans réponse.

Actuellement, les grandes missions de la DST sont le contre-espionnage intérieur, la protection du patrimoine industriel, scientifique et technologique ainsi que la lutte contre le terrorisme.

Le contre-espionnage intérieur consiste en premier lieu à détecter toute forme d'ingérence visant « l'ensemble des rouages de notre société », définition très générale autorisant des interprétations aussi diverses que parfois divergentes. Dans ce cas, les adversaires sont les agents de renseignement étrangers opérant sous couverture diplomatique ou dans l'illégalité la plus complète ; il s'agit de les identifier ainsi que « de déterminer les objectifs qu'ils visent et de contrôler ou neutraliser les agents qu'ils recrutent. » C'est probablement et pour des raisons évidentes l'un des aspects les plus secrets des activités menées par la DST et sur lesquelles on ne peut que se livrer à un travail d'analyse basé sur des informations souvent inexactes, toujours parcellaires, distillées avec parcimonie au fil des années. Une plaquette synthétique — trop ! — aimablement cédée par la DST présente la protection du patrimoine industriel, scientifique et technologique comme nécessitant « la mise en place d'un vaste dispositif dont l'efficacité dépendra de la connaissance préalable des objectifs certains ou potentiels de l'action adverse. » Bien entendu, les fins limiers de la DST préfèrent dans ce cas précis les actions de sensibilisation plutôt que les mesures de répression : ces dernières ne compensent en effet nullement les dégâts causés et le simple fait qu'on doive y recourir signifie que les policiers de la Direction ont failli dans la mise en œuvre du volet « prévention » relatif à ce domaine. La lutte contre le terrorisme étant très largement évoquée dans le paragraphe traitant de l'affaire Carlos, esquivons le sujet pour l'instant et passons à la présentation d'un schéma d'organisation tel qu'exposé par un fonctionnaire anonyme de la DST.

Le directeur y est secondé par un directeur adjoint; il dispose en outre d'un cabinet et d'un nombre variable de conseillers représentant un éventail de compétences non ordinairement détenues par les personnels du service : psychologie, diplomatie, télécommunications et informatique. Le cabinet est notamment en charge des relations avec les services étrangers. La première division a la responsabilité des opérations de contre-espionnage, activité sur laquelle notre interlocuteur refusa de s'étendre. A la deuxième division ont été attribués les problèmes relatifs à la sécurité et à la protection du patrimoine ainsi que la prévention en matière de prolifération des armes de destruction massive. Cette division serait actuellement en pleine expansion; en particulier, les activités concernant la prolifération feraient l'objet d'une attention soutenue suite à certains événements relatifs à la guerre du Golfe et à la libéralisation dans les pays de l'Est. A ce sujet, les préoccupations permanentes de la DST incluent : la détection d'indices matérialisant la volonté de pays étrangers à se doter d'armes de destruction massive; l'identification des sociétés françaises capables de produire des matériels ou ingrédients pouvant être utilisés dans ce but; la détection des contrevenants aux réglementations en vigueur; l'identification des circuits permettant de contourner ladite réglementation et enfin la surveillance des stagiaires étrangers admis en France à effectuer des recherches pouvant avoir des applications dans ce domaine. La troisième division rassemble les services techniques; à ce titre, elle met notamment en œuvre les systèmes informatiques. Elle aussi s'adapte à la criminalité contemporaine puisqu'elle est chargée de lutter contre le piratage informatique — avec, précision qui a son importance, des « démarches et techniques propres au monde du renseignement » — et « surfe » régulièrement sur Internet. La division gère en outre un centre d'interception des communications radio propre à la DST mais qui, ainsi que le précise un commissaire de la maison, « n'a nullement la prétention de travailler au même niveau que les Américains, les Russes ou les Israéliens ». Curieusement, cette remarque évite de citer les Britanniques dont le GCHQ installé à Cheltenham passe pour être l'un des plus performants au monde. Cette omission semble avoir une raison précise : certains fonctionnaires rencontrés n'hésitent pas à faire remarquer que la station anglaise ne constitue en fait qu'une antenne des services américains de la NSA... Quant à l'activité du centre d'interception de la DST, il est, selon certaines sources, « bien utile pour mesurer l'écart entre la position officielle et la position officieuse de certains pays soutenant des organisations terroristes internationales. » Enfin, la division « services techniques » procure sur demande les matériels et spécialistes entraînés à la surveillance et aux filatures. La quatrième et dernière division suit les évolutions du monde musulman et opère dans le domaine du contre-terrorisme de nature internationale. Il n'existerait à la DST aucun service spécialisé dans la manipulation des sources pour la raison que cette fonction ne serait pas l'apanage d'une « entité distincte » mais au contraire intrinsèquement liée à « chacun des grands métiers de la Direction ». Exceptionnellement cependant — et le cas *Farewell* en est une parfaite illustration —, une cellule dédiée peut être ponctuellement formée à un niveau élevé de la hiérarchie lorsque la sensibilité d'une affaire précise le nécessite.

Des fonctionnaires dans les usines

La guerre froide étant enterrée, on peut être tenté — un peu hâtivement, reconnaissons-le — de se demander si la DST a encore un rôle à jouer : la dissolution de l'empire soviétique n'a-t-elle pas marqué un changement dans l'ampleur de la menace ? Certes non et c'est là une idée fausse trop répandue. Si changement il y a, c'est à la rigueur dans la nature de la menace mais non pas dans son ampleur, bien au contraire. En effet, non seulement cette évolution rapide du paysage géopolitique a multiplié le nombre des pays avides de rattraper leur retard notamment sur les plans économique et industriel mais encore la menace russe est toujours bien présente. Le porte-parole du *Sloujba Vnechoi Razvedki* (SVR, service de renseignement extérieur russe) a par exemple déclaré en 1996 : « La Russie est désormais intégrée au marché mondial : l'espionnage commercial prend la suite logique de l'espionnage scientifique et technologique. » Cette déclaration dénuée d'ambiguïté pêche cependant parce que nombre d'observateurs occidentaux considèrent comme une contrevérité flagrante. A Moscou, les nouvelles priorités ne semblent en effet nullement être considérées comme exclusives et on continue bel et bien à s'intéresser de très près aux laboratoires occidentaux. Du reste, la Russie ne doit pas jouer le rôle d'un arbre cachant la forêt : l'espionnage industriel est une pratique universellement répandue. Affirmer que les pays du sud-est asiatique s'y adonnent sans vergogne est par exemple devenu un lieu commun qu'enfourcha Peter Schweizer dans un ouvrage publié en 1993 et intitulé *Les nouveaux espions :* « Ici, au cœur de Paris, les divisions du contre-espionnage chargées de surveiller l'ex-URSS ont relâché leur étau pour se consacrer à ces amis asiatiques dont les délégations commerciales visitent sans relâche, avec force sourires et appareils photo, les usines les plus variées. Au total, la DST, devant la menace japonaise, a dû mettre sous surveillance discrète deux mille entreprises de pointe et cinq cents laboratoires de recherche dont cent quatre-vingts appartiennent au gouvernement français. »

La DST, de par ses attributions, a une conscience aiguë de ce phénomène, conscience qui a motivé en date du 4 juillet 1995 l'une des rares apparitions publiques d'un directeur du service en la personne de Philippe Parant. Celui-ci, intervenant dans le cadre d'un colloque organisé au Sénat par l'Institut des Hautes Etudes de Défense Nationale (IHEDN) sur le thème de la guerre économique, a tenu des propos ainsi résumés par *Le Monde du Renseignement :* « le patron de la DST a estimé que l'espionnage économique, scientifique et industriel s'est considérablement développé au cours des dernières années. Il constitue désormais 60 % des cas détectés, contre 40 % pour l'espionnage politique, diplomatique et militaire. (...) Pour M. Parant, la parade ne peut donc plus venir des seuls services officiels. (...) Il propose donc une sensibilisation du plus grand nombre possible de personnels des entreprises à l'intelligence économique. » L'expression « intelligence économique » doit bien entendu être ici interprétée au sens large et, donc, recouvrir non seulement la compréhension des différents facteurs intervenant dans la compétition économique mais également et en particulier la connaissance des capacités d'ingérence qui sont l'apanage des divers services de renseignement. Or, apprendre à se prémunir contre leurs actes inamicaux passe avant tout par une détermination opiniâtre mise au service d'une volonté continuelle de démontrer que la vulnérabilité n'est pas seulement un défaut chez l'autre mais peut également être une lacune chez soi si on y prend pas suffisamment garde.

Au sein de la DST, cette volonté de sensibilisation n'a probablement pas toujours eu l'importance qu'on lui connaît aujourd'hui. Elle ne date cependant pas d'hier puisque s'agissant de son action à la tête de la Direction qu'il quitta en 1972, Jean Rochet écrivit : « Je me suis beaucoup attaché à développer notre tâche de sensibilisation qui consiste, avec une inlassable persévérance, à informer, à mettre en garde tous ceux qui, dans leur domaine technique, scientifique, économique, administratif, militaire ou même politique, peuvent être, à un moment donné, des cibles pour les services spéciaux étrangers. (...) Une des priorités dans cette tâche de sensibilisation concernait les chefs d'entreprises dont les réalisations risquaient d'être menacées par les différentes formes de l'espionnage économique. »

Sur le terrain, des actions de sensibilisation sont donc menées jusque dans les usines et les laboratoires notamment par le biais d'exposés informatifs visant, au moyen d'exemples commentés, à présenter les moyens d'investigation clandestine pouvant être mis en œuvre par tout service de renseignement moderne ou, plus simplement, par un visiteur mal intentionné. Pratiquement, comment se passe une séance de sensibilisation ? Protégé par l'anonymat, cet ancien de la DST accepte d'évoquer ses souvenirs : « En général, on se déplace dans une entreprise dès lors qu'elle atteint une taille respectable. L'auditoire est composé de responsables administratifs, de cadres commerciaux, de directeurs du marketing, etc... On insiste pour que les secrétaires y soient également car elles sont des objectifs intéressants pour les services adverses : elles prennent connaissance de tout ce qui passe sur le bureau de leur patron et contrôlent souvent certains moyens de reproduction telles que les photocopieuses. Souvenez-vous des affaires d'espionnage interallemandes mettant en jeu des secrétaires travaillant pour le compte de responsables politiques haut placés ! Les gens sont généralement attentifs : ils se jouent dans leur tête le grand cinéma de l'espionnage et nous considèrent comme des bêtes curieuses. Pour eux, nous trempons dans le « grand jeu » ! On commence par leur présenter différentes affaires devenues des classiques et mettant en scène des gens auxquels ils peuvent s'assimiler; il est facile de leur dire après que ces gens, eh bien, ça pourrait être eux. Ils sont ouvertement dubitatifs : le problème, c'est toujours l'autre, jamais soi-même. Mais ça, c'est en façade. Si on a réussi à semer le doute dans leur esprit, c'est gagné ! Ensuite, pour les mettre au parfum, on leur présente non seulement les techniques des services secrets mais aussi les grosses ficelles utilisées par les délégations en visite. » Ces « vieilles recettes du métier », Peter Schweizer nous en donne un aperçu dans son ouvrage : « on leur enseigne à se méfier du visiteur qui laisse tremper sa cravate par mégarde dans un bain destiné au lavage des machines-outils; de celui qui râpe et subtilise quelques copeaux d'acier sur un disque de machine de haute précision en se servant du bracelet de sa montre; ou encore de l'amateur de souvenirs qui demande à se faire photographier avec le patron, dans l'usine, devant les machines; voire du visiteur obséquieux qui cherche désespérément les toilettes... ».

Au cours de ces séances, l'accent est donc mis sur la nécessaire responsabilisation de tout acteur possédant par-devers lui une parcelle de connaissance spécifique. Cependant, la protection des usines et des laboratoires passe également par l'établissement d'un partenariat entre la DST et les organismes concernés pouvant aller jusqu'à la réalisation d'un véritable « audit de sécurité ». Ces « radiographies » visent principalement à délimiter le « noyau dur » à protéger, à identifier les « domaines d'avidité » susceptibles d'intéresser des tiers malveillants et à indiquer les méthodes adaptées pour se protéger de toute ingérence. Les responsables de la DST tiennent cependant à préciser qu'il n'entre en aucun cas dans leur intention d'opérer un transfert de responsabilité. Le rôle du service est de dresser un bilan et de porter les conclusions à la connaissance des responsables de l'entreprise ou du laboratoire qui sont ensuite libres de prendre ou non les mesures adaptées. Pour respecter cette règle du jeu, les fonctionnaires de la DST ont adopté trois garde-fous : pas de substitution au service de sécurité, pas d'intrusion, pas d'interférence dans les affaires socioprofessionnelles (c'est là le rôle des RG).

Farewell

Dans les pages de l'ouvrage qu'il rédigea sous le titre français *Enquête sur le KGB,* John Barron écrivit : « Le KGB avait volé les plans et schémas de l'énorme avion-cargo C-5A avant même que Lockheed ne commençât à le fabriquer. Les silos du SS-13, premier missile soviétique propulsé par un combustible solide, sont étonnamment semblables aux silos américains Minuteman. Le missile soviétique SAM-7, qui abattit tant de chasseurs américains au-dessus du Vietnam, est en grande partie la copie du missile américain Redeye. » Ces affirmations étaient en outre soulignées par quelques lignes analysant, plus loin dans le même ouvrage, les conséquences géopolitiques du pillage technologique ainsi perpétré par le KGB et le GRU : « En les laissant leur acheter ou leur voler leur technologie avancée, les démocraties industrialisées fournissent aux Soviétiques leur machine de guerre et leur épargnent les risques, le temps et le coût des recherches et de la mise au point des produits. Elles (...) aident ainsi l'oligarchie soviétique à préserver son système totalitaire. Elles s'exposent au danger en rendant les Soviétiques capables de produire des armes qu'ils n'auraient pas réussi à mettre au point s'ils n'avaient dû compter que sur leurs propres ressources. » Bref, il était de notoriété publique que les services de renseignement à la botte de Moscou se livraient à un pillage en règle de la technologie occidentale mais les spécialistes eux-mêmes avaient des difficultés à apprécier l'ampleur du phénomène. Ils ne pouvaient en outre se douter du caractère systématique de ce pillage ni même démonter les rouages du système d'Etat mis en place par les gérontes moscovites pour planifier jusque dans les moindres détails l'ensemble des opérations clandestines. Du moins jusqu'à ce qu'un homme connu sous le nom de code *Farewell* ne les y aide.

Qui était-il ? On présente généralement Vladimir Ippolitovitch Vetrov comme un étudiant doué, fréquentant assidûment les salles de sport et en outre père de famille attentionné. Toutes ces qualités le firent remarquer par les sergents recruteurs du KGB qui écumaient régulièrement les campus moscovites à la recherche de nouveaux talents. Ayant intégré les rangs de la principale centrale d'espionnage soviétique, sa carrière le vit tout d'abord opérer en France où il se montra à son avantage. Il séjourna ensuite au Canada avant de se voir attribuer un poste d'analyste à Moscou, affectation qu'il ressentit comme un désaveu. Il en conçut une certaine rancœur qui déborda tant dans sa vie professionnelle que dans sa vie personnelle : naguère officier de renseignement émérite, il finit par douter de tout, y compris de lui-même. La suite fut ainsi résumée par Sergueï Kostine : « Vetrov se décide à faire le saut : au printemps 1980, il contacte le contre-espionnage français, la DST. L'aventure commence. Vetrov devient *Farewell.* » Tout de suite, une question saute à l'esprit : pourquoi la DST ? Pourquoi ne pas avoir pensé à la CIA, mieux représentée et mieux outillée pour traiter ce genre de cas, ou encore au SDECE en charge des intérêts français pour ce qui concerne le renseignement et le contre-espionnage extérieur ? Il semble que dès le départ, le Soviétique entendait agir dans la durée ; il se préoccupait donc en priorité de sa sécurité et, tenant les services occidentaux d'espionnage extérieur comme tous pénétrés par le KGB, il les évita soigneusement. Ayant en outre résidé dans la capitale française, il connaissait bien les méthodes de la DST. Enfin, Vetrov avait été en relation avec un Français répondant au nom de Jacques Prévost que ses fonctions professionnelles — il assurait le suivi des contrats signés par Thomson-CSF en Union Soviétique notamment dans le domaine des télécommunications — amenait à faire de fréquents séjours en Union Soviétique, surtout à l'époque des Jeux Olympiques de Moscou. Contredisant les propos tenus par Marcel Chalet, Sergueï Kostine affirme que la DST ne broncha pas dans un premier temps, tétanisée par sa crainte des opérations de manipulation dans la mise en œuvre desquelles les Soviétiques étaient passés maîtres. Cependant et sur l'insistance de l'officier du KGB, le service français demanda à un cadre commercial d'une grande entreprise d'accepter de jouer au cheval de Troie. Ce que livra Vetrov à l'espion de rencontre acheva de convaincre les fins limiers du contre-espionnage : c'était de la « camelote » de tout premier ordre. Au point, quelques mois plus tard, d'avoir motivé de la part de Ronald Reagan ce jugement aussi dithyrambique que lapidaire : « C'est l'une des plus grandes affaires d'espionnage du XXe siècle ! » Effectivement, le bilan apparaît exceptionnel : selon Marcel Chalet dont les affirmations sont rapportées par Thierry Wolton, « *Farewell* a remis exactement 2 997 pages de documents émanant pour la plupart du KGB (...). La majeure partie de ces documents est frappée du cachet indiquant le niveau de classification maximal (...). *Farewell* nous a aussi fourni une liste d'environ 250 noms de membres de la ligne X du KGB, c'est-à-dire les officiers de renseignement qui, dans le monde entier, étaient chargés de recueillir les renseignements scientifiques et techniques. » Sergueï Kostine, quant à lui et reprenant à son compte les informations révélées par Marcel Chalet, évoque un nombre de documents très proche mais, ayant eu accès aux archives moscovites, affirme : « Pour le nombre d'agents démasqués, j'ai pu obtenir des chiffres plus précis du côté soviétique. Vetrov a reconnu avoir démasqué quatre cent vingt-deux anciens collègues » car aux 250 membres de la ligne X, l'auteur russe ajoute environ 170 agents appartenant à d'autres directions du KGB.

Au fur et à mesure que les 2 997 documents furent livrés à la sagacité des exploitants de la DST, la stupeur s'empara peu à peu de ceux à qui avait échu la tâche d'en tirer la substantifique moelle : les pièces dérobées par Vetrov révélaient les dessous d'une entreprise concertée, initiée au plus haut niveau de l'Etat soviétique et visant à organiser un pillage systématique de la technologie occidentale. Jusque-là, les opérations clandestines du KGB et du GRU étaient considérées comme ayant un caractère ponctuel par le commun des mortels. La majorité des professionnels du renseignement en pressentaient l'étendue et seul quelques rares analystes craignaient le pire sans cependant véritablement oser jouer les oiseaux de mauvais augure. Or, les documents livrés par *Farewell* établissaient indubitablement l'ampleur du désastre. Certains étaient si détaillés qu'ils allaient jusqu'à citer l'identité des « cibles » que les officiers soviétiques devaient approcher pour se procurer les informations très précisément listées dans un autre document récapitulatif. Cette manne assura notamment la légitimité de François Mitterrand aux yeux des Américains : le chef de l'Etat français, fraîchement élu, venait d'autoriser la présence de ministres communistes au sein du gouvernement. Au cours du sommet d'Ottawa en juillet 1981, le leader socialiste mit sous les yeux d'un Ronald Reagan ébahi les « preuves » attestant indubitablement l'acharnement mis par les Soviétiques à se procurer par tous les moyens une quantité difficilement concevable de secrets industriels occidentaux. A dater de ce coup d'éclat, le Président de la République française pouvait difficilement passer pour suspect de complaisance à l'égard de Moscou...

Mais, empêtré dans une vie personnelle chaotique, Vetrov tomba finalement après avoir été arrêté pour un crime digne de la rubrique des faits divers d'une quelconque gazette locale : en février 1982, il fut incarcéré. Cet emprisonnement marqua le début d'une longue déchéance qui se termina officiellement par son exécution bien que de nombreux spécialistes émettent des doutes quant à sa mort cependant annoncée en 1985 dans une publication interne du KGB. Lorsqu'il fut acquis avec certitude que *Farewell* ne pouvait plus servir les intérêts du monde occidental, les autorités françaises en tirèrent les conclusions qui s'imposèrent : le 5 avril 1983, 47 Soviétiques furent priés de quitter le territoire. Sur ce total, 40 étaient investis de fonctions diplomatiques, 2 exerçaient le métier de journaliste et 5 officiaient dans différents organismes commerciaux.

Par rapport à l'importance des conséquences géostratégiques de l'affaire *Farewell,* la guéguerre franco-française entre DST et SDECE — puis DGSE — fait figure d'épiphénomène mais vaut cependant d'être évoquée. A la Piscine en effet, nombreux furent ceux qui soulignèrent que la manipulation de Vetrov aurait dû « leur » revenir puisqu'il s'agissait d'un cas flagrant de contre-espionnage extérieur. Du reste, Marcel Chalet fut le premier à reconnaître que « c'était insolite du point de vue de nos attributions territoriales », que la DST « n'était pas entraînée à lancer des opérations de ce genre hors de nos frontières » et qu'elle marchait, en l'occurrence, « sur les plates-bandes de (...) la DGSE. » Celle-ci en conçut quelque rancune et il fut même tour à tour insinué, probablement sous l'impulsion malintentionnée de certaines personnes travaillant boulevard Mortier, que *Farewell* avait été une opération d'intoxication soviétique ou bien une pure création des policiers de la DST. Alors, pourquoi ne pas avoir « transféré » Vetrov à la DGSE ? Pour Marcel Chalet, la cause est entendue et, bien qu'il soit dans l'affaire à la fois juge et partie, ses arguments sont frappés au coin du bon sens. Pour lui en effet, changer de service n'aurait fait qu'allonger la liste des personnes connaissant l'identité de Vetrov, ce qui est contraire à la plus élémentaire des règles de sécurité. De plus, un changement d'officier traitant peut parfois être mal interprété par un « honorable correspondant » et amener dans le pire des scénarios une rupture du contact : il s'avère que cela aurait très probablement été le cas de la part de Vetrov puisque c'est précisément pour des considérations de sécurité qu'il avait délibérément choisi de traiter avec la DST. Enfin, les Soviétiques s'attendant très probablement à ce que toute source moscovite soit prise en compte par les agents du SDECE, maintenir *Farewell* dans l'orbite de la DST revenait à mettre volontairement en œuvre une procédure inhabituelle donc trompeuse pour les limiers du contre-espionnage russe.

Contrairement à ce que l'on pourrait facilement imaginer, l'affaire *Farewell* n'a pas été érigée au rang de « cas d'école » par les instructeurs de la DST. En effet, selon un représentant de la

Direction, « Ce fut certainement une des plus belles réussites à porter au crédit d'un service d'espionnage occidental mais *Farewell* n'en appartient pas moins à l'histoire. Je ne vous apprendrai pas que, depuis, le monde a changé et que le contexte est maintenant radicalement différent de ce qu'il était il y a quinze ans. Bref, ce n'est absolument pas transposable ! » Voire... La VPK (commission soviétique pour l'industrie militaire) et le GKNT (comité d'état soviétique pour la science et la technique) ont certes disparu dans les oubliettes de l'histoire. Mais d'une part il serait étonnant qu'il n'aient pas été remplacés sous une forme ou une autre et d'autre part, les enseignements tirés de *Farewell* n'ont très certainement pas fini d'inspirer les actions clandestines des uns et des autres.

Carlos

Le contre-terrorisme apparaît comme étant une des attributions prioritaires de la DST qui en liste ainsi les causes dans une plaquette de présentation du service : « internationalisation du conflit palestinien; pourrissement de la situation libanaise (...); environnement médiatique effervescent; rôle de plus en plus évident de certains Etats aux desseins expansionnistes. » Cette énumération apparaît avoir quelque peu vieilli mais ce même document précise en revanche les orientations bien actuelles des actions que la DST affirme prendre à son compte pour lutter contre le phénomène. Pour le service de contre-espionnage, il s'agit de prévenir en renforçant la sécurité partout où cela est nécessaire, d'observer « en recrutant des sources et renseignements et en surveillant les ambassades, groupes ou individus suspects », d'exploiter les renseignements obtenus et de neutraliser « de manière administrative ou judiciaire ». L'ouvrage écrit par Daniel Burdan — selon Francis Zamponi, un pseudonyme sous lequel se cache un certain Daniel Burroni; il est du reste intéressant de noter au passage la similitude des prénoms et des premières syllabes des noms — retrace la manière dont le phénomène a été pris en compte par la DST. On peut légitimement émettre des réserves quant à la véracité de l'ensemble des faits relatés par l'auteur : s'estimant lésé par son ancien service, il est évident qu'il a écrit l'ouvrage pour « régler des comptes » et l'omniprésence de son parti pris nuit au crédit que toute personne dotée d'un minimum de sens critique peut accorder à ses affirmations. Rue Nélaton, certains utilisent encore fréquemment une expression triviale pour asséner leur conviction : pour eux, l'inspecteur Burdan a bel et bien « pété les plombs ». Si l'on se donne cependant la peine de séparer le bon grain de l'ivraie, cet ouvrage se révèle être une mine d'informations sur cet aspect particulier des activités de la DST. On y apprend par exemple que le service de contre-espionnage français est venu à l'antiterrorisme en surveillant la mouvance moyen-orientale installée en France. Daniel Burdan rapporte en effet que c'est à partir du jour de l'assassinat de deux inspecteurs de la DST ainsi que d'un de leurs indicateurs par le terroriste international Illich Ramirez Sanchez dit « Carlos » — c'était le 27 juin 1975 — que la division Moyen-Orient de la DST se vit attribuer des moyens humains et matériels supplémentaires afin de lui permettre de s'impliquer plus sérieusement dans les affaires de terrorisme. A ce sujet, l'auteur précisa : « A partir de ce jour, la division Moyen-Orient va être transformée et renforcée pour lutter contre le terrorisme. Elle dispose de moyens plus importants que les autres divisions de la DST : des voitures rapides, du matériel sophistiqué pour les photographies et les écoutes téléphoniques, des gilets pare-balles, signe que la direction prend en compte les risques que nous courrons. Faute de pouvoir nous doter d'un armement approprié, celle-ci nous permet de l'acheter à titre personnel. » Heureusement, car les inspecteurs froidement abattus par Carlos ne disposaient, pour se défendre, que d'automatiques Unique de calibre 7,65 mm...

Mais, à ce stade, il n'était pas encore question de créer une subdivision spécialisée : entre 1975 et le tout début des années 80, le terrorisme resta en France un phénomène d'importance secondaire. A l'automne 1982, les choses évoluèrent : la division Moyen-Orient donna naissance à une division Antiterroriste en bonne et due forme. A la fin de la même année, cette division fut autorisée à s'adjoindre un « groupe de manipulation » comprenant 5 fonctionnaires et disposant d'une liberté de manœuvre opérationnelle et financière suffisante pour s'investir dans un travail de longue haleine visant au recrutement d'informateurs. Daniel Burdan — encore lui — précise même que des récompenses, payées en liquide et camouflées au moyen de notes de frais fictives, étaient attribuées aux inspecteurs en fonction de leurs résultats; l'auteur ne va cependant pas jusqu'à préciser si un barème avait été établi en fonction des « prises »... Quoi qu'il en soit, l'antiterrorisme apparaissait à cette époque comme un créneau porteur en terme de « capital confiance » et c'était donc un excellent moyen de promouvoir l'image de la DST auprès des élites gouvernantes : le service persévéra jusqu'à faire de la division Antiterroriste « le service le plus important de la DST ». Du reste, il était grand temps que la communauté française du renseignement dans son ensemble prenne conscience du problème. En effet, dans le cadre d'une polémique l'ayant opposé à Pierre Mauroy et à Valéry Giscard d'Estaing, l'ancien directeur de la DGSE Pierre Marion précisa par exemple dans les colonnes du journal *Le Monde* en date du 30 août 1994 : « lorsque j'ai pris la direction des services secrets en juin 1981, les affaires de terrorisme étaient suivies par un seul officier qui collationnait des informations publiques ou quasi publiques, et ne disposait d'aucun moyen de renseignement ou d'action. Il a fallu dès lors, dans le cadre des missions fixées par le gouvernement, constituer de toutes pièces un dispositif contre-terroriste. » Pauvre France, ta sécurité fout le camp...

Et Carlos dans tout ça ? Pour la DST et après que le terroriste international ait eu l'audace d'assassiner deux de ses inspecteurs, c'était devenu une affaire d'honneur : « le Chacal » allait avoir un jour ou l'autre à répondre de ses actes, quel que soit par ailleurs le prix qu'il allait falloir payer pour cela. Mais l'homme était dangereux : la justice française l'accusait notamment de l'attentat au drugstore Publicis — 2 morts le 5 septembre 1974 — ou encore d'avoir posé à la gare marseillaise Saint-Charles la bombe y qui explosa le 31 décembre 1983, faisant 5 morts. Et la tragique litanie des actes criminels qui lui était imputés ne s'arrêtait pas là, composant une longue liste où l'horreur le disputait à l'incompréhensible; bref, Illich Ramirez Sanchez avait du sang sur les mains. Jouant sur la protection que lui accorda la poignée de pays soutenant plus ou moins ouvertement le terrorisme international pour diverses raisons, il avait cependant toujours réussi à passer entre les mailles du filet, utilisant pour cela nombre de passeports tous plus faux les uns que les autres. Le journaliste hongrois Laszlo Liszkai, dans un ouvrage intitulé *Carlos, à l'abri du rideau de fer,* s'essaya à recenser toutes les identités utilisées par le terroriste international. Ce fut peine perdue mais il n'en releva pas moins un nombre conséquent d'entre elles, parmi lesquelles Abduro Al Mohammed, Glenn Gebhard, Adolf José Muller Berdal, Hector Lugo Dupont, Cenon Mario Clarke, Ahmed Nagi Abubaker, Michel Jel Carlos... Cependant, tel un vieux clown sanguinaire dont les frasques cruelles ne font rire personne, Carlos devenait encombrant et quelques pays le lui firent savoir : la Syrie le congédia en 1991, la Libye le refusa et Saddam Hussein lui signifia qu'il était indésirable en Irak. Il séjourna un temps au Yémen, tenta de s'établir clandestinement en Jordanie dont il fut chassé aussitôt découvert et échoua finalement au Soudan où la junte islamiste n'était pas trop regardante sur le pedigree de ses « invités ». C'est donc à Khartoum que le terroriste, qui menait grande vie et s'était quelque peu empâté, fut « logé » par un « service de renseignement d'un pays ami » au début de l'année 1994. Immédiatement, le général Rondot fut envoyé sur place pour s'y assurer de la présence du terroriste. Avant d'aller plus loin, sans doute n'est-il pas tout à fait inutile de présenter succinctement ce franc-tireur des services secrets français.

Personnalité énigmatique — Jacques Isnard le présente sous les traits d'un « colonel Lawrence à la française » tandis que Xavier Raufer estime quant à lui dans les colonnes de *L'Express* qu'il s'agit d'un « cas unique dans la haute administration » —, le général

Philippe Rondot entra dès mai 1965 dans les services spéciaux; il y servit notamment dans les rangs du Service Action avant de quitter le SDECE où sa présence semble avoir laissé des souvenirs très contradictoires. Ayant ensuite fait profiter le Quai d'Orsay de ses compétences, il se rapprocha de la DST puis fut l'un de ceux qui portèrent la DRM sur les fonts baptismaux. Il réintégra la DST en 1993 et sa connaissance approfondie des milieux moyen-orientaux y fit de lui un des responsables chargés des affaires extérieures dites sensibles. Ses talents, énumérés par Jacques Isnard, sont multiples : « Il parle l'allemand, l'anglais, l'espagnol, le roumain et le russe, mais, surtout, il a acquis, grâce à sa connaissance de l'arabe dialectal et à ses fréquents séjours dans les pays arabes, une compétence particulière sur l'Islam. » Bref, l'émissaire de la DST à Khartoum n'était certes pas le premier venu et apparaissait comme un personnage incontournable dans le domaine des affaires délicates dès lors qu'une négociation avec les Etats d'obédience islamique se révélait nécessaire. Nous aurons l'occasion de revenir sur les activités du général Rondot mais, pour rendre à César ce qui lui appartient, précisons cependant qu'un officier de la DGSE lui fut en l'occurrence adjoint et que sa contribution à l'arrestation du terroriste fut tout sauf négligeable. Cela doit être écrit car c'est un des trop rares cas où une coopération de bon aloi entre les deux services semble avoir porté ses fruits; notons au passage que la maîtrise d'œuvre de cette collaboration fut concédée à la DST. Il n'en reste pas moins que le colonel Mantion, ayant conservé des liens avec les responsables des services secrets soudanais suite à un long séjour à Bangui, prit donc part à la curée.

Car c'est bien de curée dont il s'agit et la DST, en l'occurrence, ne fit pas dans la demi-mesure au point que, place Beauvau, l'entourage du ministre de l'Intérieur fut dans l'obligation de reconnaître que la procédure avait été « un peu exceptionnelle » : l'expression ne manque pas de saveur et révèle un art consommé de la litote. Mais revenons à Carlos. Réfugié au Soudan après une cavale d'ampleur mondiale, il fut lâché par les autorités locales après que les émissaires du gouvernement français leur aient tenu en substance le langage suivant : « Remettez-nous Carlos, il n'est plus bon à rien et votre collaboration plaidera en votre faveur sur la scène diplomatique internationale ! » Après quelques mois de palabres, la cause fut entendue : rapatrié en France *manu militari,* Carlos fut déféré devant la justice. Son procès débuta en décembre 1997.

Affaires courantes

Si elles n'ont pas en elles-mêmes des implications de nature géopolitique, quelques « petites » affaires prises au hasard permettent cependant d'illustrer les missions de la DST ainsi que les conditions dans lesquelles celle-ci les exerce.

En ce lundi 27 octobre 1997, Francis Temperville se défendait gauchement : il était accusé de trahison et avait pour cela été traduit devant la cour d'assise spéciale de Paris. Pour tenter de minimiser les faits, il se présenta comme un cadre industriel pris dans la toile d'araignée patiemment tissée par des professionnels de la manipulation; il déclara notamment « je crois que quelqu'un m'a fait embaucher au Commissariat à l'Energie Atomique, je crois que quelqu'un a tiré les ficelles. » Ayant passé quelques années auparavant une petite annonce offrant ses services pour donner des cours de mathématiques, il avait eu pour « étudiant » un dénommé Serge, pseudonyme sous lequel se cachait en fait Serguei Jmyrev, deuxième secrétaire de l'ambassade soviétique à Paris. Or, cet « étudiant » était très généreux, trop peut-être, puisque chaque leçon concrétisée par la remise de cours photocopiés était rétribuée de 3000 à 4000 francs payés en liquide. Sans doute n'avait-il pas échappé au KGB que le physicien français briguait depuis quelques années déjà un poste au CEA. Sa demande fut acceptée en 1989. Selon les propos que l'ingénieur tint au cours du procès, l'attitude de Serge aurait alors changé du tout au tout et ce dernier serait devenu très menaçant. Ce fut le début de l'engrenage jusqu'à ce que la DST ne découvre le pot aux roses. Pris la main dans le sac, l'ingénieur fit au service de contre-espionnage un récit détaillé de ses frasques mais se montra ensuite beaucoup moins coopératif lors des audiences. Et c'est ici que se situe la morale de l'histoire : gênés par le Secret-Défense, les juges ne purent se faire une idée précise de la gravité des faits reprochés au scientifique mis en examen, situation qui motiva le commentaire dans les colonnes du quotidien *Le Monde* sous la plume de Maurice Peyrot : « En matière d'espionnage, la cour d'assises n'a pas la même transparence que lorsqu'il s'agit de crimes de droit commun. Certaines constatations ne font pas l'objet de procès-verbaux et il faut s'en remettre à la DST, qui n'est pas une police particulièrement bavarde. » Secret-Défense, que de dissimulations commises en ton nom...

Souvent discrète au détriment de la justice, la DST voit également ses initiales parfois traînées dans une boue médiatique sans pour autant l'avoir mérité; ce fut en particulier le cas dans l'affaire Conserver en cours d'instruction à l'heure où ces lignes sont écrites. De quoi s'agit-il ? De la commercialisation d'un produit miracle censé allonger la durée de vie des produits frais en utilisant une nouvelle technique de conservation. Or, Yves Bonnet, ancien directeur de la DST, fut mis en examen le 28 novembre 1997, son rôle dans le montage financier ayant permis la création de la société laissant subsister quelques zones d'ombres aux yeux du juge d'instruction Laurence Vichnievsky. D'autant plus que le dirigeant de la société, Denis Allet, n'hésita pas à accuser Yves Bonnet d'avoir utilisé Conserver comme un écran destiné à masquer des « activités de diplomatie parallèle. » Cette phrase signifiait, en clair — et cela fut formellement exprimé dans la presse —, que Yves Bonnet aurait utilisé la société comme écran pour se livrer à des ventes d'armes illicites. Bien que la DST ne semble pas avoir été impliquée à quelque niveau que ce soit dans cette affaire, l'amalgame de ses initiales avec des expressions telles que « ventes d'armes » ou « diplomatie parallèle » n'a certes pas manqué de faire naître des fantasmes dans l'esprit du public. « On ne prête qu'aux riches » dit l'adage populaire...

L'essentiel de l'affaire faisant l'objet de ce troisième et dernier exemple est exposé dans l'excellent ouvrage écrit par Jean Guisnel sous le titre *Guerres dans le cyberespace* et illustre un aspect plus moderniste des opérations de la DST. A la fin des années 80, une bande de pirates regroupés sous l'acronyme CCC (« Chaos Computer Club ») semait depuis Hambourg la terreur sur les réseaux informatiques. L'affaire était suffisamment grave comme cela mais en outre, la DST soupçonnait fort le KGB d'être derrière les *hackers* allemands. Rue Nélaton, une hypothèse commençait à être sérieusement envisagée : que se passerait-il si le club décidait de s'attaquer aux réseaux français ? Il importait de prendre les devants. La solution mise au point par les stratèges de la DST fut la suivante : avec le concours d'un prodige en informatique déjà repéré par ses soins, la Direction se mit en devoir de créer le « CCCF », branche française du CCC allemand. Bien entendu, ce « club » était un leurre et, en l'occurrence, le leurre fonctionna à merveille. Bientôt, le « factotum » de la DST vit venir à lui nombre de pirates alléchés par la perspective d'être admis à partager des tuyaux leur permettant de se livrer à leur passe-temps favori. Avec un peu de patience, cette opération permit tout d'abord à la DST de compléter ses fichiers et de dresser une carte très exhaustive du petit monde des *hackers* français. Ensuite, cette connaissance intime du milieu permit de faire très vite cesser quelques tentatives d'intrusions aux dépends de Thomson-CSF ou de Péchiney. Mais tout cela se fit au détriment du factotum en question, Jean-Bernard Condat, qui, en juillet 1995, tint ce langage désabusé à l'auteur de l'ouvrage mentionné ci-dessus : « Dans ce milieu, tout le monde parle. Cette histoire de fou m'a tout coûté. Les gens venaient me voir, je remplissais sur eux des fiches très détaillées pour la DST, et le contre-espionnage arrivait à leur domicile deux jours plus tard, à six heures du matin. Je n'aurais pas dû. J'aurais aujourd'hui une femme, des enfants et une voiture et je ne serais pas là en train de me traîner comme un chien... » Interrogé par des journalistes, Jean-Bernard Condat reconnut en effet avoir « travaillé » pour la DST pendant 52 mois, laps de temps au cours duquel il rédigea pas moins de 1032 fiches. Notons au passage la précision du décompte qui ne doit cependant pas cacher la leçon de l'affaire : il faut une très longue cuillère pour manger avec le Diable faute de quoi le festin risque de laisser un goût amer. Dans le cas précis de Jean-Bernard Condat et si l'on en juge à l'aune de sa prestation télévisée au cours d'une émission diffusée en février 1998 sur France 2, le temps de l'amertume n'a cependant été que de courte durée...

Un service théoriquement au-dessus de tout soupçon

Tout au long de son histoire, la DST a été périodiquement la cible d'accusations diverses ayant trait en particulier à la conception que le service a de sa mission ainsi qu'à des allégeances politiques que nombre de chroniqueurs lui ont prêtées.

Chargé en 1982 par Pierre Mauroy de rédiger un rapport sur le fonctionnement des services policiers, Jean-Michel Bellorgey écrivit notamment qu'à l'abri de l'argument du Secret-Défense, « la DST est en réalité seule maîtresse de la définition des stratégies qui sont les siennes, de la déontologie qu'elle croit bon d'adopter et de la légitimité des libertés qu'elle prend, dans un souci de défense patriotique ou dans d'autres, moins louables, avec la légalité et la tradition républicaine. » Pierre Péan, dans un ouvrage traitant du secret d'Etat, préféra quant à lui cette formulation : « Nous verrons effectivement les machinistes — les gardiens du secret — protéger les secrets de la France et traquer les espions. Mais nous les verrons également traquer des individus qui, à l'évidence, ne mettent pas la sûreté du pays en danger. Des services écoutent, ouvrent le courrier; d'autres cambriolent d'honnêtes citoyens. Le secret sert aussi à protéger certains organismes des regards indiscrets et à rendre possible certains agissements illégaux. » Deux points de vue pour un même problème : celui de l'indépendance que la DST semble s'être d'autorité accordée dans ses orientations comme dans les moyens de parvenir à ses fins.

Effectivement et s'agissant d'un certain nombre d'affaires, il apparaît que la DST a pour des motifs pas toujours louables mis à l'index avec un peu de légèreté des personnages dont le seul tort était de présenter un profil professionnel et personnel en dehors des canons de la stricte normalité; l'affaire dite « des espions d'Ariane » est à ce titre caricaturale. Ce dossier rassemble en effet tous les ingrédients qui font les bons romans d'espionnage : une liaison extraconjugale orageuse, un attaché de défense soviétique, deux femmes originaires des pays de l'Est ainsi qu'un produit industriel mêlant haute technologie et triomphe commercial. Au centre de cette histoire où la morale semble être absente, un ingénieur répondant au nom de Pierre Verdier, marié à une femme d'origine soviétique, Ludmilla Varyguine. Ce cadre de l'INSEE entretenait des contacts professionnels avec Jean-Michel Hauri, intérimaire ayant travaillé dans une usine assemblant les moteurs de la fusée Ariane et présenté par la DST comme étant un escroc vénal en outre obsédé sexuel (rien que cela !). Verdier avait eu pour maîtresse une fantasque matrone née en Roumanie, répondant au nom d'Antonetta Manole et qui, dans le cadre de ses « activités » au sein de la diaspora roumaine, avait à plusieurs reprises rencontré l'attaché militaire soviétique Valeri Konorev. Acceptant mal le mariage de son ancien amant avec une moscovite, rongée par la jalousie, la passionaria adressa par dépit de nombreuses lettres anonymes à une multitude d'organismes officiels dont la diversité laisse songeur. Elle fit tant et si bien que la DST finit par s'intéresser de près à l'ingénieur. Bientôt, la « conviction » des enquêteurs du service fut faite : l'intérimaire avait collecté des informations qui, par l'intermédiaire de Pierre Verdier, avaient atterri sur le bureau de l'attaché de défense russe. Celui-ci était censé manipuler l'ingénieur par l'intermédiaire de son épouse dont la famille était restée en Union Soviétique. CQFD ! Le dossier, bien ficelé, fut transmis à un juge d'instruction de Rouen qui, sur la foi des allégations de la DST, inculpa tout ce beau monde d'intelligence avec une puissance étrangère.

Malheureusement pour le service de contre-espionnage, l'accusation ne résista pas à une enquête plus poussée. Ce furent tout d'abord les collègues de Pierre Verdier qui s'interrogèrent sur la nature des informations « sensibles » que celui-ci aurait pu livrer puisque ses fonctions, par essence même, ne le prédisposaient pas à manipuler des secrets susceptibles d'éveiller l'intérêt des espions étrangers. A la Société Européenne de Propulsion qui avait conçu et assemblait les moteurs de la fusée, on ne comprenait pas non plus et l'attitude qui prévalait alors fut traduite par Jean Guisnel et Bernard Violet en ces termes : « les responsables de la SEP continueront (...) à suivre d'un œil distrait, si ce n'est amusé, les rebondissements pitoyables d'une affaire qui, après les échecs répétés de la fusée Ariane au printemps 1986, se révèle en définitive [être] pour eux une diversion inespérée. » En effet, certains éditoriaux allèrent jusqu'à prétendre que les échecs en question étaient en fait consécutifs à des sabotages imputables au réseau mis en place par Pierre Verdier ! Et l'ingénieur, après avoir été accusé d'être un agent de renseignement, fut dépeint sous les traits un clandestin : déjà, le mot infamant de « traître » était sur toutes les lèvres. Enfin, les affirmations péremptoire de la DST étaient contredites par nombre de scientifiques qui s'interrogeaient à juste titre sur ce que la technologie des moteurs d'Ariane pouvait bien apprendre aux Soviétiques. La réponse la plus sensée à cette question tenait en un mot : rien. Bref, après que les explications de la DST se soient enlisées dans une succession de volte-face progressives aussi penaudes qu'embarrassées, deux non-lieux furent prononcés tandis que la fantasque Antonetta Manole et son ex-amant étaient remis en liberté sous contrôle judiciaire. La conclusion ? Elle pourrait fort tenir dans ce commentaire susurré par un ancien de la DST : « Ariane ? De la foutaise ! C'est un classique d'une certaine manière d'opérer : on monte de toutes pièces un joli dossier puis on le met brutalement sur la place publique à une date choisie avec soin. On joue sur deux tableaux : l'impact médiatique valorise le service et les révélations embarrassent la clique politique au pouvoir. Puis on joue sur le temps en admettant peu à peu que l'on s'est trompé de manière à adoucir l'effet médiatique négatif. C'est alors une stratégie que les militaires qualifieraient de 'mouvements de retraite successifs sur des positions préparées à l'avance' : on reconnaît que l'affaire n'était pas si grave mais pas pour autant négligeable, puis on admet que l'on s'est peut-être trompé et enfin on laisse à la justice le soin de classer le dossier dans l'indifférence générale. Pour ce genre d'affaire, l'important n'est pas d'avoir raison ou tort mais de bien gérer les retombées. Quant aux dindons de la farce, c'est tant pis pour eux ! » Au plus haut niveau de l'Etat, les rouages mystérieux de cette mécanique bien huilée furent prestement démontés : la ficelle était décidément trop grosse. « On » le fit savoir à qui de droit lors d'un entretien en tête-à-tête ainsi rapporté par Jean Guisnel et Bernard Violet : « Les reproches, venant du plus haut personnage de la République, sont sérieux. Le chef du contre-espionnage se fait accuser d'avoir, dans le dossier Ariane, ficelé une accusation frelatée contre des gens qui n'avaient rien — ou si peu — à se reprocher. Les arguments de François Mitterrand tiennent en peu de mots. Cinglant, comme il sait l'être dans les mauvais jours, il rappelle pour s'en offusquer la coïncidence de la date de révélation de l'affaire avec le voyage du Premier ministre Jacques Chirac en URSS; puis il énumère les invraisemblances du dossier, dont la plus flagrante à ses yeux : l'intention prêtée aux Soviétiques d'acquérir en France la technologie du moteur cryogénique qu'ils possèdent depuis des années, et maîtrisent. »

Or, ce genre d'affaire ne semble nullement être un cas isolé. Une autre, par exemple : courant 1986, un jeune inspecteur des RG, Dany Kuchel, fut également accusé d'intelligence avec un pays étranger. Les accusations étaient étayées par des arguments peu convaincants : on y relevait pêle-mêle les antécédents du père de l'accusé, originaire des pays de l'Est, des contacts professionnels avec une chanteuse bulgare, des voyages à l'étranger, des lectures qualifiées de « gauchistes » et le fait d'avoir été recruté par les RG en 1982, alors que la gauche était au pouvoir. Heureusement pour lui, le manque de preuves joua en faveur de Dany Kuchel;

dans le doute, il n'en fut pas moins l'objet d'une mutation-sanction qui affecta psychologiquement le jeune inspecteur. Il semble donc que, dans ce cas et contrairement à un principe élémentaire de droit français, le doute n'ait pas profité à celui qui fut un peu trop précipitamment considéré comme coupable rue Nélaton.

En ce qui concerne la DST, les accusations de politisation du service abondent et ce n'est là qu'une certaine forme de routine s'agissant d'un système où la nomination des principaux responsables en charge de la direction des organismes d'Etat doit faire l'objet d'une approbation à différents niveaux de la hiérarchie politique au pouvoir. Pour s'en convaincre, il suffit d'observer avec quelle célérité les hauts fonctionnaires sont remplacés dès lors que la coloration idéologique du gouvernement subit une alternance issue des urnes.

Quel futur pour la DST ?

Précisément, c'est justement un préfet n'ayant jamais fait mystère de ses sensibilités de gauche que Lionel Jospin plaça à la tête de la DST en août 1997, Jean-Jacques Pascal. Celui-ci succéda à Philippe Parant, mis en place par Charles Pasqua en octobre 1993. Dans le petit monde policier hexagonal, Jean-Jacques Pascal est tout sauf un inconnu : de 1984 à 1986, il fut directeur du personnel de la Police Nationale avant de prendre la tête de la Direction Centrale des Renseignements Généraux de juin 1990 à février 1992. Secoués par l'affaire Doucé, les RG avaient à cette époque grand besoin d'un nettoyage de printemps, tâche dont le préfet Pascal s'acquitta en remettant la maison sur le droit chemin d'une orthodoxie de bon ton. Jean-Jacques Pascal fut ensuite nommé préfet du Val-d'Oise puis directeur des Journaux Officiels. Il est bien entendu relativement tôt pour prétendre extrapoler de cette nomination une vision d'avenir concernant la DST. Cependant, quelques informations permettent de se faire une idée, même vague, de ce qui attend la Direction dans les années à venir.

Notons tout d'abord que l'arrivée de Jean-Jacques Pascal fut suivie rue Nélaton d'un jeu de chaises musicales très en vogue dans les hautes sphères de l'administration parisienne. En cette occasion cependant, la vague de nominations ne semble avoir trouvé son origine que dans le départ en retraite du directeur adjoint, Raymond Nart, qui fut remplacé séance tenante par le responsable de la lutte antiterroriste, Jean-François Clair. La hiérarchie était respectée : traditionnellement, le détenteur de ce poste est en effet considéré comme le numéro 3 du service. En vertu de l'appel d'air ainsi créé, le directeur de l'antenne DST de Marseille, Louis Caprioli, prit la place laissée vacante par Jean-François Clair. Bref, à tous les niveaux, le changement se faisait dans la continuité : est-ce en vertu de l'adage populaire qui énonce qu'on ne change pas une équipe qui gagne ? Le remplacement de Marcel Jegou, sous-directeur en charge des question techniques, fut cependant l'occasion d'apprendre que les services du même nom étaient en train de renforcer leurs capacités en matière de renseignement ROEM et de décryptage.

A court et moyen termes effectivement, le futur de la DST sera avant tout fait de technicité, ce dont *Le Monde du Renseignement* s'est fait l'écho : « C'est ainsi que le nouveau directeur compte mettre en place une sorte de police scientifique et technique, au sein même de la DST, de manière à mieux répondre aux besoins spécifiques d'un service de contre-espionnage et de contre-terrorisme. Les moyens nécessaires à la surveillance des réseaux informatiques, d'Internet, du courrier électronique et des communications par téléphones portables, vont être accrus. » Compte tenu de son passage aux RG, on peut de plus raisonnablement émettre une hypothèse en vertu de laquelle il serait dans l'intention du préfet Pascal de resserrer la collaboration entre les deux organismes. Ceux-ci ne devraient pas avoir de difficultés à se trouver des préoccupations communes, dans le domaine de l'antiterrorisme par exemple. A la DST, on n'hésite pas du reste à reconnaître que les relations avec les RG ou même avec la DRM sont nettement meilleures que celles entretenues avec la DGSE. Une autre grande orientation de la DST est à prévoir : on savait Philippe Parant réservé sur l'utilité des postes de liaison à l'étranger ; le préfet Pascal semble ne pas avoir les mêmes réticences. Cette évolution apparaît inévitable au vu des problèmes transnationaux que pose l'application des accords de Schengen et de la dimension internationale prise par certains phénomènes criminels, tels que les associations maffieuses ou le cyber-terrorisme.

CHAPITRE 3

LE SECRÉTARIAT GÉNÉRAL DE LA DÉFENSE NATIONALE (SGDN)

De la synthèse du renseignement...

La présence d'un chapitre consacré au Secrétariat Général de la Défense Nationale dans un ouvrage traitant du renseignement peut sembler quelque peu surfaite. En effet, même si cet organisme rattaché au Premier ministre exerce actuellement des responsabilités dans le domaine de l'intelligence économique et du suivi des réunions du Comité Interministériel du Renseignement — le fameux CIR — on peut faire observer que ni l'une ni l'autre de ces deux tâches ne semble avoir en son sein une importance prépondérante. Le Secrétariat n'est donc que discrètement impliqué dans les affaires relatives au renseignement. Cependant, le caractère discret de cette implication est chose relativement récente : il n'y a pas si longtemps encore — avant que la réorganisation de 1995 ne recentre ses missions vers la coordination interministérielle pour être plus précis — le SGDN s'était vu attribuer un rôle de synthèse du renseignement au profit des hautes instances gouvernementales. Ce rôle lui avait été en particulier reconnu par le décret n° 62-809 du 18 juillet 1962 fixant les attributions du Secrétaire Général de la Défense Nationale et qui stipule dans son article 3 : « Compte tenu des orientations décidées en comité interministériel du renseignement, le secrétaire général de la défense nationale notifie les besoins généraux en matière de renseignement; il anime la recherche et assure l'exploitation du renseignement. » Ces attributions furent confirmées par le décret n° 78-78 du 25 janvier 1978 dont l'article 4 est ainsi rédigé : « Le secrétaire général de la défense nationale assure le secrétariat du comité interministériel du renseignement. En exécution des plans, orientations et décisions arrêtés en conseil de défense ou en comité interministériel du renseignement, il notifie les objectifs en matière de renseignements. Il anime la recherche du renseignement dans les domaines intéressant la défense et il en assure l'exploitation au profit du Gouvernement et des organismes concernés. » Mais ce même décret, dans ses implications, va encore plus loin puisque son article 2 précise : « En liaison avec les départements ministériels concernés, [le secrétaire général de la défense nationale] suit l'évolution des crises et des conflits internationaux pouvant affecter les intérêts de la France en matière de sécurité ». Enfin, *the last but not the least* du moins si l'on excepte les attributions que le SGDN exerce en matière de protection du secret et qui sont présentées ultérieurement dans le cadre de ce chapitre, celui-ci se voyait confier la tâche de préparer les décisions gouvernementales en matière d'exportation de matériel de guerre. Bref, le SGDN était consacré comme l'interlocuteur privilégié du gouvernement en matière d'information de situation et de politique du renseignement « intéressant la défense », expression suffisamment vague pour pouvoir être interprétée de manière très large. Quant à la réorganisation de 1987, elle ne fit que modifier les structures et réduire les effectifs sans changer fondamentalement les attributions. Bien entendu, l'étendue et la diversité de celles-ci ne manquèrent pas de provoquer quelques frottements — voire même parfois un climat de franche hostilité — avec les fonctionnaires du ministère des Affaires Etrangères ainsi que ceux du ministère de la Défense.

L'accomplissement des missions relatives à l'information des instances gouvernementales et au suivi des ventes d'armes reposait avant tout sur l'existence de deux subdivisions respectivement dénommées direction de l'Evaluation et de la Documentation Stratégique (EDS) et direction Scientifique et des Transferts Sensibles (STS). Le rôle de STS faisant l'objet d'un paragraphe distinct, intéressons-nous d'abord à celui d'EDS.

Celle-ci comprenait en particulier une Sous-direction « Evaluation et synthèse stratégiques » dont l'organisation à la fin des années 80 reflétait les préoccupations gouvernementales du moment. Celle-ci était en effet subdivisée en trois bureaux dénommés « Economie et démographie internationale », « Problèmes régionaux » ainsi que « Rapports de forces et relations Est-Ouest ». Il est bien évident que ce qu'il est convenu d'appeler « la nouvelle donne stratégique internationale » devait conduire à la dissolution de ce dernier bureau. Deuxième pilier d'EDS, une Sous-direction « Analyse et documentation » avait pour attributions de suivre les événements géopolitiques mondiaux à travers quatre bureaux dont les compétences étaient définies en fonction du seul critère géographique : « Monde occidental », « Monde soviétique », « Afrique/Moyen-Orient » et « Asie/Pacifique ». A cette Sous-direction était également rattaché un « Groupe Permanent de Situation » opérationnel vingt-quatre heures sur vingt-quatre et principalement investi d'une fonction d'alerte. L'une des attributions du GPS était d'éditer quotidiennement un bulletin qui fut tout d'abord intitulé *Points chauds* avant de prendre la dénomination plus triviale de *Bulletin Quotidien d'Information* (BQI) dans les circonstances relatées ci-après. Initialement, *Points chauds* tirait profit de toutes les informations disponibles et en particulier de celles issues d'un certain nombre de sources dont la production était classifiée : synthèses de la DGSE, interception SIGINT, voire même renseignements obtenus par exploitation de l'imagerie satellitaire lorsque les Américains acceptaient d'entrouvrir leurs dossiers. Ceci ne tarda pas à poser problème dans des circonstances que Jean Guisnel et Bernard Violet relatèrent ainsi : « *Points chauds* qui aurait dû n'être diffusé qu'à un nombre restreint d'exemplaires était désormais pour le Tout-Paris gouvernemental et surtout militaire un signe extérieur de pouvoir, au point d'être devenu comme le note ce responsable du service 'une preuve de standing, au même titre que la moquette dans le bureau ou le REGIS'; chaque matin, lors de la livraison de *Points chauds,* plusieurs photocopieuses parisiennes reproduisaient donc à toute vapeur cette passionnante documentation 'confidentiel-défense' et les fuites, dans ces conditions, étaient pratiquement inévitables. » C'est ce qui se produisit le 21 novembre 1984, date à laquelle le journal *Libération* révéla qu'une note classifiée du SGDN semblait s'être fait un malin plaisir à détailler le dispositif libyen encore présent au nord du Tchad. Ceci alors que le gouvernement français s'en tenait officiellement à la fiction du retrait total avant de s'accrocher à une explication embrouillée évoquant un retrait du matériel jugé « offensif ». Embarrassante, une telle révélation ne pouvait que susciter un « retour de bâton » fulgurant. Ce fut le cas : le secrétaire général de la défense nationale alors en poste fut sèchement prié de mettre fin à l'existence de *Points chauds* qui fut *ipso facto* remplacé par un *Bulletin Quotidien d'Information* tirant le principal de sa substance d'informations non protégées accessibles au commun des mortels. Pas étonnant, dans ces conditions, que ledit bulletin ait ensuite été considéré comme dénué de tout intérêt, ce qui contribua peu ou prou à établir une certaine réputation d'inefficacité dont souffrit le SGDN. Dernière remarque concernant cette direction : un passage par EDS était considéré, à de rares exceptions près, comme un préalable à toute affectation à l'étranger en tant qu'attaché de défense.

L'essentiel de l'organisation exposée ci-dessus est postérieur au remaniement de 1987 initié par un rapport d'audit auquel quatre hauts fonctionnaires s'attelèrent à la demande du Premier ministre de l'époque, Jacques Chirac. Celui-ci leur avait en effet demandé très peu de temps après son arrivée à Matignon de « mettre à plat » le fonctionnement d'une maison qui n'avait décidément pas bonne presse. Le résultat de cette immersion ayant duré plusieurs mois fut féroce : pêle-mêle, les quatre « sages » soulignèrent que le SGDN pêchait par une organisation interne trop pyramidale ne favorisant pas les relations entre les différentes directions, que le recrutement de son personnel était trop dépendant du ministère de la Défense ou encore qu'il régnait un déséquilibre certain entre les agents dits « de conception » et ceux qualifiés « d'exécution ». Le rapport chemina dans les hautes sphères gouvernementales et son exploitation aboutit en juillet 1987 à un certain nombre de décisions concrètes. Parmi celles-ci figuraient le regroupement des compétences du SGDN autour de quatre grandes directions, la suppression de sept postes de conseillers et la déflation des effectifs à hauteur d'une centaine de personnes. Simultanément, le principe de « mise à disposition » permettant au SGDN de faire rétribuer un certain nombre de ses fonctionnaires par leur administration d'origine — en particulier par le ministère de la Défense dont les officiers et sous-officiers représentèrent jusqu'à 80 % de l'effectif — fut purement et simplement aboli. A partir de 1988, la totalité du personnel travaillant rue Latour-Maubourg émargea au budget du Secrétariat qui fut réévalué en conséquence. Finalement, partant d'un effectif de 670 agents, c'est fort de 520 fonctionnaires que le SGDN aborda le début des années 90.

...à la coordination interministérielle

En 1988, l'irruption majoritaire de la gauche à l'Assemblée Nationale mit le petit monde du renseignement français en ébullition : dès avril 1989, le Comité Interministériel du Renseignement fut par exemple sorti de la douce hébétude d'un oubli presque total. Cette mesure accréditait l'idée qu'une meilleure coordination du renseignement français était jugée nécessaire au plus haut niveau de l'Etat mais prenait pour le SGDN une apparence de désaveu. Or, il semble que cette volonté butta contre une forte inertie puisque, écrivant un article au vitriol publié le 30 mai 1991 dans les colonnes de *L'Express,* trois journalistes exprimèrent ainsi leur point de vue s'agissant des critiques qui s'abattirent sur les services français à l'issue de la guerre du Golfe : « Une condamnation qui n'épargne personne. A commencer par le Secrétariat général de la défense nationale (SGDN), qui dépend de Matignon, une officine connue jusqu'à ces derniers mois pour produire des synthèses poussiéreuses et jugée implicitement, en la circonstance, très insuffisante dans son rôle de coordination du renseignement politico-militaire. » Dès lors, la voie d'une nouvelle réorganisation était ouverte; celle-ci allait se révéler beaucoup plus drastique que la précédente.

La coordination était jugée déficiente, l'exploitation également. A la fin de 1994, Alain Griotteray, député du Val-de-Marne et par ailleurs rapporteur spécial de la commission des finances à l'Assemblée Nationale pour les crédits du SGDN, observa que « dans le domaine de l'évaluation et de l'analyse du renseignement, les travaux du SGDN font partiellement double emploi avec ceux des services ministériels spécialisés ». Il est vrai que la montée en puissance de la toute nouvelle Direction du Renseignement Militaire et la création à la DGSE d'une « cellule » chargée de la synthèse du renseignement avant diffusion vers l'extérieur contribua très probablement à accentuer ce chevauchement fonctionnel dont Alain Griotteray se fit l'écho. Bref, alors que le SGDN aurait dû — ou paraissait devoir — tenir le rôle d'exploitant au plus haut niveau, sa production pouvait à contrario être estimée comme se situant au même niveau que celle des autres services, ni plus ni moins. Cette simple constatation était de nature à raviver le besoin d'un organisme se situant au-dessus de la mêlée. Dans l'esprit du député du Val-de-Marne, il s'agissait cependant d'ajuster le rôle du SGDN plus que de créer de toutes pièces un organisme d'exploitation en surnombre; il fut d'ailleurs suivi en cela par l'ensemble de la commission des finances de l'Assemblée qui recommanda au gouvernement de conférer au SGDN « des prérogatives accrues, sans accroissement de ses moyens. » Tel ne semblait cependant pas être l'avis de Jean Picq, maître-conseiller à la Cour des Comptes qui, dans un rapport sur la modernisation de l'Etat remis à Edouard Balladur, estimait quant à lui que « Dans une configuration nouvelle, le Secrétaire général de la défense nationale, entouré d'une équipe ramenée à quelques dizaines de collaborateurs » devait « jouer, dans le domaine de la défense, un rôle analogue à celui du secrétariat général du gouvernement dans les autres affaires. » Jean Picq eut gain de cause et fut chargé de mettre en place la nouvelle structure.

Le rôle d'exploitant suprême de la production française en matière de renseignement qui, selon les acteurs, fut dévolu, reconnu ou usurpé par le SGDN prête cependant à polémique. Un officier général ayant appartenu à l'organisme a notamment sur la question une opinion très tranchée : « En fait, le SGDN s'est cherché en permanence. Ce faisant, il s'est parfois investi dans un rôle d'exploitant que personne ne lui demandait vraiment de tenir et qui a eu pour résultat d'indisposer non seulement le Quai d'Orsay mais aussi le ministère de la Défense. Du reste, il est erroné de dire que le SGDN synthétisait le renseignement : en fait, EDS produisait des « notes de situation géostratégiques » à partir des rapports provenant des attachés de défense, de certaines notes de renseignement — pas toutes — et d'articles collectés dans la presse internationale; or, le renseignement, c'est exploiter exclusivement des sources dites fermées et ce n'était manifestement pas le cas. »

Structures et attributions actuelles du SGDN

En 1995, le Secrétariat Général de la Défense Nationale fut donc recentré sur les tâches qui sont actuellement les siennes et qui visent à assister le Premier ministre « dans ses responsabilités de direction générale et de coordination interministérielle en matière de défense. » Pour cela, il a été réduit à un effectif de 150 fonctionnaires — dont 24 officiers et 30 sous-officiers — se répartissant comme suit : 60 cadres « de conception », 50 secrétaires et 40 personnes en soutien. Ses trois principales fonctions correspondent à des actions de « Synthèse et arbitrage : mieux assurer la cohérence de l'action gouvernementale (...). Veille : apporter une 'vue sur l'avant' (...). Sécurité : contribuer à la protection des intérêts nationaux fondamentaux. » Ses bureaux ont été réorganisés autour de cinq « pôles d'activité ». « Défense et Nation » veille à la protection du secret de défense — domaine qui fait l'objet d'un paragraphe dans le cadre de ce chapitre — à la « continuité de l'action gouvernementale » et comprend un « Observatoire Nation et Défense ». La « continuité de l'action gouvernementale » consiste notamment à « assurer la sécurité des moyens concourant à la liberté d'action du Gouvernement » ; pour cela, il importe prioritairement de protéger les points sensibles mais aussi, par exemple, d'édicter en cas de crise majeure des mesures draconiennes de circulation routière afin de laisser aux forces militaires et aux forces de l'ordre la capacité primordiale de circuler sur l'ensemble du territoire. Pour exercer ces attributions fondamentales, encore faut-il être capable de juger des vulnérabilités propres à l'infrastructure de commandement et de contrôle mise en place; la cellule « continuité de l'action gouvernementale » est également responsable de cette évaluation puisqu'il lui incombe d'assurer « une veille permanente dans le domaine du terrorisme NBC, des menaces et vulnérabilités pouvant affecter les points et réseaux sensibles. » Au passage, on notera l'importance explicite accordée au terrorisme nucléaire, biologique et chimique, préoccupation sans doute pas totalement étrangère à l'activisme criminel dont certains groupes d'individus font preuve. Cette « nouvelle menace » ne doit pas être prise à la légère : s'agissant de la secte japonaise Aum Shinri-kyo ayant perpétré deux attentats au gaz sarin à Tokyo et Yokohama les 20 mars et 19 avril 1995, Philippe Pons écrivit en effet dans les colonnes du journal *Le Monde* daté du 22 avril : « Quels qu'aient été les objectifs des chefs de la secte, il est désormais établi qu'elle disposait — et dispose peut-être encore — de capacités destructives. Avec plusieurs centaines de tonnes d'une quarantaine de produits chimiques, elle avait la capacité de fabriquer des gaz toxiques en grande quantité (...). Elle disposait en outre d'explosifs [et] faisait des expériences sur les armes biologiques. » On ne peut que frémir en imaginant les effets dévastateurs qu'un attentat utilisant des substances de guerre chimique pourrait occasionner si perpétré dans les couloirs du métro parisien aux heures de pointe...

La création d'un pôle « Affaires Internationales et Stratégiques » répond principalement aux besoins suivants : « Assurer une veille sur les évolutions géopolitiques et géostratégiques et les menaces transverses susceptibles d'affecter à moyen terme les intérêts fondamentaux et la sécurité du pays. Constituer le fonds de connaissance nécessaire à la compréhension des menaces et à leur anticipation, détecter les besoins de dialogue interministériel et alerter en cas de besoin les autorités gouvernementales. » Pour cela, AIS a été subdivisé en deux cellules dénommées « Observatoire des risques et menaces » et « Intérêts nationaux fondamentaux ». Tout de suite, une question saute à l'esprit : que peut bien désigner l'expression « menaces transverses » ? Selon la rhétorique officielle, il s'agit des « menaces émergentes ou potentielles, non militaires, susceptibles d'affecter les intérêts de sécurité du pays. » Dans cette définition, il semble que les mots « non militaires » revêtent une importance particulière : les siècles passés avaient plus ou moins accrédité l'idée que la défense était avant tout militaire, elle est ensuite devenue globale avant de prendre un aspect multiforme. Plus concrètement, l'expression « menaces transverses » désigne les périls que font courir à la communauté française des phénomènes nouveaux tels que la fraude financière internationale, les criminalités hybrides (mêlant les motivations criminelles avec des considérations religieuses et des modes d'action terroristes par exemple), l'écoterrorisme, les guérillas à dérive maffieuse, les groupes criminels internationaux ou encore la constitution dans certains pays de « zones grises » échappant à l'autorité de l'Etat.

Le pôle « Affaires Juridiques et Européennes » comprend une cellule « Affaires juridiques » et un « Observatoire de la réglementation européenne » dont les rôles sont de « contribuer à l'élaboration des textes législatifs et réglementaires concernant la défense et présentant un caractère interministériel » ainsi que de « suivre la réglementation européenne et sensibiliser les administrations françaises aux aspects sécurité de cette réglementation ». Quant au pôle « Economie et Défense », il est subdivisé en deux cellules « Affaires industrielles de défense » ainsi que « Compétitivité et sécurité économique ». Le rôle de cette dernière étant évoqué dans le chapitre consacré à l'intelligence économique, mentionnons simplement que les fonctionnaires de la première cellule ont pour mission de « suivre certaines questions industrielles nécessitant une coordination interministérielle » et de « définir la position de notre pays face aux enjeux de la politique européenne de l'armement ».

Le pôle « Technologies et transferts sensibles » étant présenté dans le paragraphe suivant, il reste à évoquer la présence au sein du SGDN d'une subdivision administrative ainsi que d'une cellule « Information-Communication » directement rattachée au Secrétaire Général. Cette dernière est plus particulièrement chargée de mettre en forme et de diffuser vers l'extérieur la production du SGDN en matière de « bulletins périodiques d'alerte et d'analyse à caractère géostratégique, économique et technologique » ainsi que d'animer un processus de réflexion sur l'art et la manière de tirer parti de l'information ouverte. Enfin, la cellule en question assure l'interface entre le SGDN d'une part et les médias d'autre part.

SGDN, recherche, technologie et exportation des matériels de guerre

Le SGDN ancienne mouture comprenait une « direction Scientifique et des Transferts Sensibles (STS) » dont la mission était ainsi définie : « [elle] assure une veille technologique et scientifique dans tous les domaines intéressant la défense. Elle effectue la coordination des recherches de renseignements scientifiques et définit les règles de conservation du patrimoine scientifique et technique national, notamment par le contrôle des coopérations scientifiques, des visites et des stages. Elle contrôle les transferts de technologie sensible vers l'étranger, les exportations de matériel de guerre, la prolifération nucléaire, balistique ou chimique. » Pour cela, STS comprenait non seulement un « bureau Documentation » sur le rıle duquel il ne semble pas indispensable de s'étendre mais aussi une Sous-direction « Veille scientifique et technologique (VST) » ainsi qu'une Sous-direction « Techniques sensibles et exportations (TSE) ».

Le domaine d'action de VST englobait l'ensemble des technologies modernes stratégiquement sensibles : physique, électronique, informatique, télécommunications, détection, espace, nucléaire, hautes énergies, sciences de l'ingénieur, sciences du globe, chimie, matériaux, sciences de la vie et défense NBC. Quant à TSE, elle était subdivisée en quatre bureaux dont la dénomination même en explicite les missions : « Exportation des matériels de guerre », « Prolifération et sécurité des satellites », « Transferts de technologie » ainsi que « Coopération, visites et stages ». Mention particulière doit être faite du premier de ces bureaux puisqu'il était chargé du secrétariat de la très célèbre « Commission Interministérielle pour l'Etude de l'Exportation de Matériels de Guerre (CIEEMG) » comprenant en particulier des représentants du ministère de la Défense, du ministère des Affaires Etrangères et de celui en charge des finances. Cette commission a pour attribution d'émettre, à chaque stade de la réalisation d'un contrat d'exportation d'armement depuis la prospection jusqu'à la signature, un avis sur l'opportunité de la vente considérée, attribution que les textes officiels énoncent ainsi : « Par délégation du Premier ministre, [le secrétaire général de la défense nationale] préside les instances interministérielles chargées d'étudier, avant décision gouvernementale, les problèmes relatifs aux exportations d'armement, de matériels et de technologie de caractère stratégique; il en assure le secrétariat. Il suit la mise en œuvre des procédures interministérielles destinées au contrôle de cessions de matières, matériels et technologie de caractère sensible. » La CIEEMG a été créée en 1949. Selon Pierre Péan, elle examinait bon an mal an environ 5000 demandes au milieu des années 80 et rendait un avis favorable pour 85 % d'entre elles. Enfin, il revient à la CIEEMG de recommander l'application de la fameuse « clause de non-réexportation » en vertu de laquelle le pays acheteur s'engage à ne pas revendre à un pays tiers les armements achetés auprès d'un industriel français.

En 1995, STS fut transformée en un pôle « Technologies et Transferts Sensibles (TTS) ». Les attributions de STS ont été intégralement transmises à TTS, l'ancienne direction n'ayant été que partiellement réorganisée pour aboutir à la nouvelle structure.

Le « Comité Interministériel du Renseignement »

L'ordonnance n° 59-147 du 7 janvier 1959 portant organisation générale de la Défense énonce laconiquement dans son article 13 : « Sous l'autorité du Premier ministre, l'orientation et la coordination des services de documentation et de renseignement sont assurées par un comité interministériel du renseignement. La composition et les attributions de ce comité sont fixées par décret » ; le décret en question ne fut cependant promulgué qu'en date du 17 octobre 1962 sous le numéro 62-1208. La première responsabilité du tout jeune CIR fut de s'attaquer à la rédaction du Plan National de Renseignement (PNR) : ce fut sa perte. En effet, il semble qu'à l'origine, il s'agissait de raisonner en termes de priorités, ce que le CIR oublia quelque peu puisque le document final, selon des fonctionnaires ayant travaillé dans l'orbite du comité à cette époque, comptait une cinquantaine de pages et comprenait des centaines de rubriques. Chacune d'entre elles correspondait très probablement à un besoin avéré mais leur somme transformait ce qui aurait dû être un document facilement exploitable en un catalogue à la Prévert totalement indigeste. Le CIR végéta une dizaine d'années, s'époumonant à mettre à jour ce monument de bravoure qu'était le PNR et qui, au fil du temps, ne cessait de prendre de l'embonpoint. A partir du début des années 70, le CIR et son rejeton adipeux, quoique pérennisés par défaut, disparurent cependant du paysage politique français : on ne les évoqua plus que pour se gausser de leur inutilité. Il s'ensuivit une époque de léthargie quasi-totale qui prit fin à l'initiative de Michel Rocard et de son conseiller pour les questions de sécurité Rémy Pautrat, ancien directeur de la DST. L'article 1 du décret n° 89-258 signé le 20 avril 1989 par le premier ministre d'alors et ressuscitant le CIR en fixa ainsi les attributions : » Le comité interministériel du renseignement prévu à l'article 13 de l'ordonnance n° 59-147 du 7 janvier 1959 portant organisation générale de la Défense est chargé d'assurer l'orientation et la coordination des activités des services qui concourent au renseignement. A cette fin, il élabore un plan national de renseignement. Ce plan est soumis à l'approbation du Président de la République. » Quant au suivi des travaux et à la périodicité des réunions, ils firent l'objet dans l'article 3 des précisions suivantes : « Le comité interministériel du renseignement se réunit sur convocation du Premier ministre, chaque fois qu'il est nécessaire et au moins deux fois par an. Le secrétariat du comité est assuré par le secrétariat général de la défense nationale. »

Le CIR nouvelle mouture prit grand soin d'éviter de tomber dans les mêmes travers que son homologue des années 60. S'établissant initialement à plusieurs dizaines, le nombre de rubriques contenues dans le Plan National de Renseignement fut ramené à moins d'une vingtaine, toutes relatives à des « priorités stratégiques » : le CIR travaille en effet sur le moyen terme et évite soigneusement d'intervenir au niveau de la gestion quotidienne, en particulier dans le domaine du suivi des crises. Bertrand Warusfel, par exemple, précisa à ce sujet : « Il se concentre, en effet, sur les aspects de coordination en amont, c'est-à-dire au niveau de l'orientation des services (...). Il s'agit de donner pour une certaine période de grandes orientations de recherche (...). Mais en aucun cas, ce Comité n'exerce une réelle coordination de l'action opérationnelle des services, ni de la synthèse de leurs informations. »

Concrètement, comment se déroule le processus de révision du PNR ? A échéance, les membres de droit du CIR — comprenant par décret « sous la présidence du Premier ministre, les ministres chargés de la défense, de l'intérieur, des affaires étrangères, de l'économie, des finances et du budget, de l'industrie, de la recherche, des télécommunications, de l'espace, des départements et territoires d'outre-mer (...), le secrétaire général du Gouvernement et le secrétaire général de la défense nationale » — se réunissent pour « mettre sur la table » les besoins nouveaux ressentis par leurs ministères respectifs en matière de renseignement. A la suite de cette réunion, un texte est rédigé puis transmis à chaque ministère pour approbation avant d'être renvoyé sur le Comité puis sur la Présidence de la République pour décision. La responsabilité des travaux relatifs à chacune des priorités contenues dans le PNR est attribuée à un ministre spécifié ; il est secondé dans l'exercice de ces attributions particulières par un groupe interministériel. Le comité permanent des directeurs de cabinets constitue le « bras exécutif » du CIR. Il a pour tâche principale d'assurer la mise en œuvre des directives inscrites au PNR ; pour cela, le comité permanent se réunit plusieurs fois par an. Quant aux responsabilités du SGDN dans l'ensemble de ce processus, elles sont notamment précisées en ces termes par la dernière édition de la plaquette présentant l'organisme : « Elaborer en étroite concertation avec les ministères et les services, le projet de plan national du renseignement, qui fixe pour trois ans les objectifs du gouvernement en matière de recherche du renseignement; préparer les réunions du CIR et du groupe permanent des directeurs de cabinet, rédiger et diffuser les comptes-rendus de séance et les relevés de décisions; suivre les décisions; animer les groupes de travail interministériels associés à chacune des priorités du PNR, rédiger et diffuser les comptes-rendus immédiats et différés; assurer la liaison avec les services; assurer la tutelle du Centre Interministériel de Traduction. »

La protection du secret de défense

Avant d'exposer dans le détail les attributions du SGDN en matière de préservation du secret de défense, sans doute n'est-il pas tout à fait inutile d'en rappeler le cadre légal.

Les articles 4 et 5 du décret n° 81-514 (12 mai 1981) précisent le champ d'application des trois degrés de classification : « La mention Très Secret-Défense est réservée aux informations dont la divulgation est de nature à nuire à la défense nationale et à la sûreté de l'Etat et qui concernent les priorités gouvernementales en matière de défense. (...) La mention Secret-Défense est réservée aux informations dont la divulgation est de nature à nuire à la défense nationale et à la sûreté de l'Etat. La mention Confidentiel-Défense est réservée aux informations qui ne présentent pas en elles-mêmes un caractère secret mais dont la connaissance, la réunion ou l'exploitation peuvent conduire à la divulgation d'un secret intéressant la défense nationale et la sûreté de l'Etat. » Le même texte précise que toutes les modalités relatives aux procédures d'habilitation sont définies par le premier ministre, donc préparées par le SGDN. Les décisions d'habilitation sont par contre du ressort des ministres concernés pour les niveaux « Confidentiel-Défense » et « Secret-Défense », le premier ministre ayant quant à lui la responsabilité d'accorder ou non les habilitations « Très secret-Défense ».

Dans la pratique, qu'est-ce que cela veut dire exactement ? Pour illustrer la prose officielle, empruntons à Pierre Péan un passage de son ouvrage *Secret d'Etat — La France du secret, les secrets de la France* où l'auteur évoque les règles de classification adoptées au sein de la DGSE : « Le 'Très-Secret' se décline ainsi de la façon suivante : 1 — toutes les actions du Directeur général; 2 — les 'opérations particulières' (il est probable que le sabotage du *Rainbow Warrior* entrait dans cette catégorie); 3 — les postes à l'extérieur de la France; 4 — l'identité des agents; 5 — la sécurité du service. »

Quant au SGDN, son rôle se trouva notamment précisé par le contenu de l'article 7 du décret n° 78-78 datant du 25 janvier

1978 : « Le secrétaire général de la défense nationale propose, diffuse, fait appliquer et contrôler les mesures nécessaires à la protection du secret de défense. » La prise en compte de ces prescriptions dans la nouvelle organisation du SGDN est l'affaire du pôle « Défense et Nation » et plus particulièrement de sa cellule « Protection du secret de défense ». L'activité de celle-ci découle de quatre préoccupations permanentes ainsi officiellement énoncées : « Tenir à jour la réglementation sur la protection du secret de défense au plan national, interallié et international, en contrôler l'exécution en exerçant, par délégation, les responsabilités de l'autorité nationale de sécurité dans les accords de sécurité. — Assurer les fonctions de réglementation, de représentation de l'autorité nationale de sécurité auprès du Comité de sécurité de l'OTAN et de l'UEO, mission de protection des secrets de défense. — Suivre la réglementation en vigueur et vérifier son application au niveau national, interallié et international. — Vérifier la prise en compte de la protection du secret de défense dans les accords et traités internationaux. »

En l'occurrence, le SGDN s'acquitte de sa mission en mettant à jour l'instruction interministérielle 1300 au rythme des modifications prescrites. Celle-ci détaille à longueur de chapitre — et parfois fastidieusement — les précautions à prendre pour manipuler les documents portant les mentions « Confidentiel-Défense », « Secret-Défense » ou « Très Secret-Défense ». Les feuillets estampillés « Diffusion-Restreinte » échappent à cette série de mesures contraignantes car réglementairement, l'expression n'indique pas une classification mais seulement la nécessité de respecter plus particulièrement l'obligation de réserve. Périodiquement, des additifs ou des remises à jour viennent adapter le contenu de l'IM 1300 à l'évolution des techniques d'investigation adverses. Ainsi, à la fin des années 80, toutes les parties collées des enveloppes contenant des documents « Confidentiel-Défense » transitant par les services postaux ont été recouvertes d'un type spécial de ruban adhésif se déchirant à la moindre tentative de décollement. Mais l'IM 1300 va beaucoup plus loin et tente de dégager une sorte de « philosophie » de la conservation du secret afin de sensibiliser les autorités responsables aux inconvénients des abus. Ce document de base précise notamment qu'une classification ne doit en aucun cas revêtir un caractère permanent : « en règle générale, les documents 'Secret-Défense' devraient pouvoir faire l'objet d'un abaissement ou même d'une suppression de classification au bout de 10 ans. Les documents 'Confidentiel-Défense' doivent pouvoir être déclassifiés, dans un grand nombre de cas, au bout de 5 ans. » Ces mesures ne sont pas toujours respectées, ce qui est parfois lourdement pénalisant car les documents ayant perdu leur valeur intrinsèque sont alors manipulés à grand renfort de précautions inutiles. Un officier retraité rapporta ainsi à l'auteur de ces lignes l'anecdote qui suit. Servant à la fin des années 70 au sein d'un régiment, il s'était aperçu que, sur ordre, des chemises estampillées « Secret-Défense » étaient jalousement gardées à l'intérieur de l'armoire forte du bureau « opérations ». Les dossiers lui paraissant très anciens, il eut un jour l'idée d'en demander communication pour s'apercevoir qu'ils concernaient des dispositifs de visée nocturne pour armes légères utilisant la technologie de l'infrarouge actif, laquelle était depuis longtemps considérée comme obsolète : la classification datait des années 50. Pendant plus de vingt ans, les documents avaient été conservés comme si leur divulgation était, selon la terminologie en vigueur, « de nature à nuire à la défense nationale et à la sûreté de l'Etat »...

CHAPITRE 4

LES RENSEIGNEMENTS GÉNÉRAUX (RG)

Un service de Vichy pérennisé par les « nécessités de l'heure »

La création du « Service Central des Renseignements Généraux » remonte au 23 avril 1941. Moins d'un an plus tard, le 21 mars 1942, le « Service » fut transformé en « Direction ». Les dispositions légales adoptées par les autorités de Vichy précisaient en ces termes les missions de l'organisme : « Rechercher, solliciter, concentrer et utiliser tous les renseignements émanant des divers services de police, ainsi que ceux qui lui parviennent des nombreux réseaux d'information organisés par ses soins et sans cesse perfectionnés suivant les nécessités de l'heure. » Ce texte autorisait donc explicitement le recrutement d'indicateurs et implicitement leur manipulation par des moyens qu'on ne peut qu'imaginer délétères; il serait d'autre part intéressant d'étudier de près ce que le législateur entendit par « nécessités de l'heure ». A la Libération, les mêmes « nécessités de l'heure » pérennisèrent l'existence des Renseignement Généraux malgré la mauvaise image que leur origine vichyssoise entretenait dans l'esprit d'un peuple tout acquis aux thèses gaullistes. Dans l'immédiat après-guerre en effet, la chasse aux sorcières battait son plein mais les RG avaient déjà su se rendre indispensables ainsi que l'exposa Serge Tavergnier dans *Le Crapouillot :* « Au lendemain de la Libération, le service des RG est en équilibre instable. Le souvenir de la police politique de Vichy — dont on a exagéré l'action répressive — indispose beaucoup de monde. (...) Cependant l'incertitude politique du moment, les pénuries en tout genre et, surtout, le développement d'une économie parallèle (...) interdisent de se priver du concours de spécialistes reconnus. Pour complaire à quelques justiciers bruyants qui agitent la rue, on se contente d'une épuration sélective qui frappe d'abord les plus humbles, souvent les moins compromis. » Aux missions considérées comme traditionnellement accomplies par les RG (surveillance de la presse, de la vie sociale, de l'activité économique, des partis politiques et l'évaluation des tendances de l'opinion publique) s'ajouta une tâche de circonstance : la traque aux « collabos ».

Trente-cinq ans plus tard, 1981 initia une autre tentative de moralisation qui devait faire des RG un service digne d'une « démocratie socialiste » mais il fallut attendre encore sept années pour que la réélection de François Mitterrand ne fasse véritablement souffler un vent nouveau dans les couloirs des RG. Prié d'aller sévir dans l'Aube, Philippe Massoni laissa la place à Jacques Fournet qui s'avoua, dans un premier temps, peu convaincu par l'efficacité d'une maison qu'il jugea « peu performante ». En conséquence, il prit la décision de confier une mission d'audit à une agence privée. Cette « erreur » fit naître un ressentiment quasi-général qui n'empêcha pas le nouveau directeur de renvoyer sur le terrain des fonctionnaires qui avaient, semble-t-il, pris l'habitude d'extraire leurs informations de la presse quotidienne. Le rapport, se contentant de lister les qualités et les défauts du service sans s'aventurer à préconiser une quelconque réforme, n'aida en rien Jacques Fournet. Celui-ci n'en avait cependant pas attendu les conclusions pour mettre sur les rails ce qui apparaît comme l'évolution la plus marquante que les RG eurent à subir au cours de ces dernières années. Il réorienta en effet les missions de la « boutique » vers une prise en compte accrue des phénomènes criminels contemporains et, en particulier, de la délinquance financière. Il motiva ses décisions en les basant sur un constat qui peut passer pour consternant : « En 1988, nous disposions de dix fonctionnaires à Montauban mais nous n'en avions pas un seul dans le quartier de la Défense, où sont situés les sièges des plus grandes entreprises françaises. J'ai envoyé les gens suivre des stages de formation et, en novembre 1989, j'ai ouvert une antenne à la Défense. Cela a représenté une révolution. » Sans doute était-ce là une manifestation de prescience car, à peine deux mois après que le directeur de fraîche date eut prescrit à ses hommes de s'investir dans la recherche du renseignement concernant les délits de la haute finance, l'affaire Pechiney révéla combien cette réorientation était nécessaire. Les RG, en effet, n'y brillèrent nullement.

En 1991, remplaçant au pied levé Pierre Joxe place Beauvau, Philippe Marchand estima nécessaire une circulaire pour mettre noir sur blanc ce qu'il attendait des Renseignement Généraux. Le document, qui vaut qu'on en reproduise un large extrait pour sa valeur synthétique, énonçait : « La Direction Centrale des Renseignements Généraux doit notamment s'attacher : — à la prévision et à la mesure des évolutions de l'opinion publique au travers de ses multiples canaux d'expression; — à l'examen attentif de l'expression des revendications sociales dont le caractère multiforme (...) exige une vigilance constante; — à une intervention accrue dans les secteurs économique et financier, en particulier pour aider au repérage des circuits de recyclage des capitaux illicites; — à une étude approfondie des tensions et évolutions au sein de la société civile. La Direction Centrale des Renseignements Généraux doit, notamment, porter ses efforts sur le problème de la violence urbaine, par la connaissance approfondie de ses mécanismes, et a également pour tâche d'élargir ses analyses à des faits de société (sectes ou groupement ésotériques) susceptibles d'avoir des incidences sur la sécurité et l'ordre public. »

Des missions évolutives pour une administration bicéphale

Actuellement, les attributions de la DCRG sont précisées par un décret du 16 janvier 1995 qui stipule : « la mission de la Direction Centrale des Renseignements Généraux est la recherche et la centralisation des renseignements destinés à informer le gouvernement; elle participe à la défense des intérêts fondamentaux; elle concourt à la mission générale de sécurité intérieure. Elle est chargée de la surveillance des établissements de jeux et des champs de course. » Bref, le travail des Renseignement Généraux, c'est de tout savoir.

A ce stade, il apparaît nécessaire de préciser une particularité propre aux RG : la dichotomie inhérente à leur organisation. Deux organismes coexistent en effet : la Direction Centrale des Renseignements Généraux (DCRG) et les Renseignements Généraux de la Préfecture de Police de Paris (RGPP). Selon le discours officiel, les RGPP ne sont en fait qu'une direction régionale de la DCRG mais dans la réalité, il semble qu'il en aille tout autrement. Les fonctionnaires parisiens seraient en effet très jaloux de leur indépendance et, sur le terrain, la norme se situerait plutôt dans le domaine du concurrentiel. A ce sujet, un inspecteur précise : « Bien sûr, on ira pas jusqu'à se tirer dessus si on sait qu'on risque de rencontrer les collègues sur un coup mais le problème, c'est justement qu'on nous avertit rarement. C'est peut-être mieux : si on le savait, on aurait la tentation d'en profiter pour leur mettre les bâtons dans les roues... » Précisément, Patrick Rougelet relata une de ces opérations au cours de laquelle la coordination fut inexistante : « Quand, le 13 septembre 1980, des fonctionnaires de la DCRG interpellent en plein Paris un des leaders d'Action directe, ils n'ont bien entendu pas prévenu leurs homologues de la PP... » Sans doute l'ex-commissaire principal de la maison faisait-il allusion à l'arrestation, en septembre 1980, rue Pergolèse, de Jean-Marc Rouillon et Nathalie Ménigon par la section « recherches » de la Direction Centrale. L'affaire faillit tourner au drame après que les hommes de la DCRG eurent décidé d'intervenir en l'absence de tout soutien — « cela pour n'avoir rien à partager de leur gloire », écrira Eric Laffitte — et tombèrent sur une Nathalie Ménigon qui se mit à tirer sur tout ce qui bougeait. Il n'y eut heureusement que deux blessés.

On pourrait s'étonner de voir les RG s'impliquer de manière aussi démonstrative dans la lutte contre le terrorisme. Cette implication leur fut cependant donnée à partir du 19 mars 1976, date à laquelle une note de service leur confia la responsabilité de la recherche du renseignement concernant un phénomène désigné sous l'expression de « terrorisme interne ». Le document administratif précisait effectivement que la centralisation des informations s'entendait dans le cadre des « actions terroristes ne mettant pas en œuvre des agents d'Etat étrangers mais dépassant le cadre national ». Cette formulation est l'exemple même de ce que la haute administration française peut produire en matière de prescription inapplicable. Sur le plan réglementaire, la distinction est nette : le terrorisme d'Etat n'est pas l'affaire des RG ; sur le plan pratique en revanche, les choses se compliquent. Imaginons la scène : un inspecteur (ou plutôt, selon la nouvelle dénomination, un lieutenant de police...) des RG est en « planque » et observe les agissements d'un groupe supposé terroriste. Il quitte alors son emplacement, se dirige vers l'une des personnes observées et l'apostrophe en ces termes : « Pardon, Monsieur le supposé terroriste, auriez-vous l'obligeance de me dire si vous êtes aidé par un agent appartenant aux services secrets d'un quelconque Etat placé par le gouvernement français sur la listes des nations suspectées de soutenir les attentats lâchement perpétrés sur notre territoire ? » Même si, d'aventure, la réponse était affirmative, on ne voit pas notre brave inspecteur des RG rejoindre la cabine téléphonique la plus proche pour passer un coup de fil à la DST...

Il est un autre domaine où les RG furent contraints d'évoluer suite à une « bourde » monumentale : celui de la surveillance des partis politiques. Pour tenter de minimiser les conséquences néfastes suite à l'affaire relative aux débats du Conseil national du Parti socialiste, Charles Pasqua ne put faire autrement que de donner un coup de pied dans la fourmilière. Cependant, nombre de journalistes ne se laissèrent pas prendre à ce qu'ils qualifièrent de « mesurettes » et qui furent ainsi présentées par Frédéric Ploquin dans *L'Evénement du Jeudi* : « on a vu la branche parisienne du service — la plus importante — recentrer ses activités. Formé dans les rangs du contre-espionnage, le nouveau patron ordonnait à ses troupes de se focaliser sur les violences urbaines et les communautés étrangères, avec l'islamisme et le trafic de main-d'œuvre en ligne de mire. Plus question de fréquenter les conciliabules des partis politiques, et encore moins les salles de rédaction des journaux. »

Tout cela est bien beau. Mais on voit mal un inspecteur des RG ayant investi beaucoup de temps à courtiser les politiciens renoncer du jour au lendemain à fréquenter ses contacts. Formé à la dure école du renseignement sur le terrain avec ce que cela implique de patience, de disponibilité et d'investissement personnel, on imagine difficilement le même inspecteur, recevant un coup de téléphone du genre « J'ai quelque chose pour vous, quand peut-on se voir ? », répondre placidement « C'est désormais impossible, ma hiérarchie m'a interdit de frayer avec quelqu'un appartenant au monde de la politique ! » D'autant plus que l'interdiction n'était pas totale et instituait, selon la formulation retenue par le ministère de l'Intérieur, un subtil distinguo entre « le suivi des partis politiques » d'une part et la pérennisation des missions de « prévision » impliquant notamment « le suivi des campagnes électorales » d'autre part. Bref, plus question de disserter à l'infini sur les différents courants agitant la droite ou la gauche mais présence obligatoire dans les réunions organisées en préalable à un scrutin. Question subsidiaire : comment exploite-t-on les informations acquises dans lesdites réunions lorsqu'on est totalement ignare des subtilités propres à chaque tendance interne composant les mosaïques que sont les partis modernes ? Dieu merci, Érich Inciyan, publiant un article dans les colonnes du quotidien *Le Monde,* nous livra la clé de l'énigme : « Face à cette gageure — suivre les élections sans se pencher sur la vie des partis —, le ministère prévoit de rédiger une note d'orientation qui précisera les bornes que les policiers ne devront pas dépasser. » Ouf, on respire ! Se faisant le porte-parole de nombreux observateurs de la vie politique et politicienne, Daniel Lavaux, alors secrétaire général de la Fédération Autonome des Syndicats de Police (FASP), qualifia ces mesures de « petit toilettage ».

Une des missions traditionnelles des RG consiste à fournir au gouvernement des sondages d'opinion en période préélectorale à l'aide d'un « officier » aujourd'hui semble-t-il en sommeil ; l'histoire contemporaine est ainsi jalonnée d'exemples où les estimations issues des RG furent très proches des résultats du scrutin. Mais il y eut aussi des ratages mémorables jetant le discrédit sur la manière dont les inspecteurs s'acquittaient de leur tâche. Bien que relativement ancien, un exemple est à ce sujet caricatural : immédiatement avant les élections législatives de 1956, les RG pronostiquèrent que deux députés poujadistes siégeraient à l'Assemblée. Il y en eut cinquante et un... Dans l'ouvrage qu'il rédigea, Patrick Rougelet se montre parfois critique quant à la manière dont cette mission était accomplie ; il écrivit en effet : « En cascade, dans tous les cantons, chaque fonctionnaire reçoit une liste de questions et les profils des personnes qu'il doit interroger. Il faut tant de mères de famille, tant de cadres, tant de professions libérales, de chômeurs, de jeunes... Souvent les profils sont assez tordus (pour éviter, justement, que les fonctionnaires ne remplissent eux-mêmes le questionnaire) ; il faut par exemple interroger un chômeur qui habite dans un pavillon ou un agriculteur qui loge dans une HLM. Tout se complique avec les tranches d'âge. (...) Généralement, les vieux briscards des RG remplissent seuls les formulaires à une table de bistrot. Je l'ai vu faire plusieurs fois. »

En marge de ces missions officielles, les inspecteurs des RG sont souvent requis pour satisfaire des demandes officieuses. Par exemple celle d'un élu local qui, menacé de perdre son siège, utilise son carnet d'adresses pour commander aux RG une étude sur les chances de son challenger. Ou encore ce haut fonctionnaire voulant connaître le pedigree du visiteur qu'il se prépare à recevoir. Abordant cette question dans l'ouvrage qu'ils écrivirent, Jean Guisnel et Bernard Violet s'en tinrent prudemment aux généralités sauf quand ils dénoncèrent certaines approximations aux conséquences parfois dramatiques dans la rédaction des fiches ; ils affirmèrent néanmoins : « Les enquêtes individuelles sont le pain quotidien des fonctionnaires des RG. Des enquêtes de routine avec leur rapport jamais très élaboré et dont le fonctionnaire de base ne connaîtra jamais le but, l'utilisation. Les amis politiques du préfet ? Un ministre qui prépare sa campagne électorale ? Un patron qui a besoin d'être rassuré sur un futur employé ? Un peu tout cela, affirment les fonctionnaires. » Patrick Rougelet ira quant à lui jusqu'à évoquer l'existence à la DCRG d'un dossier sur Nicolas Sarkozy qui, alors que celui-ci était ministre du Budget, fut consulté par un inspecteur en mars 1995. A l'époque, la perspective des élections présidentielles avait amené chiraquiens et balladuriens à s'entre-déchirer...

Anatomie des RG

S'agissant de la Direction Centrale des Renseignements Généraux, l'organigramme le plus récent est celui contenu dans l'ouvrage de Francis Zamponi intitulé *Les RG à l'écoute de la France — Police et politique de 1981 à 1997.* On y retrouve une administration articulée autour de quatre Sous-direction : Recherche, Course et Jeux, Analyse/prospective/faits de société ainsi que Ressources et Méthodes. Il n'en a pas toujours été ainsi : en 1990, les deux premières sous-directions citées apparaissaient déjà alors qu'à la place des deux dernières existaient une Sous-direction de l'informations générale et une Sous-direction des affaires administratives. Si l'on remonte plus loin dans le temps, l'organisation en 1981 faisait ressortir la constante « Courses et Jeux » complétée par la Sous-direction des affaires administratives, celle en charge de l'information politique, sociale et économique ainsi que celle dite « de l'information générale et des étrangers ». Mais revenons à

1997. La compilation des informations disponibles semble confirmer les grandes lignes de l'organigramme mentionné ci-dessus; à ce sujet, il est intéressant de noter que l'organisation interne de la DCRG est sommairement présentée sur le serveur 3616 ADMITEL, version télématique constamment remise à jour du *Répertoire de l'Administration Française.*

La Sous-direction « Recherche » comprend une division Analyse et une division Recherche; sa principale fonction est de prendre en compte les missions de contre-terrorisme. Elle dispose de spécialistes formés à l'acquisition du renseignement (« section opérationnelle et recherches spécialisées ») ainsi que des moyens techniques nécessaires (« section logistique »). La Sous-direction en question s'est par exemple beaucoup investie dans la traque ayant mis à jour les réseaux Kelkal. D'autre part, c'est à un fonctionnaire féminin appartenant à cette subdivision, le commissaire Buy-Trong, que l'on doit un certain nombre de travaux faisant autorité sur les phénomènes de violence urbaine. Elle formalisa par exemple une échelle classifiant la gravité des troubles à l'ordre public comprenant huit niveaux allant des simples actions provocatrices à l'émeute en bonne et due forme. Cette échelle a maintenant été adoptée par tous les services impliqués dans des actions d'analyse et de lutte concernant ce phénomène à l'importance sans cesse croissante. Enfin, la section « étrangers et minorités » est l'interlocutrice privilégiée du Comité Interministériel du Renseignement pour les questions de minorités — ce sont en effet les RG qui pilotent le groupe chargé par le CIR de suivre le dossier — tandis que la section « liaisons extérieures » gère les échanges quotidiens avec l'UCLAT (Unité de Coordination de la Lutte Anti-Terroriste). La Sous-direction « Analyse/prospective/faits de société » est surtout connue pour s'intéresser de très près au problème des sectes, se basant en cela sur un travail de fond effectué par les RG et dont les conclusions ont mis en relief le caractère socialement nocif du phénomène. Une analyse a notamment permis de dégager une dizaine de critères permettant de déterminer si une association à but religieux ou philosophique est ou non assimilable à une secte. Au sein de cette Sous-direction existe également la division chargée de détecter les opérations financières frauduleuses et le blanchiment d'argent sale : La division en question semble avoir été enfantée dans la douleur que l'affaire Pechiney infligea aux RG : lors de la chasse aux informations visant à renseigner le Président de la République, la maison fut toujours en retard d'une longueur... La Sous-direction « Courses et Jeux » assure la surveillance des casinos, du monde des courses hippiques et est, de manière générale, chargée du suivi de toutes les affaires relatives à ces deux domaines. Enfin, la Sous-direction « Ressources et Méthodes » administre le personnel, s'occupe de la gestion documentaire, gère le parc informatique, assure la formation spécialisée et entretient les véhicules.

Au carrefour de la gestion documentaire et de l'équipement informatique se situe le problème des fameux fichiers ayant de toute éternité fait passer des nuits blanches à toute personnalité post-soixante-huitarde. La raison de cette émotion fébrile ? La présence sur les fiches en question de rubriques jugées attentatoires aux libertés individuelles et relatives, par exemple, aux opinions religieuses, philosophiques ou syndicales mais aussi à l'apparence physique. Pourtant, même un socialiste, Michel Rocard pour ne pas le nommer, avait par décret en février 1990 reconnu aux RG le droit de « collecter, conserver et traiter des informations nominatives qui font apparaître l'origine ethnique en tant qu'élément de signalement, les opinions politiques, philosophiques ou religieuses ou l'appartenance syndicale des personnes majeures pour l'accomplissement exclusif de leurs missions de recherche et de centralisation des renseignements d'ordre politique, social et économique nécessaires à l'information du gouvernement. » Certains mots choquèrent, le décret fut précipitamment retiré et revint sur le devant de la scène politico-médiatique en octobre 1991. Cette fois-ci, il passa sans encombre, avec quelques modifications toutefois : une nouvelle formulation le rendait acceptable. L'existence des deux fichiers entretenus par les RG — le « généraliste » et celui orienté « terrorisme » — se vit ainsi légalement pérennisée.

En ce qui concerne la formation, les inspecteurs affectés aux RG peuvent notamment participer aux stages organisés par le Centre de Formation au Renseignement (CFR) : On y enseignerait en particulier les finesses propres aux techniques d'observation, tant à l'intérieur qu'à l'extérieur de l'enceinte où stationne la « cible ».

Les RGPP, quant à eux, seraient organisés en quatre sous-directions : « Communautés étrangères », « Vie de la cité », « Violence et terrorisme » ainsi que « Ressources humaines et matériel ». La Sous-direction « Violence et terrorisme » étend son champ d'action jusqu'à englober l'intégrisme islamique tandis que « Communautés étrangères » a pris en compte les opérations de contrôle visant à réprimer l'immigration clandestine et le travail dissimulé. En 1990, l'organigramme était quelque peu différent : c'était en particulier au sein d'une Sous-direction « Analyse » qu'existait la 2e section chargée des « partis représentés au Parlement » et dont un inspecteur se rendit coupable d'avoir « espionné » le Conseil national du PS en 1994; le chef de cette section, Bertrand Michelin, fut en conséquence limogé. De la même manière, une Sous-direction « Opérationnelle » contrôlait le GER au sein duquel l'inspecteur Dufourg opérait en 1990. Claude Bardon, directeur des RGPP à l'époque, était toujours à leur tête en 1994 et certains commentateurs politiques firent observer que son limogeage visait peut-être à lui faire payer un certain nombre de « bourdes », et non pas exclusivement le faux pas dont les socialistes furent victimes.

Recherche, infiltration et manipulation : des méthodes parfois contestées

S'agissant des méthodes utilisées par les Renseignement Généraux pour une période postérieure à 1986 mais dont, prudemment, il ne précise pas la durée, Patrick Rougelet écrivit : « C'est la grande époque des pillages de boîtes aux lettres, des écoutes téléphoniques sauvages, des sonorisations d'appartements, des filatures abusives. » Les procédés employés par la maison sont-ils donc aussi condamnables que cela ? Pour Brigitte Henri, qui publia en début d'année 1998 un ouvrage analysant les rapports entre renseignement et pouvoir, la cause est entendue, on ne fait pas d'omelettes sans casser des œufs : « il est vrai que les services de renseignement, pour être efficaces, doivent s'adapter au milieu qu'ils ciblent. Cela amène les agents de renseignement à utiliser quelquefois des moyens marginaux, (...) les seuls, nous l'analyserons, permettant d'obtenir des résultats dans certains cas. » Quelques pages plus loin, une phrase définissant un champ d'action limité pour l'utilisation des ces moyens exceptionnels résonne comme une tentative de justification : « Filatures, perquisitions clandestines, écoutes, interceptions de courrier sont les seules armes efficaces contre une criminalité sournoise, tentaculaire. » Quelques soient par ailleurs les sentiments des deux auteurs cités, leurs écrits ont au moins un point commun : celui de reconnaître que de tels moyens existent. Marcel Pagnol disait : « Telle est la faiblesse des hommes : leur raison ne leur sert le plus souvent qu'à justifier leurs croyances. » Force est de reconnaître que dans ce cas précis, l'auteur dramatique ne s'est pas trompé : selon que l'on se place d'un côté ou de l'autre d'une barrière dont la nature reste à définir, on est pour ou contre. Les uns mettront donc en relief les dérapages possibles, les autres préféreront souligner les résultats que de telles méthodes obtiennent dans une lutte sans merci contre ceux qui se rendent coupables d'actes illégaux. Les premiers déclareront que ces méthodes sont précisément illégales elles-mêmes, les seconds qu'il n'y a aucune raison de s'en priver alors que les criminels les utilisent. Bref, le danger du dévoiement contre la promesse d'efficacité. Or, la versatilité de l'opinion publique ne fait qu'ajouter à la difficulté de trancher : selon que l'air du temps est traversé par les pavés que l'on jette à la tête des CRS ou rempli de bruit et de fureur par les explosions terroristes, elle penche tantôt d'un côté, tantôt de l'autre...

L'utilisation par les Renseignements Généraux du procédé consistant à « emprunter » le courrier est attestée par la révocation d'un préposé mosellan qui, de 1983 à 1985, détourna à leur profit les plis adressés à la fédération départementale du PCF dont le siège était situé à Hagondange. Quotidiennement, le facteur peu scrupuleux prélevait les enveloppes et les apportait à un inspecteur des RG. Celui-ci se chargeait de les décacheter et d'en photocopier le contenu à la suite de quoi le courrier réintégrait les casiers du centre de tri. Les plis envoyés aux communistes accusaient ainsi un retard régulier mais personne ne le remarqua et le manège aurait pu rester ignoré si l'affaire Doucé n'avait occasionné un déballage de linge sale en public. Prenant peur, le facteur ne se fit pas prier pour reconnaître ses torts : il fut révoqué et ses droits à retraite annulés. Mais au fait, quelles étaient ses motivations ? A un journaliste de *Libération* qui lui posa cette question, l'intéressé répondit : « En plus, c'est faux que je gagnais soi-disant 1 500 francs par mois, comme l'a dit Dufourg. On me donnait pas grand-chose, 300 ou 400 balles et des fois, on cassait la croûte. C'était pas pour de l'argent. Disons que c'était pour une petite raison politique, je suis à droite. » Dans le milieu du renseignement, on a l'habitude de lister par un moyen mnémotechnique les quatre ressorts de l'łme humaine — non exclusifs l'un de l'autre, soit dit en passant — sur lesquels les officiers traitants peuvent jouer pour manipuler une source : MICE ou « Monnaie, Idéologie, Chantage, Ego ». Sans doute une fiche dormait-elle dans les cartons des RG, fiche sur laquelle il était inscrit que le facteur en question avait fait partie d'une liste étiquetée « divers droite » à l'occasion d'un scrutin municipal. A l'heure où les sidérurgistes étaient engagés dans une lutte syndicale pour la survie de leur outil industriel, un quelconque inspecteur s'était probablement chargé d'exhumer cette fiche et s'était dit que le profil idéologique du fonctionnaire des PTT était susceptible d'en faire un auxiliaire parfait. La morale de cette histoire ? Un licenciement à 56 ans qui laissa le facteur amer et désabusé. Il n'avait fait ça que « pour rendre service »...

La pratique des « blancs » est une autre des habitudes de la maison qui apparaît, à l'usage, avoir de nombreux inconvénients. Il ne semble pas que la méthode ait été initiée par une institutionnalisation administrative, mais soit au contraire le résultat d'une lente évolution vers un anonymat qui, au fil des ans, devint total. Rédiger un « blanc » présente deux avantages : la possibilité de dissimuler totalement la source, gage d'une sécurité parfaite, ainsi que l'affranchissement d'un certain formalisme bureaucratique permettant de gagner sur les délais. En regard cependant, un inconvénient de taille : la déresponsabilisation induite par le procédé, laquelle ouvre la porte à tous les abus. A l'abri de l'anonymat, chacun peut en effet écrire ce que bon lui semble. En fait, le système serait idéal s'il reposait sur la compréhension d'une déontologie communément admise mais devient facilement pervers dès lors que cette déontologie est jetée aux orties par un fonctionnaire mal intentionné ou peu scrupuleux. Cette possibilité, Patrick Rougelet l'a fort bien résumée en une formule à laquelle l'emprunt d'un slogan publicitaire ajoute un caractère féroce : « Dans le système actuel des blancs plus blancs que blancs, tout peut être écrit. Sans aucun contrôle. Sans aucune preuve. » En outre, une indispensable concision administrative transforme ces documents anonymes en instruments de choix lorsqu'il s'agit, pour des raisons plus ou moins avouables, de jeter le discrédit sur un personnage. Encore une fois, empruntons à Patrick Rougelet la formulation du problème posé : « Cette prose administrative fait un large usage du conditionnel, et ses auteurs (...) n'hésitent pas à pratiquer l'amalgame, sans la moindre vérification. (...) Il suffit d'entrer dans une synagogue pour assister au mariage d'un ami pour devenir juif, ou carrément lié au Mossad. (...) Quand, en juillet 1996, éclate l'affaire des écoutes sur l'entourage de François Léotard, tout porte à croire qu'à l'origine se trouve un blanc de ce genre. » Perverti à l'extrême, le système permet d'aller jusqu'à la fabrication de blancs dénués de tout fondement, manœuvre destinée à jeter sur la personne visée une suspicion bien réelle même si étayée par un tissu de mensonges. On imagine aisément les ravages que ce système d'institutionnalisation du ragot peut provoquer. Comme souvent, un procédé fondé sur les meilleurs intentions du monde — sécurité et raccourcissement des délais — fournit donc à des individus peu scrupuleux une arme leur permettant de gagner des batailles au champ peu honorifique de la calomnie de bas étage.

Les « affaires » : du pasteur Doucé au conseil national du Parti Socialiste

Les RG ont décidément mauvaise presse. S'il est vrai qu'on ne prête qu'aux riches, alors DCRG et RGPP doivent être multimillionnaires. En préambule à un article publié dans le magazine *L'Express* le 29 octobre 1990, Jean-Marie Pontaut et Jean-Loup Reverier écrivirent : « Le dernier catalogue des affaires concernant les Renseignements Généraux est, il est vrai, pénible et copieux : des inspecteurs soupçonnés d'avoir fait disparaître un pasteur homosexuel; une tentative de recrutement d'un « indic » à coups de flingue, des rumeurs malsaines assurant qu'on monte des dossiers secrets sur les mœurs des personnalités; des insinuations sur des commissaires des Courses et Jeux, accusés de corruption; la prolifération d'écoutes téléphoniques au mépris de la vie privée, voilà qui met une nouvelle fois les RG en accusation. Et gravement. »

Première de ces affaires, celle dite du pasteur Joseph Doucé. Homosexuel, ce dernier vivait avec un personnage du nom de Guy Bondar qui, à la fin du mois de juillet 1990, vint signaler auprès des services de police la disparition de son compagnon. L'enquête fut menée rondement et, dans les premiers jours du mois d'août, sembla trouver son aboutissement dans le placement en garde à vue de trois policiers appartenant au Groupe d'Enquête et de Recherche (GER, acronyme qui signifia tout d'abord « Groupe d'Etude et de Réflexion ») rattaché aux RGPP. Pourquoi des inspecteurs appartenant aux Renseignement Généraux se retrouvaient-ils subitement mêlés à une sordide histoire d'homosexualité ? Tout simplement parce que Joseph Doucé et Guy Bondar s'occupaient d'une librairie très spécialisée située dans le 17e arrondissement de Paris. A ce titre, ils étaient soupçonnés d'en savoir beaucoup sur les réseaux pédophiles; c'est cette connaissance — selon ses proches, Doucé préparait notamment une émission de télévision et un ouvrage sur le sujet — qui aurait intéressé les RG. Pour cette raison, Doucé faisait l'objet d'une surveillance de la part du service et était « serré de près » notamment par l'inspecteur Dufourg. Du reste, la librairie du pasteur aux mœurs douteuses avait été, peu après sa création, « visitée » par des « cambrioleurs » aux techniques très professionnelles. Selon une hypothèse fréquemment avancée, le pasteur aurait donc été emmené afin de subir un interrogatoire qui aurait mal tourné : le 18 octobre, un cadavre qui fut identifié comme étant celui de Doucé fut retrouvé en forêt de Rambouillet. Jean-Marc Dufourg faisait, dans l'affaire, figure de coupable idéal : chargé des dysfonctionnements inhérents au système, il endossa bien malgré lui l'habit de bouc émissaire. S'estimant floué et trahi par ses chefs, Dufourg décida de ne pas tomber seul et, dès lors, les confidences concernant certains procédés de police se multiplièrent. Comme par hasard, l'inspecteur Dufourg recouvra alors très rapidement la liberté sans même être mis en examen, ce qui ne l'empêcha nullement de continuer à vider son sac. Un sac bien rempli si l'on en croit la relation que fit de l'affaire Olivier Fremont dans *Le Crapouillot :* « les révélations se succédèrent sur les opérations de déstabilisation de SOS-Racisme, les vols de courrier du Parti communiste, l'infiltration d'indicateurs au sein de la CGT, les 'arrachages' musclés de sympathisants d'Action Directe, la manipulation de proxénètes dans la lutte anti-basque, les incendies criminels, les enlèvements et les 'plan-cul' de toute espèce. » Dufourg presque blanchi, les rumeurs agitèrent le tout Paris. Un jour, on disait Doucé victime d'une opération des services secrets iraniens; le lendemain, on affirmait qu'en fait, il avait été assassiné par une deuxième équipe des RG se cachant derrière la première de manière à en faire inculper les membres. En fait, la vérité est que l'on ne sait pas ce qui s'est passé. Sept années plus tard, le mystère demeurait entier. Une audience de la dix-septième chambre du tribunal correctionnel de Paris le 13 janvier 1998 ayant pour but d'examiner les modalités de la surveillance dont le pasteur faisait l'objet s'acheva par une mise en délibéré sans qu'aucun élément nouveau n'ait permis d'y voir plus clair.

19 juin 1994. A la Villette, c'est l'effervescence des grands jours. Le centre de conférence abrite les débats du Conseil national du Parti socialiste qui s'y déroulent à huis clos, théoriquement donc à l'abri de toute oreille indiscrète. Pourtant, à partir d'un local opportunément équipé de haut-parleurs, un inspecteur des Renseignements Généraux ne perd pas une miette des arguments échangés. Or, cette réunion était d'une importance capitale : Michel Rocard, chef de file des socialistes, est fortement contesté et les analystes prévoient qu'il peut être contraint à la démission... La réaction de l'inspecteur aurait été astucieuse si l'affaire n'était parvenue aux oreilles d'un journaliste du *Canard Enchaîné* qui, en l'occurrence, déchaîna une tempête politique en publiant l'information. Le 6 juillet, c'est donc un Charles Pasqua acculé à la contrition qui monta à la tribune de l'Assemblée Nationale pour préciser dans un brouhaha soigneusement entretenu par le groupe socialiste : « le fonctionnaire qui a couvert l'événement a bénéficié d'une opportunité qu'il n'a pas provoquée (...) Nous sommes donc en présence d'une initiative individuelle, isolée, que je ne peux, avec vous, que déplorer, mais qui est à mettre sur le compte d'une opportunité fortuite qu'un fonctionnaire de permanence a cru bon de saisir. » Est-il besoin d'ajouter que ces explications ne convainquirent que partiellement les députés de gauche ? Le premier à faire les frais de ce tohu-bohu fut bien entendu le patron de la RGPP, Claude Bardon, qui joua en l'occurrence son rôle de fusible. Car tel est le pouvoir : son exercice réclame toujours plus rapidement des informations toujours plus nombreuses, quitte à se voiler la face sur les méthodes utilisées. Lorsqu'un dysfonctionnement est mis à jour, le haut fonctionnaire en place doit en tirer les conséquences et se démettre ou être démis : cela fait implicitement partie du contrat. Contrat appliqué avec d'autant plus de rigueur que, pressé de se protéger, les caciques du RPR eux-mêmes réclamaient par la voix de Bernard Pons « des sanctions véritables ». Remplaçant de Claude Bardon à titre intérimaire, le commissaire divisionnaire Jean-Pierre Pochon reçut pour mandat « d'effectuer un audit et de faire des propositions visant à réorganiser les services ». Apparemment, celui-ci s'y prit fort mal, provoquant dans les rangs de la RGPP un mécontentement qui ne cessa de prendre de l'ampleur, mécontentement que *Le Monde du Renseignement* révéla avoir été causé par quelques mesures maladroites surtout de la part d'un commissaire ayant occupé de hautes fonctions au sein de la DST : « Jean-Pierre Pochon (...) a commencé à muter de nombreux spécialistes des dossiers sensibles sur des secteurs qu'ils ne connaissent pas ou dans d'autres services de police. Il a également exigé de ses hommes qu'ils dressent une liste de tous leurs contacts extérieurs ». Cette dernière « exigence » fut particulièrement mal interprétée et résonna comme une mesure de défiance teintée de maladresse. Pour un agent de renseignement en effet,

la protection de la source est une règle absolue qu'il se doit même d'appliquer parfois vis-à-vis de son propre service. C'est une nécessité incontournable : tout officier traitant mettant en danger ses contacts court le risque de se retrouver un matin mis à l'index et, donc, privé de toute information. Encore est-ce là un moindre mal...

Parallèlement, le Parti socialiste déposa plainte, mais quelques jours plus tard, un rapport de l'Inspection Générale des Services (IGS) vint fort opportunément accréditer la thèse de l'initiative malheureuse attribuable à un fonctionnaire trop zélé. Quelques mois après, l'affaire revint sur le devant de la scène lorsque les mesures relatives aux missions des RG et énoncées plus haut furent mises en œuvre. A la même époque, les RGPP furent « dégraissés » a hauteur de 160 postes pour atteindre *in fine* un effectif de 600 policiers. Cependant, après avoir fait un certain nombre de victimes dont rien ne prouve qu'elles aient toutes eu une quelconque responsabilité dans l'affaire du Comité national du Parti socialiste, ce remue-ménage cessa bien vite pour cause d'élections présidentielles...

Des bavures, mais aussi des réussites

Il serait cependant tendancieux de ne présenter les RG que — le jugement émane d'un fonctionnaire ayant eu maille à partir avec eux — sous les traits d'une « bande de fouineurs tout juste bons à fouiller dans les poubelles nauséabondes de la politicaillerie ». Les RG se sont en effet rendus coupables de bavures mais comptent également à leur actif des réussites. Passons sous silence les prévisions électorales — qui là encore ne se révélèrent pas toutes erronées loin s'en faut — et abordons la prise en compte des phénomènes récents susceptibles d'induire de graves troubles à l'ordre public. Selon les termes utilisés par Yves Bertrand, les RG sont notamment chargés de la « surveillance des quartiers difficiles et la prévention des violences urbaines », deux catégories de missions généralement liées à des situations facilitant les menées terroristes comme l'a montré l'affaire Kelkal. S'acquitter de ces deux missions, c'est se livrer sur le terrain à un travail patient fait de planques, de filatures et d'une bonne dose d'observation. Or, ce travail n'est pas exclusivement l'apanage des limiers de la DCRG ou des RGPP : il est bien souvent le pain quotidien du fonctionnaire de base — on serait presque tenté d'écrire « anonyme » — sur l'ensemble du territoire français. C'est en tout cas ce que montre un des rares reportages mettant en scène des inspecteurs appartenant aux Renseignements Généraux; intitulé *R.G., les flics de l'ombre,* il fut diffusé sur TF1 dans le cadre du magazine *Reportages* en 1997. Bien entendu, entre les « acteurs » et les téléspectateurs existe toujours le filtre du (ou des) journaliste(s) — en l'occurrence

Jean-Pierre Van Geirt et Jean-Claude Fontan — mais la diffusion de l'émission à une heure de grande écoute présuppose très certainement un droit de regard de la part de l'administration. La bande vidéo correspond donc probablement à ce que les journalistes ont souhaité faire mais aussi à l'image que les RG ont accepté que l'on donne d'eux. Plongée au sein d'une section provinciale du service...

Une manifestation bon enfant comme elles savent l'être à Toulouse. Dans les rangs, un quadragénaire aux cheveux blancs coupés courts déploie une activité placide, utilisant au vu et au su de tout le monde un appareil radio portable. Une voix *off* commente les images, présentant les 4000 fonctionnaires des RG comme composant l'effectif d'un organisme assimilé, dans l'esprit du public, à un « institut de sondage privilégié de l'Etat. » Puis la scène change. Cette fois-ci, les images montrent un individu installé derrière son bureau, meuble d'un anonymat digne du plus pur style administratif. Le personnage — sans doute un responsable local —, se saisit du combiné téléphonique, compose un numéro et discute avec son interlocuteur des mesures à mettre en place pour qu'une manifestation ne dégénère pas. Troisième scène : un fonctionnaire anonyme ouvre un tiroir vieillot dans lequel un fichier désuet, feuilleté négligemment, égrène des patronymes. Quelques noms sont lisibles, comme par exemple Fontan — tiens, c'est drôle : justement le nom d'un des deux journalistes ! — ou encore Thomas, trop répandu dans la population française pour avoir une quelconque signification. Mœurs policées, contacts directs, discussions bon enfant autour d'un feu de palettes « sur » un barrage routier ; on écoute, on interroge, c'est presque convivial. Est-ce vraiment là ce service tant décrié que l'on accuse de tous les maux ? Vue de la région toulousaine, que les affaires politiciennes et parisiennes semblent loin ! Plus de bavures, pas de jalousie entre les services, une mécanique bien huilée qui tourne sans à-coups. Dieu que la vie d'un inspecteur provincial des RG doit être ennuyeuse : n'y a-t-il aucun danger ? Mais si, justement, le danger existe. Tout d'abord insidieux lorsque l'on rappelle qu'une des attributions propres aux RG en Province est d'assurer la protection des personnalités lors des voyages officiels : s'il y a protection, c'est donc qu'il y a menace. Puis soudain, le ton change, le danger devient palpable, on plonge dans la clandestinité, on entre dans le vif du sujet : la mise à jour des rapports entre intégrisme et banlieues chaudes.

Sur fond de panneau mural matérialisant les interconnexions entre des cellules que l'on ne peut imaginer que coupables d'activités terroristes, un inspecteur au visage resté dans l'ombre explique : « Il ne faut pas se cacher que dans ces banlieues se sont mis en place des systèmes d'économie parallèle qui permettent parfois à deux, trois, quatre, cinq, voire six familles de survivre. Or, un système d'économie parallèle, ça veut dire quoi ? Eh bien ça veut dire que le trafic de haschich, le trafic des objets volés, le trafic des voitures volées amènent un moment donné des subsides, des moyens pour faire vivre une communauté. Donc, ces systèmes d'économie parallèle sont en place dans certaines de nos cités. Et il va de soi que stratégiquement, les islamistes ont à un moment donné essayé de capter ces systèmes d'économie parallèle. » Comme effrayé pour avoir utilisé des mots trop lourds de sens, le fonctionnaire éprouve le besoin de modérer son propos en soulignant que tous les musulmans ne sont pas à mettre dans le même sac : « Les réseaux, par exemple islamistes, que le service surveille depuis plusieurs années sur la ville de Toulouse représentent à peu près 200 personnes sur une communauté qui en fait plus de 20000 et (...) dont l'immense majorité vit, travaille, et respecte les lois de la République. »

Ce genre d'activité nécessite de la patience, beaucoup de patience, ce que le commentaire final du reportage n'hésite pas à souligner en guise de conclusion : « Aujourd'hui, le travail des RG s'oriente de plus en plus vers ces missions de l'ombre. Il leur faut des mois, voire des années pour parvenir à mettre des noms sur le visage des terroristes en puissance. » A ce stade, les fichiers manuels entrevus au début du reportage ont disparu : apparemment, les moyens ne manquent pas. Préparée comme une opération militaire, une « planque » organisée en zone rurale pour identifier les protagonistes d'une réunion entre intégristes musulmans fut par exemple menée avec trois véhicules banalisés, des postes radio portables ainsi que des équipements de vision nocturne à intensification de lumière. Se poursuivant en zone péri-urbaine, l'enquête nécessita la mise en œuvre à partir d'un appartement loué pour l'occasion de tout un attirail photographique digne des meilleurs professionnels ainsi que d'un « sous-marin » (véhicule équipé pour l'observation) dont l'emplacement avait été dès la veille occupé par une « voiture-ventouse ». Bref, seuls les micros directionnels et autres équipements permettant les écoutes téléphoniques étaient absents. Mais au fait : ces matériels manquaient-ils vraiment ou a-t-on refusé de les montrer aux journalistes pour ne pas accréditer l'idée d'un service utilisant des procédés dignes de l'espionnage ? Néanmoins, lorsque l'on constate cette abondance, on ne peut qu'être songeur en pensant aux gadgets sans doute encore beaucoup plus perfectionnés qui doivent être mis à la disposition des spécialistes de la DCRG...

CHAPITRE 5

LA DIRECTION DU RENSEIGNEMENT MILITAIRE (DRM)

Nécessité d'une profonde réforme des structures

Avant la création de la Direction du Renseignement Militaire la fonction renseignement au sein des armées était alors éclatée en une multitude de services distincts répondant plus à un besoin organique qu'à une nécessité d'économie des moyens. Premier de ces services, le Centre d'Exploitation du Renseignement Militaire était rattaché à l'Etat-major des Armées. Il avait pour mission d'exploiter les informations provenant principalement du Centre de Renseignement Avancé (CRA de Baden-Baden rattaché au Bureau Renseignement de la 1re Armée) ainsi que de la 54e Escadre Electronique Tactique (Metz). Le CERM disposait en outre des rapports provenant des attachés militaires ainsi que des dépêches diplomatiques et des comptes-rendus d'écoutes du SDECE. L'organisme était principalement orienté vers la surveillance des forces soviétiques et nationales encasernées sur les territoires de la République Démocratique Allemande, de la Tchécoslovaquie et de la Pologne. Parallèlement à l'existence du CERM, les trois armées entretenaient des « B2 » dont le plus connu était certainement le Bureau Renseignement/Relations Internationales (BRRI) rattaché à l'Etat-Major de l'Armée de Terre (EMAT). Remarquons au passage la dualité fonctionnelle de l'organisme qui semblait refléter l'existence d'une certaine ambiguïté entre la recherche du renseignement d'une part et le suivi des activités de coopération militaire internationale d'autre part. Aux niveaux hiérarchiques inférieurs, chaque chef militaire disposait de son « bureau renseignement »; c'était en particulier le cas de la 1re Armée à laquelle étaient en outre rattachés des moyens de recherche dits « organiques » dans lequel les états-majors parisiens venaient parfois allègrement « piocher » pour satisfaire les besoins générés par les interventions extérieures. L'état-major de la 1re Armée (d'abord installé à Strasbourg puis à Metz avant sa dissolution) contrôlait par exemple le 13e Régiment de Dragons Parachutistes stationnné à Dieuze — mais qui entretenait également un escadron de recherche sur le territoire de la République Fédérale d'Allemagne — ainsi que le 44e Régiment de Transmissions spécialisé « guerre électronique » et stationné à Landau (RFA) de 1971 à 1994. L'organisation du renseignement au niveau corps d'armée répondait à la même logique : en temps de guerre, les 54e Régiment de Transmissions et 1er Régiment Parachutiste d'Infanterie de Marine éclataient pour céder respectivement à chacun des trois corps d'armée une Compagnie d'Appui Electronique de Corps d'Armée (CAECA) et une Unité de Recherche de Corps d'Armée (URCA). Il fut même pendant un moment envisagé de regrouper CAECA, URCA, drones, unité d'interprétation photographique et unité d'interrogation des prisonniers de guerre en un « Régiment de Recherche et d'Acquisition (RRA) » organique de corps d'armée. Le premier acte d'une évolution profonde de l'outil militaire français sonna le glas de ce projet : la 1re Armée, perdant sa raison d'être en étant réduite à un seul corps d'armée, fut dissoute.

En outre, dans le contexte généré par la guerre froide ayant perduré jusqu'à la fin des années 90, le relatif immobilisme des deux « belligérants » imposa une sorte de statu quo incitant à un certain confort intellectuel, état d'esprit que, dans un article publié en mars 1993, Frédéric Turlan évoqua en ces termes : « Avant la chute du mur de Berlin, les divers services occidentaux du renseignement militaire possédaient de nombreuses informations sur les états du bloc soviétique. (...) A cette époque, les renseignements pouvaient se vérifier les uns avec les autres et, de part et d'autre du Mur, chacun développait des bases de données considérables. Aux multiples sources d'informations venait s'ajouter la rationalité de l'adversaire. En effet, le comportement des Soviétiques était logique et permettait donc des raisonnements déductifs. »

Mais l'histoire était en marche et induisit un changement radical de ce qu'on était en droit d'attendre d'un système de renseignement militaire adapté. Apportant son concours à l'article évoqué ci-dessus, le général Heinrich caractérisa ainsi le défi qui attendait la DRM fraîchement créée : « Les menaces sont de nature complexe. Nous sommes face à une zone de danger qui s'étend des Balkans au Cambodge en passant par la Turquie, le Kurdistan, le Liban, l'Irak... Cette 'diagonale du fou' est parsemée de nombreuses volontés hégémoniques, de groupuscules terroristes et de foyers de prolifération d'armement. Nous sommes également confrontés à une logique implosive dans des régions comme l'Afrique ou l'ex-Union soviétique. »

Bref, adapté prioritairement à une menace monolithique venant de l'est et accessoirement à des interventions extérieures peu nombreuses, l'appareil de renseignement militaire français se trouva dans l'obligation de renverser ses priorités et ce, dans l'urgence d'une évolution rapide de la situation stratégique. La voie choisie fut de regrouper l'ensemble des fonctions concourant à l'élaboration d'un renseignement d'intérêt militaire au sein d'un pôle unique : le concept d'une direction centralisée était en passe de devenir une réalité hexagonale.

Création de la DRM et spectre de l'arme du Renseignement

Contrairement à l'idée généralement et commodément admise, la réforme du renseignement militaire français n'est pas liée à la guerre du Golfe. En effet, c'est au cours de l'année 1989 que le coup d'envoi fut donné lorsque le ministre de la Défense de l'époque, Jean-Pierre Chevènement, demanda au général d'armée aérienne et ancien chef de la DGSE Jean Mermet de réfléchir à la refonte du système. Un rapport matérialisant cette réflexion fut rédigé; il ne motiva cependant aucune mesure immédiate. Puis vint l'agression irakienne contre le Koweït.

Très vite, l'inefficacité des organes français de renseignement militaire devint patente; le constat était sévère et nombre de personnalités de premier plan eurent l'occasion de s'exprimer à ce sujet. Ce fut par exemple le cas de Pierre Joxe qui, prenant la parole en mai 1991 devant les auditeurs de l'Institut des Hautes Etudes de Défense Nationale (IHEDN) et s'agissant de la participation française à la guerre du Golfe, souligna « l'extrême dépendance de notre information à l'égard des sources américaines » et « la faiblesse de nos moyens propres du renseignement engagés » avant de vilipender « l'éclatement de la fonction du renseignement et l'absence de coordination et de cohérence générale ». Poursuivant son discours, Pierre Joxe alla jusqu'à lancer un pavé dans la mare en proposant la création de « l'arme du Renseignement », serpent de mer dont l'évocation ne manquait pas de hanter régulièrement les mess de garnison. Nombre d'officiers du « deuxième bureau » pensaient en effet que seule la mise sur pied d'une telle structure de gestion des carrières était capable d'enrayer une désaffection quasi-générale à l'égard du renseignement : il était de notoriété publique qu'exercer cette spécialité n'était pas le meilleur moyen de voir son nom régulièrement inscrit sur les tableaux d'avancement... Or, voilà que le ministre reprenait mot pour mot les arguments que les tenants du domaine avançaient si souvent : dans son discours revenaient en effet des expressions appelant par exemple à une saine « valorisation des carrières ». Les officiers traitants ne pouvaient qu'acquiescer. Las ! Quelque part, la machine se grippa et l'administration centrale se contenta — ce qui était déjà une évolution notable par rapport à la situation antérieure — de fédérer l'ensemble des compétences et des moyens sous l'égide de la Direction du Renseignement Militaire.

Il apparaît cependant que, au sein des cercles dirigeants, la discussion fut âpre : plusieurs solutions furent en effet envisagées. Claude Silberzahn, dans l'ouvrage relatant son expérience à la tête de la DGSE et rédigé en termes pourtant très mesurés, exposa par exemple sans détour avoir eu à l'époque un désaccord de principe avec son ministre de tutelle : « Deux voies étaient possibles : soit ériger un système autonome en regroupant les moyens des trois armées et celui de l'Etat-major des Armées, c'est-à-dire le CERM et les trois 'deuxièmes bureaux', puis organiser la coopération entre la nouvelle structure et la DGSE ; soit construire, au sein de la DGSE, une branche 'renseignement militaire', qui aurait absorbé l'appareil de renseignement militaire existant à l'intérieur d'un système unique de renseignement extérieur national. D'un point de vue technique, c'est la seconde solution qui était la bonne. En outre, l'intégration du renseignement militaire à la DGSE aurait partiellement justifié le rattachement de cette dernière au ministère de la Défense. Le choix qui fut finalement arrêté par l'autorité politique, à savoir l'autonomisation du renseignement militaire à l'intérieur des armées, est mauvais. » Le moins que l'on puisse dire est que cette prise de position a le mérite de la clarté.

En application de ce choix politique délibéré, la création de la DRM fut donc officialisée par le décret n° 92-523 du 16 juin 1992. Ses attributions furent ainsi définies : « satisfaire les besoins en renseignement d'intérêt militaire du ministère de la Défense, du chef d'Etat-Major des Armées, des autorités et organismes du gouvernement et du ministère ainsi que ceux des commandements opérationnels et organiques ; orienter et contrôler l'activité renseignement des attachés de défense ; emploi opérationnel des moyens de recueil du renseignement des commandements stratégiques ». Pour remplir ses missions, l'état-major de la DRM est subdivisé en cinq sous-directions : tandis que la Sous-direction « recherche » organise, dirige et coordonne la recherche du renseignement, la Sous-direction « exploitation » est chargée de son analyse ainsi que de la rédaction de synthèses diffusées vers l'extérieur. L'existence d'une Sous-direction « prolifération des armements » est un concept relativement novateur trahissant une volonté affirmée de prendre en compte la menace que l'émergence de nouveaux pôles militaro-industriels fait peser sur les équilibres mondiaux. Selon la littérature officielle, la Sous-direction technique est « chargée de participer à la mise à disposition des moyens techniques nécessaires à la mission du renseignement en définissant le besoin, d'en suivre la réalisation et de prendre part à leur mise en œuvre au plan technique ». Enfin, la dénomination de la Sous-direction « administration, finances et ressources humaines » est suffisamment parlante quant à ses fonctions. Outre ces cinq subdivisions, les services centraux de la DRM comprennent quelques cellules spécifiquement orientées vers l'accomplissement d'une tâche précise : relations avec les services de renseignement étrangers, sécurité, liaisons avec les armées et organismes (DPSD... ou encore études et prospective.

Les premiers pas de la DRM

Le général Jean Heinrich fut mis à la tête de l'organisme naissant. Cette nomination ne devait rien au hasard : lorsque, en septembre 1991, Pierre Joxe exhuma le rapport concocté par le général Mermet, il le confia en effet au général Heinrich sur proposition de Claude Silberzahn, alors directeur de la DGSE, avec mandat de mise en place de l'organisme centralisateur au sein du ministère de la Défense. Le général Jean Heinrich était tout sauf un inconnu dans le petit monde du renseignement. Né le 5 février 1940, il était entré dans l'armée par la grande porte en intégrant les rangs de Saint-Cyr. Il avait successivement exercé ses talents au sein de la 11e Demi-Brigade Parachutiste de Choc puis du 1er Bataillon Parachutiste de Choc et du 11e Bataillon Parachutiste de Choc. De 1964 à 1967, il fut affecté au Centre National d'Entraînement Commando (CNEC) avant de servir dans l'infanterie. En 1979, on le retrouve au cabinet du ministre de la Défense où il ne tarda pas à prendre les fonctions de chef du bureau dit « réservé », titre abscons désignant le responsable des dossiers « sensibles » auprès du ministre. De 1983 à 1985, il commanda le 159e Régiment d'Infanterie Alpine avant de rejoindre le ministère de la Défense comme adjoint « terre » du chef de cabinet militaire. C'est là que les soubresauts consécutifs à l'affaire du *Rainbow Warrior* le trouvèrent : le général Imbot, ayant pris la tête de la Piscine, se mit en devoir de « couper les branches pourries ». Le colonel Jean-Claude Lesquer, « patron » du Service Action, en fit les frais : il fut brutalement renvoyé à l'été 1987 et remplacé par le colonel Jean Heinrich, promu général de brigade à ce poste en février 1989. Son affectation suivante fut la DRM; plus tard, il fut nommé commandant en second de la force multinationale en Bosnie (IFOR). De lui, Claude Silberzahn écrivit : « Nous avons, le général Jean Heinrich et moi-même, de communes racines alsaciennes et protestantes, mais cela n'aurait tout de même pas suffi si je n'avais pas apprécié les qualités rares qui sont les siennes. En le faisant plus tard nommer à la tête de la nouvelle Direction du Renseignement Militaire, je sacrifierai la Maison à l'intérêt général... » Tout cela est très touchant mais, malheureusement, l'événement en question peut s'interpréter de manière fort différente : opposé à l'autonomie du renseignement militaire, Claude Silberzahn se serait, en faisant nommer Jean Heinrich, assuré de la présence d'un « homme de confiance » à la tête d'un service qui pouvait à l'usage s'avérer être un concurrent redoutable pour la DGSE. Car la Direction du Renseignement Militaire créée, le problème du partage des attributions sur le terrain commun du renseignement extérieur se posa aussitôt.

En effet, l'expression « renseignement d'intérêt militaire » fixant le domaine d'action de la DRM est peu explicite : d'entrée, DGSE et DRM semblaient donc devoir se trouver en concurrence directe. Il faut croire que la lutte fut âpre car le protocole d'accord ne fut signé qu'en juin 1994 et approuvé en septembre de la même année par le ministre de la Défense, François Léotard. S'agissant du document, Jacques Isnard écrivit dans *Le Monde :* « Préférant la complémentarité à la rivalité, le protocole spécifie la répartition des tâches, en donnant à la DRM la charge du renseignement de théâtre, c'est-à-dire le recueil et l'exploitation des informations tactiques sur les dispositifs de bataille étrangers, et en réservant, dans le registre stratégique, à la DGSE le renseignement extérieur dit 'secret', obtenu au besoin de façon clandestine, voire illégale. » De manière plus précise, la lettre d'information *Le Monde du Renseignement* précisait : « La DRM devrait effectuer sa collecte de renseignement de manière ouverte, via les attachés militaires dans les ambassades et les officiers de renseignement en uniforme. Ses objectifs sont de niveau 'tactique' (ils concernent les forces françaises engagées sur le terrain, éventuellement sur le champ de bataille) et de niveau 'opératif' (celui-ci correspond à l'échelon intermédiaire d'un théâtre d'opération). La DGSE renforcera de son côté ses activités clandestines, avec l'implantation, à l'étranger, d'agents sous couverture. Le recrutement en priorité de civils devrait en faire à terme un service de renseignement de moins en moins militarisé, et donc moins en concurrence avec la DRM. » Voire... Les attributions respectives étant clarifiées sous l'angle de la doctrine d'emploi, il subsistait le délicat problème des moyens redondants, notamment dans le domaine du renseignement d'origine électromagnétique. Selon Claude Silberzahn, le même protocole aurait imposé l'arbitrage suivant : « la DGSE demeurerait 'leader' en ce qui concerne les interceptions électromagnétiques, tandis que la DRM (les armées, donc) prendrait la haute main sur les images satellitaires. » Il semble qu'à l'heure où ces lignes sont écrites, le partage des responsabilités dans le domaine ROEM n'ait pas fait l'objet d'un arbitrage définitif. En effet, après le spectre de l'arme du Renseignement, un autre ectoplasme est venu, en 1997, hanter le microcosme du renseignement hexagonal : celui d'une agence ROEM regroupant l'ensemble des moyens spécialisés. Irait-on vers une « National Security Agency » à la française ? Assurément, cette solution serait susceptible d'éviter gaspillages et luttes d'influence stériles. Pour autant, la création d'une telle agence apparaît loin d'être acquise et cette mesure autoritaire ne ferait que déplacer le problème : il y a fort à parier qu'alors, DRM et DGSE se livreraient à une lutte sans merci pour placer des hommes liges aux postes de responsabilité du nouvel organisme. Du reste, quel gouvernement prendrait le risque de s'aliéner les deux services en leur arrachant leurs moyens respectifs ? Bref, ce projet ressemble plus à un avertissement qu'à une mesure réellement envisagée.

Après la relation de l'époque troublée qui présida à la création de la DRM, voyons maintenant quels sont les moyens qui furent mis à sa disposition pour lui permettre d'accomplir ses missions.

Les organismes rattachés

Trois organismes à vocation spécifique furent rattachés à la DRM : le Centre de Formation et d'Interprétation Interarmées de l'Imagerie (CF3I, Creil), le Centre d'Information sur les Rayonnements Electromagnétiques (CIREM, Creil) et l'Ecole Interarmées du Renseignement et des Etudes Linguistiques (EIREL, Strasbourg).

Le Centre de Formation et d'Interprétation Interarmées de l'Imagerie (CF3I) résulte du regroupement des organismes d'exploitation d'imagerie ayant appartenu aux trois armées : la Section d'Etudes de Documentation et d'Images de l'EMAT, le Centre d'Exploitation des Images de l'EMAA et la cellule ROS de l'EMM. Ses missions sont principalement d'exploiter l'imagerie d'origine aérienne et spatiale, d'assurer la formation des spécialistes de l'interprétation ainsi que d'évaluer les futurs capteurs d'imagerie et systèmes d'exploitation intéressant les armées. Sur ordre, il doit être en mesure de mettre en place auprès d'un commandant de théâtre les spécialistes et matériels spécifiques d'interprétation de l'imagerie. Le CF3I est principalement subdivisé en quatre pôles d'activités : la division « opérations », la division « formation », la division « études et évaluations » et la division « soutien technique ». La division « opérations » fut notamment présentée dans les colonnes du magazine *Air Actualités* par le premier des officiers à avoir pris la tête du CF3I, le colonel Di Martino, qui écrivit à ce sujet : « [elle] assure l'interprétation, en temps réel ou différé, de toute l'imagerie qui est mise à sa disposition ». Pour ce faire, la division « opérations » est composée d'une centaine de spécialistes qui, en mars 1995, disposaient de douze stations de travail informatisées capables d'IAO (Interprétation Assistée par Ordinateur) mais il y a fort à parier que le lancement du satellite Hélios ait induit une augmentation du nombre de ces équipements. Tandis que la division « formation » dispense l'ensemble des cours d'interprétateurs d'imagerie pour les trois armées, la division « études et évaluations » représente « la DRM dans les enceintes d'expertises, d'études et d'évaluation des nouveaux capteurs de renseignement IMINT (...) et systèmes d'interprétation d'images. » Ses personnels « participent ainsi à plusieurs études liées aux techniques d'interprétation assistée par ordinateur, aux gestions de bases de données images, aux comparaisons d'images multi-sources et multi-temporelles. »

Le Centre d'Information sur les Rayonnements ElectroMagnétiques (CIREM) a été créé en 1964. A l'origine, il s'agissait principalement, semble-t-il, de constituer une base de données sur les caractéristiques des radars du Pacte de Varsovie afin de faciliter la pénétration des défenses sol-air par les avions des Forces Aériennes Stratégiques françaises. Actuellement, le CIREM prend en compte les informations ELINT et COMINT; sa responsabilité première est d'actualiser quotidiennement les connaissances en matière de rayonnement électromagnétique...

L'Ecole Interarmées du Renseignement et des Etudes Linguistiques (EIREL) a été créée le 1er septembre 1986 par regroupement des organismes suivants : Centre de Formation Interarmées du Renseignement (CFIR), Centre d'Instruction du Renseignement et d'Interprétation Photographique (CIRIP), Centre de Langues et d'Etudes Etrangères Militaires (CLEEM), Centre d'Enseignement de l'Allemand de la Gendarmerie des FFA (CEA) et Groupement Ecoles 309 de l'Armée de l'Air (GE 309). Implantée dans les locaux de l'ancienne Ecole Militaire à Strasbourg, l'EIREL a tout d'abord été principalement organisée en quatre divisions, à savoir la Division Renseignement Militaire Interarmées (DRMI), la Division Renseignement Tactique (DRTa), la Division Technique d'Exploitation du Renseignement (DTER) et la Division Langues et Etudes Militaires Etrangères (DLEME). En 1987, l'effectif de l'école était de 380 dont 60 officiers, 85 sous-officiers et 85 civils. L'enseignement dispensé englobait tous les aspects du renseignement. La panoplie des stages proposés incluait ainsi la formation des futurs attachés de défense, celle des officiers de renseignement des corps de troupe, celle des sous-officiers pour la « Qualification Renseignement Sous-Officier (QRSO) » et le CT2 « renseignement état-major » ou encore l'ensemble des formations concernant l'interprétation d'images. L'EIREL fut rattachée à la DRM le 1er janvier 1994. Un article paru un peu plus tard dans la revue *Terre Magazine* éclaire l'importance prise par les langues étrangères dans les activités de l'école : il y était notamment révélé que tous les équipages de l'ALAT y étaient systématiquement envoyés pour un stage de deux mois afin de perfectionner leur anglais. A la lecture de cet article, on constate également que DRTa et DTER avaient disparu de l'organigramme de l'EIREL et y avaient été remplacées par une nouvelle Division du Renseignement Opérationnel (DRO). Aujourd'hui, à côté de la DLEME, il ne resterait plus qu'une autre division baptisée Division Renseignement, cette contraction ayant été rendue possible notamment par le transfert au CF3I des responsabilités de l'ancienne DRO dans le domaine de l'imagerie.

Parallèlement aux organismes rattachés, la DRM peut compter sur le concours de l'ensemble des moyens de collecte du renseignement appartenant au trois armées : Brigade de Renseignement et de Guerre Electronique de l'Armée de Terre, moyens SIGINT et « imagerie » de l'Armée de l'Air ainsi que le *Berry,* navire officiellement référencé comme « bâtiment de recherche électronique ». Avant de présenter en détail ces moyens diversifiés, précisons que la DRM est actuellement dirigée par l'amiral Yves de Kersauson de Pennendreff qui a remplacé le général de corps d'armée Bruno Elie en janvier 1998. Descendant d'un vieille famille bretonne, l'amiral de Kersauson a notamment servi comme attaché naval adjoint à l'ambassade de France à Washington puis a dirigé la section « Evaluation et synthèse » à l'Etat-Major de la Marine (EMM) entre 1985 et 1987. Il a ensuite secondé le général Heinrich à la DRM avant d'être envoyé à Londres avec les fonctions d'attaché de défense et attaché naval. Si tout le monde a entendu parler de son frère, célébrissime navigateur, peu de gens savent en revanche qu'un de ses ancêtres, Robert de Kersauson, a combattu dans les rangs des Boers... Fermons là la parenthèse et venons-en à la présentation des moyens mis à la disposition de la DRM.

La Brigade de Renseignement et de Guerre Electronique (BRGE)

La dissolution de la 1re Armée laissait orphelins la majorité des moyens de renseignement dévolus à l'Armée de Terre : il fut décidé de les regrouper à l'intérieur d'une structure de contrôle. Celle-ci prit la dénomination de « Brigade de Renseignement et de Guerre Electronique (BRGE) » et fut installée à Mercy-lès-Metz dans les locaux laissés vacants par la disparition du « B2 » rattaché à la grande unité défunte. Une manière de continuité fut assurée puisque certains personnels conservèrent purement et simplement, à la date de création de la BRGE, soit le 1er septembre 1993, le même bureau... On a très souvent — et un peu hâtivement — prétendu que la BRGE était subordonnée à la DRM : ce n'est en fait pas le cas. Du reste, la situation est depuis peu clarifiée d'une manière dénuée d'ambiguïté : au cours de l'été 1998 en effet, la brigade a été rattachée au Commandement de la Force d'Action Terrestre (CFAT) dont elle est devenue l'appui spécialisé « renseignement ».

Les attributions de la brigade peuvent être ainsi définies : premièrement la constitution à la demande d'un — ou de plusieurs — Centre de Mise en Œuvre (CMO) recevant la mission d'assurer le contrîle d'un « module » d'acquisition du renseignement au profit d'un commandement désigné ; deuxièmement la fourniture « clé en main » de ce — ou ces — « module(s) » composé(s) à partir des moyens propres aux unités rattachées à la brigade ; troisièmement, contribuer à l'élaboration de la doctrine d'emploi en matière d'acquisition du renseignement et de guerre électronique ; quatrièmement, organiser, suivre et contrôler la capacité opérationnelle des unités placées sous ses ordres. Dès le « temps de paix », la composante spécialisée dans le recueil du renseignement électromagnétique est amenée, au profit de la DRM, à accomplir les missions SIGINT qui sont les siennes. CMO et module(s) peuvent, en temps de crise, être mis à la disposition de la DRM pour les besoins ressentis à l'échelon stratégique ou œuvrer au niveau opératif pour le commandement au profit duquel ils auront été constitués. Enfin, la BRGE peut être engagée tous moyens réunis dans le cas maintenant bien improbable d'une déflagration généralisée de haute intensité.

A peine formée, la BRGE hérita d'un certain nombre d'unités avant tout organisées pour mener leur mission dans un contexte de guerre froide ; sa première tâche fut donc d'en adapter les structures à un éventail de menaces plus diversifié. Pour autant, ce travail de fond n'est pas achevé — le sera-t-il un jour ? — et, à ce titre, il est important de souligner que tout organigramme des unités subordonnées à la BRGE ne peut être donné qu'à titre indicatif. Dans quelle direction travaillent actuellement les officiers de l'état-major installé à Metz ? Début 1997, un article évoquait ainsi l'avenir immédiat de la BRGE : « Pour accroître encore l'efficacité de ces unités, l'accent va être mis sur l'allégement et l'assouplissement des modules. Il s'agit d'adapter les systèmes à un emploi de crise et non plus à une situation de guerre ». Rapportés dans le cadre du même article, les propos du général Repplinger, commandant la brigade, allaient dans le même sens : « A long terme, nous utiliserons davantage aéronefs, drones et missiles d'observation. Il s'agit de préserver les moyens humains par l'utilisation de moyens techniques. » Ce que ces propos officiels ne disent pas par contre est que, mis sur pied dans un souci de cohérence et de gestion des moyens, l'état-major de la BRGE semble avoir parfois souffert d'une lutte d'influence entre tenants de la guerre électronique et partisans du renseignement humain. La présence au sein de la BRGE de deux régiments spécialisés SIGINT apparaît avoir en effet créé un « lobby des transmissions » exerçant un ascendant certain sur les destinées de la brigade. Ce point étant évoqué, passons maintenant à la présentation des unités pour le moins très spéciales composant cette grande unité terrestre à vocation renseignement.

A sa création, la BRGE se vit subordonner le 13ᵉ Régiment de Dragons Parachutistes (13ᵉ RDP), le 6ᵉ Régiment d'Artillerie (6ᵉ RA), le 7ᵉ Régiment d'Artillerie (7ᵉ RA), le 44ᵉ Régiment de

Transmissions (44e RT), le 54e Régiment de Transmissions (54e RT) ainsi qu'une Unité d'Interprétation Photographique (UIP) détachée de l'EIREL. Actuellement, cet ordre de bataille a quelque peu été modifié. Tout d'abord, le 6e RA a été dissous et ses moyens regroupés en un bataillon qui devint le « 6e Groupe » du 7e RA. Ensuite, il n'est plus question de la présence d'une UIP au sein de la brigade : nous avons vu que mettre en place un élément d'exploitation de l'imagerie auprès d'un commandement de théâtre était désormais une responsabilité du CF3I. Enfin, le 2e Régiment de Hussards sera rattaché à la BRGE dans le courant de l'année 1998.

Avant de présenter ces différents régiments, qu'il nous soit permis de mentionner ce qui était jusqu'à présent une unité fantôme. Dans un article publié par le journal *Le Monde,* Jacques Isnard écrivit en effet : « La brigade de renseignement et de guerre électronique (BRGE) offre des emplois à une dizaine d'officiers et de sous-officiers de l'armée de terre française (...), à la condition qu'ils acceptent de jouer les cobayes pour constituer une unité expérimentale de recherche humaine. » Profil type : cadres ayant une grande expérience des interventions extérieures et pratiquant une ou plusieurs langues étrangères, la possession d'une compétence reconnue dans les domaines de la communication ou de la psychologie étant présentée comme un plus. Cette unité, dénommée URIEX (« Unité de Recherche de l'Information EXpérimentale ») mais devant être bientôt consacrée en tant qu'URI, répond à un besoin avéré. En effet, les anciennes SIPG (« Section d'Interrogation des Prisonniers de Guerre ») étaient pour la plupart composées de réservistes peu disponibles, état de fait maintenant inadmissible. Devant, à terme, être subdivisée en deux SRI (« Section de Recherche de l'Information »), l'URI reprendra en particulier les missions des SIPG. Mais le concept va au-delà puisqu'il s'agit de doter les armées françaises d'un instrument capable d'aller à la rencontre de toutes les sources humaines susceptibles d'apporter l'information : réfugiés, autochtones, autorités locales, notables, belligérants, alliés, etc. A Metz cependant, on tient à mettre les choses au point : « Que ce soit bien clair : dès que l'on parle de contact humain, on pense manipulation de source et on imagine des histoires romanesques pleines d'espions. Il faut comprendre que ce ne sera absolument pas le style de la nouvelle unité au sein de laquelle les gens travailleront en uniforme. Cela fait toute la différence puisque impliquant le consentement de la source : elle sait qu'elle a en face d'elle des militaires français et peut donc décider en connaissance de cause de nous aider ou pas. De même, l'interrogation des prisonniers de guerre fera avant tout appel à la psychologie : il nous faut persuader et non contraindre. C'est une limite qui ne peut pas être strictement formalisée mais qui est parfaitement assimilée : il n'est plus question d'encourir sur le plan international des critiques ressemblant à celles qui ont été proférées à l'adresse de l'armée française suite à la guerre d'Algérie ! » Fermons la parenthèse et revenons aux unités dont le rattachement à la BRGE est avéré ou, dans les cas d'une éventuelle unité de renseignement ALAT, possible.

BRGE : un regroupement d'unités complémentaires

Le 13e Régiment de Dragons Parachutistes est une unité de recherche humaine utilisant des patrouilles de reconnaissance profonde. A ce sujet, il est intéressant de constater que la France est une des rares nations à entretenir une unité d'active de ce type ayant des effectifs aussi conséquents. Hors des frontières hexagonales en effet, la majorité des unités étrangères analogues appartiennent à la réserve [21 et 23 SAS (V) en Grande-Bretagne] ou sont d'un volume plus restreint (RFA ou Belgique). Souvent même, les tâches de reconnaissance profonde sont assurées par des unités de forces spéciales dont ce n'est pas la mission prioritaire. Pourtant, il faut croire que l'approche française, toute particulière qu'elle soit, est payante. Le général Faivre rapporte qu'en 1976, elle a par exemple motivé de la part de hauts responsables militaires américains le commentaire suivant : « Aucun autre moyen ne peut apporter la précision, la souplesse, l'opportunité et les détails fournis par les patrouilles de recherche profonde. » Cette assertion faisait suite à l'exercice REFORGER auquel participèrent les patrouilles du 13e RDP dont le bilan fut ainsi quantifié : « Les Français ont adressé 392 comptes-rendus dont 190 ont été considérés comme importants, 110 exploitables en matière d'objectifs, 102 ont fourni des informations sur l'ordre de bataille et des indices sur l'intention de l'ennemi. » Certes, ce constat fait référence à un événement relativement ancien et l'unité a depuis évolué tant dans ses structures que dans ses modes d'action. La logique implacable des chiffres est cependant très révélatrice d'un professionnalisme toujours en vigueur actuellement.

Le régiment porte dans son histoire récente les stigmates des bouleversements géostratégiques ayant en grande partie motivé la réorganisation du renseignement militaire français. Tout d'abord, la réunification allemande a conduit à rapatrier de RFA le 2e escadron de recherche, lequel avait une longue tradition allemande puisque descendant directement de la 7e Compagnie de commandos ayant en grande partie inspiré les méthodes du 13e RDP. L'escadron en question était stationné depuis 1963 à Langenargen avant de déménager plus récemment à Friedrichshafen. Ensuite, le régiment a été totalement réorganisé en vue d'accomplir un éventail de missions plus diversifié qu'auparavant : trois « groupes » du volume du bataillon ont été formés et le nombre d'escadrons augmenté. Les trois groupes prennent en charge un nombre équivalent de grandes fonctions nécessaires à l'unité : recherche du renseignement, transmission des informations et instruction. Alignant jusqu'à la fin des années quatre-vingt 60 équipes de recherche, le régiment ne possède plus désormais que 3 escadrons mais ceux-ci sont entraînés à utiliser un panel de modes d'action beaucoup plus étendu. Nouvelle pensée doctrinale oblige, le 13e RDP est, sur demande, capable de livrer « clé en main » des modules accompagnés du soutien technique nécessaire et adaptés à la prise en compte d'une mission spécifique. En outre, le régiment s'ouvre aux échanges avec des unités spéciales étrangères ou nationales : un escadron fut en particulier invité en 1995 par le 3rd Special Operations Group à passer un séjour aux USA. Dans le même ordre d'idées, il n'est pas rare de voir les environs de Dieuze fréquentés par des Espagnols, des Britanniques ou des gendarmes du Groupe d'Intervention de la Gendarmerie Nationale (GIGN). Enfin, sa souplesse d'emploi a rendu le 13e RDP pratiquement incontournable dès lors qu'une intervention extérieure est projetée : il aurait notamment été présent en Somalie, au Rwanda et aux Comores. Qu'il nous soit cependant permis de passer sous silence sa participation à la guerre du Golfe, la polémique concernant la patrouille capturée par les irakiens ayant par trop servi d'arbre mort cachant une forêt par ailleurs luxuriante...

Les 44e RT et 54e RT sont probablement les unités les plus discrètes de la BRGE et ce, pour une raison principale : ces régiments, même en l'absence de toute crise, participent à l'effort de renseignement français. Leurs activités sont donc, par essence, secrètes. Selon un dossier publié par *Transmissions Magazine,* le 44e RT a avant tout vocation à agir aux niveaux stratégique et opératif. Il a pour missions de « rechercher, intercepter, localiser, analyser, identifier, voire brouiller les émissions radioélectriques ». Pour ce faire, il est organisé en une compagnie de commandement et le logistique, un groupement d'instruction et cinq unités opérationnelles; ces unités forment une composante mobile et une composante fixe. La composante mobile est optimisée pour fournir, dans le cadre d'une intervention extérieure, « l'appui guerre électronique indispensable au bon déroulement des opérations » et ce, au niveau du théâtre. Jusqu'en 1996, cette mission était accomplie au moyen du système ELEBORE (« Ensemble de Localisation, d'Ecoute et de Brouillage des Ondes Radioélectriques Ennemies ») composé de stations d'écoutes, de radiogoniomètres et de brouilleurs monofréquence. L'ensemble travaillait dans la gamme HF. Actuellement, ELEBORE a été remplacé au sein du régiment par le système EMILIE (« Ensemble Mobile d'Interception et de Localisation Informatisé des Emissions ») qui offrirait « des possibilités compatibles et complémentaires à celles du CGE. » Quant à la composante fixe, il lui revient en particulier de fournir les spécialistes assurant la mise en œuvre du Centre de Guerre Electronique construit à proximité immédiate des casernements du 44e RT et accueillant également des aviateurs de la 54e ERA. Rares sont les journalistes à avoir reçu l'autorisation de pénétrer à l'intérieur du CGE : Damien Thevenot est un des heureux élus. Il a, dans *Terre Magazine,* décrit ainsi le centre : « Des grillages surmontés de barbelés, des caméras vidéo à infrarouge, deux sas de décontamination en cas d'attaque NBC, des portes blindées de cinquante centimètres d'épaisseur, un couloir de deux cents mètres de long protégé par des portes à digicodes : le Centre de Guerre Electronique (CGE) de Mutzig, en Alsace, est une forteresse imprenable. Entièrement enterré (...), le CGE est 'le' centre ultramoderne de recueil et de traitement des renseignements stratégiques d'origine électromagnétique (ROEM). Il fonctionne vingt-quatre heures sur vingt-quatre. » Dans le même article, il était précisé que le CGE est capable d'intercepter des conversations échangées par radio à 4500 km de distance dans la gamme HF grâce à huit antennes directionnelles de grandes dimensions. Le CGE est équipé de tables UNIR (UNité d'Interception et de Recherche), ANAIS (ANAlyse et Interprétation des Signaux) et d'un système informatique offrant « des outils d'aide à l'analyse ainsi que des outils d'exploitation et d'élaboration du Renseignement d'Origine ElectroMagnétique (ROEM). » Précisons enfin que le recrutement du 44e RT est interarmes.

L'interception dans la gamme VHF au niveau tactique, est avant tout l'affaire du 54e RT dont la mission est ainsi énoncée : « localiser, intercepter, reconnaître, analyser et neutraliser les réseaux radioélectriques ennemis avec des moyens lui permettant d'intervenir soit sur une zone d'action étendue (ZA de grande unité), soit rapidement et ponctuellement avec des modules légers d'intervention rapide. » Le 54e RT est entièrement projetable et dispose d'une panoplie de moyens complémentaires s'adaptant à toutes les situations. Le principal d'entre eux est le Système de Guerre Electronique de l'Avant (SGEA) spécialisé COMINT et rassemblant une composante « localisation » (ELODEE ou « Ensemble de LOcalisation par Densité des Emissions Ennemies ») et une composante « écoute » (EMERAUDE ou « Ensemble Mobile d'Ecoute et de Recherche AUtomatique Des Emissions »). La portée du SGEA, qui travaille dans la profondeur opérative, l'autorise à rester en arrière des lignes de contact. Lorsque le besoin d'un système plus léger se fait sentir, les spécialistes du 54e RT utilisent alors les systèmes STAIR (« Système Tactique d'Acquisition et d'Identification de Radars ») pour les missions ELINT et START (« Système Tactique Automatisé de Reconnaissance Technique ») pour les missions COMINT. Le STAIR assure la couverture d'une zone de 30 km de large sur 70 km de profondeur. Il a été tout d'abord livré au 54e RT monté sur quatre véhicules ACMAT VLRA mais, pour des raisons de protection, son adaptation sur VBL a ensuite été demandée. Quant au système START, embarqué sur shelters et, adapté à l'interception des communications tactiques, son efficacité dépend directement de la distance le séparant de l'émetteur à localiser; en conséquence, il doit être positionné au plus près des lignes de contact. Enfin, le 54e RT dispose non seulement de coffrets permettant l'écoute ainsi que la goniométrie mais aussi de Brouilleurs Multi-Réseaux BROMURE montés sur VAB.

Le 54e RT n'est pas intervenu dans le conflit yougoslave en tant qu'unité constituée; seul un système STAIR y aurait été envoyé pendant une courte période. Trop lourd, le SGEA n'y a pas été utilisé mais certaines de ses composantes ont donné naissance à des « stations de circonstance » fonctionnant en mode dégradé. Si l'on en croit un utilisateur, « C'est moins ergonomique mais cependant efficace pour ce que l'on nous demandait. De toute façon, c'est avant tout l'opérateur qui fait la différence ! » Avec un brin de malice, notre interlocuteur ajouta : « On ne fait pas autre chose que les Américains. Seulement eux, ils ont les moyens d'institutionnaliser les solutions dégradées ! »

Le 7e Régiment d'Artillerie regroupe l'ensemble des drones appartenant à la BRGE. Il est en outre équipé de radars de surveillance du sol RASIT-E (« RAdar de Surveillance des InTervalles ») ainsi que de radars de trajectographie d'origine britannique Cymbeline devant être remplacés dans un proche avenir par des radars COBRA. Les caractéristiques du CL-289 ainsi que son utilisation en Bosnie faisant l'objet d'une fiche et d'un paragraphe distinct, il ne semble pas utile d'y revenir. Plus léger que le CL-289, le drone Crécerelle est le successeur du MART Mk II qui a depuis son utilisation dans le cadre de la guerre du Golfe disparu de l'inventaire des armements mis en œuvre par les forces armées françaises. MART Mk II et Crécerelle ont en commun d'avoir été acquis à titre expérimental; il semble cependant que, dans le cas du Crécerelle, ce caractère temporaire soit amené à perdurer. En effet, à la mi-1997, deux systèmes composés chacun de six drones étaient en service au 7e RA. Sous la pression des nécessités budgétaires, ils devraient y rester au moins jusqu'en 2005 et ce, au détriment du Brevel dont la mise en service a été repoussée à cette date au plus tôt. Cette décision a cependant un prix : le maintien en condition opérationnelle du Crécerelle cinq années supplémentaires nécessitera très probablement de faire évoluer à la fois le drone et son environnement logistique, évolution que le magazine *Air & Cosmos/Aviation International* présenta en ces termes : « L'Armée de Terre, qui exploite aujourd'hui le drone de reconnaissance Crécerelle de SAGEM, envisage de faire évoluer ses engins. L'idée serait de remplacer le capteur infrarouge (un analyseur en ligne) par une boule gyrostabilisée combinant TV et infrarouge. Un système de catapultage par piston pneumatique pourrait se substituer aux extenseurs utilisés actuellement. » Selon certaines sources, il apparaît d'autre part que l'achat de deux systèmes supplémentaires serait fortement envisagé. En attendant, le Crécerelle accumule les vols : dans la période qui s'étend de 1995 — année au cours de laquelle le Crécerelle a été mis en service au sein du 7e RA — à la mi-1997, les engins auraient réalisé plus de 60 missions d'entraînement à raison de 4 à 5 vols par mois.

BRGE et avenir proche : hélicoptères et Hussards

L'avenir de la BRGE sera en particulier l'affaire des hélicoptères, principalement avec l'introduction du système HORIZON. Celui-ci revient de loin. Lancé par des études de faisabilité entre 1981 et 1984, il avait pour ambition de procurer à l'échelon du corps d'armée un moyen capable de surveiller les déplacements des colonnes blindées ennemies dans une zone de 80 km de front s'étendant jusqu'à 100 km au-delà des lignes de contact. Mais le programme initialement dénommé ORCHIDEE était, semble-t-il, trop coûteux. Compris dans le cadre d'un système C^4I spécialisé capable d'effectuer la fusion des renseignements provenant de sources diverses, il devait être capable de retransmettre en temps réel les informations en direction d'une station d'exploitation MISTIGRI par l'intermédiaire d'un système de transmission de données AGATHA. ORCHIDEE devait en outre dépasser le strict cadre national : dès 1990, les ingénieurs de la société Electronique Serge Dassault s'étaient penchés sur le délicat problème de la compatibilité de MISTIGRI avec les projets JSTARS américain et ASTOR britannique. Malheureusement, ORCHIDEE était cher, très cher : l'achat des deux systèmes comprenant chacun 10 hélicoptères et 3 stations au sol était, au début des années 90, estimé à 8 milliards de francs. Le programme fut donc purement et simplement annulé. Sur ces entrefaites, Saddam Hussein décida d'envahir le Koweït. La suite, le lieutenant-colonel Hatier la relata ainsi dans la revue *Armées d'Aujourd'hui :* « Le 13 janvier 1991, trois jours avant le déclenchement de l'opération *Tempête du Désert,* le radar expérimental *Horizon* et sa station sol entrent dans les rangs de la division Daguet : nom de code *Horus.* Le radar porte alors à 70 km. Pendant la phase de préengagement terrestre, *Horus* détecte le renforcement irakien face au dispositif français puis contribue à l'acquisition d'objectifs traités ensuite par l'aéronavale américaine. Quelques heures avant l'offensive terrestre, il guide en temps réel, de nuit, des hélicoptères américains *Apache* sur un convoi irakien en mouvement et contribue ainsi à sa destruction. » Tel un phénix renaissant de ses cendres, ORCHIDEE fut remis au goût du jour sous une forme dégradée baptisée HORIZON nettement moins onéreuse : il ne s'agissait plus alors que d'acquérir deux systèmes comprenant chacun deux plates-formes héliportées et une station au sol pour un coût estimé à 1,8 milliard de francs. Remis sur les rails, HORIZON ne tarda pas à se concrétiser sous forme d'un premier système complet entré en service au sein d'un « Bataillon de Recherche Electronique HORIZON » basé à Phalsbourg. A l'avenir, un « Régiment de Renseignement Aéromobile (RRA) » sera créé, regroupant notamment une « Escadrille HORIZON (EHOR) » ainsi qu'une « Escadrille d'Hélicoptères de Reconnaissance (EHR) » dont l'ossature pourrait être constituée d'aéronefs Gazelle très spéciaux expérimentés en ex-Yougoslavie. En effet, une demi-douzaine de « pods » contenant des senseurs identiques à ceux emportés par le CL-289 ont été construits afin de pourvoir à l'entraînement technique des opérateurs du système. L'un d'entre eux a dans ce but été monté sur un hélicoptère Gazelle et, en Bosnie, a été employé avec profit dans les zones à faible risque. L'hélicoptère ainsi équipé aurait effectué une trentaine de missions de surveillance et particulièrement mis en exergue les avantages de complémentarité et d'économie qu'il y aurait à employer les mêmes équipements sur CL-289 et Gazelle. S'agissant du RRA, deux solutions sont en cours d'évaluation à l'heure où ces lignes sont écrites : le régiment pourrait être rattaché soit à la BRGE soit à la Brigade AéroMobile (BAM). Dans ce dernier cas, la chaîne d'exploitation du renseignement passerait cependant par la BRGE.

La vulnérabilité semble être une constante des moyens de la Brigade de Renseignement et de Guerre Electronique, ceux-ci ne pouvant se protéger que par leur discrétion (13e RDP et Crécerelle), leur vitesse (CL-289) ou leur retrait par rapport aux lignes de contact (moyens ROEM et HORIZON). Dans le courant de l'été 1998, cette situation subira une évolution notable par rattachement du 2e Régiment de Hussards; pour l'occasion, celui-ci adoptera les structures d'un « Régiment Blindé de Recherche du Renseignement (RBRR) ». Selon un article publié dans *Terre Magazine* sous le titre « Les canons du renseignement », on y apprend que le rôle du régiment sera le suivant : « Acquérir dans la profondeur du dispositif adverse les informations indispensables (...) et que seuls les éléments déployés sur le terrain peuvent obtenir ». Mode d'action préférentiel : l'imitation des anciens Hussards qui débordaient « largement les forces adverses » en « allant au plus loin sur leurs arrières ». Ces propos furent confirmés par le colonel Michel, chef de corps à l'époque : « Avec une bonne mobilité tactique, un minimum de puissance de feu et de protection, il est possible de s'infiltrer pour approcher les objectifs de renseignement d'intérêt majeur pour le groupement de forces, jusqu'à plus de 100 km en avant de son dispositif. » Le mot « protection » semble ici prendre un relief particulier : à l'état-major de la BRGE, les AMX-10RC et VBL du 2e Hussards ne sont en effet considérés que comme des vecteurs permettant de mettre en place les capteurs de recherche humaine que sont les équipages.

Quelle est la genèse de ce rattachement ? Il y a quelques années, la BRGE s'est aperçu qu'il y avait un « trou » s'agissant des moyens d'acquisition du renseignement destinés à agir dans la profondeur opérative entre 50 et 150 kilomètres des lignes de contact. Il fut donc imaginé de confier cette mission à un régiment de blindés légers restructuré, solution non dénuée d'avantages : elle apporte notamment protection et puissance de feu. Ainsi qu'on le souligne à l'état-major de la BRGE, il n'y a ici aucune confusion entre reconnaissance et renseignement : « Certes, c'était impensable dans un contexte de guerre blindée/mécanisée opposant deux alliances mais maintenant, il s'agit le plus souvent de maîtriser un espace terrestre où l'ennemi est beaucoup plus dilué qu'auparavant. Cette caractéristique rend possible une infiltration blindée. C'est vrai, le risque de destruction existe toujours mais le blindage offre une protection minimum et la puissance de feu permet de se désengager. A ce titre, les possibilités de destruction opportune propres au canon de 105 mm monté sur l'AMX-10RC donnent naissance d'une certaine manière à un concept de dissuasion tactique. Cela revient à dire à un adversaire éventuel : je sais que tu peux me détruire mais j'ai les moyens de te le faire payer très cher. Par expérience, je peux vous dire qu'un tel langage en a fait hésiter plus d'un en ex-Yougoslavie ; il suffit pour s'en convaincre de faire observer que les blindés américains même moins puissamment armés ont rarement eu des problèmes alors que de nombreux lance-roquettes antichars étaient — et sont encore — en circulation. Eh bien, imposez la présence d'un AMX-10RC de par sa puissance de feu, équipez-le de moyens d'investigation utilisant les dernières technologies, faites embarquer des équipages entraînés à l'acquisition du renseignement et vous aurez un moyen parfaitement adapté à la majorité des interventions dans lesquelles l'armée française se trouve actuellement impliquée. » C'est la voie qui a été assignée au 2e Hussards dont les VBL pourraient notamment se voir doter de systèmes d'observation avancés utilisant les technologies de l'optronique : caméras thermiques, télémètres laser ou autres caméras à intensification de lumière. A l'heure actuelle, des études allant dans ce sens sont menées en coopération étroite avec la STAT.

Le SIGINT aéroporté : DC-8 SARIGUE et 54e ERA

Evoquer l'existence du DC-8 SARIGUE s'apparente à un exercice de haute voltige : au sein de l'Armée de l'Air, le sujet est en effet tabou et rares sont les journalistes à avoir approché cet avion. On sait cependant qu'il n'existe qu'un appareil de ce type qui appartient à l'Escadron Electronique 51 « Aubrac » basé à Evreux. Le seul Système Aéroporté de Recueil d'Informations de GUerre Electronique (SARIGUE) a un statut de double subordination puisqu'il est mis en œuvre par le Commandement des Forces Aériennes de Projection pour le compte du Commandement Air des Systèmes de Surveillance et de Communication (CASSIC), deux commandements organiques de l'Armée de l'Air. Accomplissant des missions ELINT et COMINT, les opérateurs du SARIGUE mettent en œuvre un système déclaré opérationnel le 1er juin 1977 avant que la cellule ne soit remotorisée en 1980. Les équipements électroniques de l'avion sont généralement considérés comme équivalents à ceux du Transall Gabriel et permettraient l'interception des signaux dans la gamme de fréquence allant de 0,1 MHz à 40 GHz. Basé sur une cellule relativement ancienne limitant les possibilités de modernisation, le SARIGUE devrait très bientôt être remplacé par le SARIGUE NG (« Nouvelle Génération ») : la transformation de la cellule a débuté en mai 1995 à l'Atelier Aéronautique Industriel (AAI) de Clermont-Ferrand. Les capacités opérationnelles du nouvel appareil seront centrées autour de trois systèmes : un dispositif d'écoute et d'enregistrement des communications radio, un système d'écoute radar ainsi qu'un ensemble de navigation, une des principales fonctions de ce dernier étant de déterminer les coordonnées des émetteurs dont le trafic est en cours d'interception. Contrairement au SARIGUE pour lequel une telle remotorisation avait été jugée trop coûteuse, le NG sera doté de réacteurs CFM 56-2 relativement économes en kérosène. L'ensemble des équipements électroniques représenterait un poids de 12 tonnes supplémentaires, lest qui a nécessité des modifications de structure, notamment en bouts d'ailes où seront installés des capteurs. Une fois la transformation achevée, le SARIGUE NG sera équipé de huit consoles COMINT réalisées par l'AAI ainsi que six postes de travail conçus par Thomson-CSF et plus particulièrement chargés des missions ELINT. S'agissant de ces derniers, il est bien entendu impossible d'en obtenir les caractéristiques précises. Cependant, un observateur averti ayant pris le temps de musarder dans les allées du salon du Bourget pouvait au moins s'en voir communiquer le type : il s'agirait de consoles MLX UR 3200, dénomination qui, convenons-en, présente pour le moins un caractère énigmatique ! A l'origine, le programme devait déboucher sur la mise en service de l'appareil après l'an 2000; si l'on en croit les informations les plus récentes, le SARIGUE NG sera opérationnel dès 1999. La chose est relativement rare pour être soulignée : voilà un système qui devrait être déclaré opérationnel avant la date initialement retenue. Sans doute faut-il voir là une manière de reconnaissance s'agissant de l'importance du ROEM et la traduction dans les faits d'une volonté affirmée de consentir dans ce domaine ce qui est officiellement présenté comme un « effort particulier ».

La 54e Escadre de Renseignement Air (54e ERA) est une unité dont l'évolution des structures au cours de ces dernières années reflète parfaitement la fin de la guerre froide. En effet, au milieu de la décennie 80, ce qui était alors la 54e Escadre Electronique Tactique (54e EET) était investi d'une mission ROEM ayant pour objectif quasi-exclusif les rayonnements émis par les forces du Pacte de Varsovie. A l'époque, la 54e EET disposait des capteurs mis en œuvre par cinq EES (« Escadron Electronique Sol ») implantés sur le territoire allemand ainsi que par deux Escadrilles Electroniques. Celles-ci mettaient en œuvre deux Transall C-160G Gabriel et un Puma HET (« Hélicoptère ELINT Technique »). Les EES étaient notamment dotés d'un système semi-automatique EPICEA servant à l'interception, à l'analyse, à la corrélation et à la transmission des renseignements électromagnétiques collectés. Alors que les Transall, toutes antennes aux aguets, patrouillaient régulièrement entre Metz-Frescaty et Berlin en empruntant les couloirs autorisés dans l'espace aérien de la République Démocratique Allemande, le Puma HET aurait, selon certaines sources, eu un mode d'action plus audacieux. En effet, il aurait été conçu pour un scénario très ciblé consistant à le faire voler en stationnaire dans un faisceau radar et ce, à l'abri de la frontière, afin de faire « cracher » le radar en question par provocation délibérée ; il ne restait plus alors qu'à en recueillir les signaux afin d'en étudier les caractéristiques. Cependant, évoquer ce scénario dans les environs de Metz-Frescaty déclenche aussitôt des réactions oscillant entre l'amusement et l'agacement. Interrogé à ce sujet, un officier de la 54e ERA asséna avec énergie cette réponse catégorique : « Cela ne tient pas debout : lorsque vous ne disposez que d'un seul appareil de ce type, vous évitez de lui faire prendre des risques et croyez-moi, même en temps de paix, les gens d'en face n'en étaient pas à une bavure près ! Et puis, nous n'avions pas besoin de provoquer une quelconque réaction : il y avait suffisamment à intercepter comme cela. Enfin, pour comprendre ce que nous faisions et ce que nous faisons encore, il est important de se souvenir que la discrétion a toujours fait partie de nos modes d'action. » A l'heure actuelle, aucune source ouverte n'a encore détaillé l'équipement du Puma HET mais officiellement, celui-ci n'emportait que des systèmes passifs à l'exclusion de tout dispositif de brouillage. Son principal avantage était sa souplesse d'emploi : les services spécialisés appartenant aux forces armées de la RFA ayant été partie prenante dans les opérations de recueil du renseignement électromagnétique menées par l'hélicoptère, celui-ci avait en conséquence été autorisé, contrairement aux avions, à opérer depuis le territoire allemand. Ce prépositionnement permettait une réaction très rapide à toute demande inopinée. Actuellement et parce qu'il était doté d'un système optimisé pour l'interception des rayonnements émis par les postes radio et radars équipant les forces du Pacte de Varsovie, le Puma HET a purement et simplement été désarmé.

Le territoire allemand étant réunifié et les dernières troupes du GFSA/GFO ayant regagné le territoire russe, la présence sur le sol allemand des capteurs de la 54ᵉ EET ne se justifiait ni ne se concevait plus. Au cours du mois de mai 1992, le Puma HET fut donc transféré à Mont-de-Marsan. En juin de la même année, l'EES 6/54 (Bad-Lauterberg) fut dissous puis, en 1993 et 1994, ce fut au tour des EES 3/54 (Goslar), 2/54 (Berlin-Tegel), 4/54 (Achern) et 7/54 (Furth-Im-Wald) de disparaître. Le 1er août 1995, la 54ᵉ EET fut rebaptisée 54ᵉ ERA et adopta l'organisation qu'on lui connaît aujourd'hui; depuis, elle comprend l'Escadron Spécialisé de Guerre Electronique (ESGE), l'Escadron Electronique Mobile (EEM), l'Escadron Electronique (EE) « Dunkerque », l'Escadron d'Instruction au Renseignement et à la Guerre Electronique (EIRGE), l'Escadron de Soutien et d'Entraînement au Renseignement Air (ESERA) ainsi que le Groupe d'Entretien et de Réparation des Matériels Spécialisés (GERMaS). L'ESGE est implanté à Mutzig; sa tâche est d'exploiter pour le compte de l'Armée de l'Air les installations fixes du Centre de Guerre Electronique (CGE) construit à proximité immédiate des bâtiments du 44ᵉ Régiment de Transmissions. Quant à l'EEM, il gère un nombre indéterminé de moyens montés sur shelters comprenant en particulier des « radars » Furet dont la fonction exacte est inconnue. S'agissant de ces moyens, un article publié dans *Armées d'Aujourd'hui* apporta cependant les précisions suivantes : « Dépendant de l'EEM, les capteurs mobiles renferment un certain nombre de cabines et de systèmes antennaires transportables par moyens routiers, à capacités tous terrains, ou aérotransportables. Suivant les besoins, ils peuvent être déployés soit sur un ou plusieurs théâtres d'opérations, soit sur le territoire national, dans le cadre d'exercices ou de manœuvres. Ces moyens mobiles ont la capacité d'intercepter et de localiser les émissions dans les gammes VHF/UHF, SHF et HF. »

Très peu de détails plus explicites sont disponibles en ce qui concerne l'organisation interne de la 54ᵉ ERA mais on connaît mieux les structures de la 54ᵉ EET. Sans doute n'est-il donc pas tout à fait inutile d'en présenter certains aspects, les mêmes nécessités fonctionnelles générant des structures analogues. Ainsi, la 54ᵉ EET comprenait notamment un Centre de Fusion du Renseignement Electronique (CFRE 12/54) ainsi qu'un Centre d'Instruction de Guerre Electronique (CIGE 10/54) tandis que l'EE 1/54 « Dunkerque » était subdivisé en trois escadrilles dont une

Escadrille Electronique de Recueil et d'Exploitation répertoriée EERE 11/54. Cette dernière rassemblait « le personnel FATac spécialiste de la mission de renseignement ». En effet, la 54e EET « bénéficiait » d'un statut que l'on pourrait qualifier de « bâtard » ayant perduré dans le cas de la 54e ERA : officiellement, l'EE 1/54 « Dunkerque » est actuellement catalogué comme unité appartenant à la Force Aérienne de Projection (FAP) mise pour emploi à la disposition de la Force Aérienne de Combat (FAC). Quant aux renseignements bruts, ils sont avant toute chose et une fois validés par les officiers de renseignement « ingérés » par un système de traitement de l'information dénommé IRIS — qui comprend une base de données constituant le « cœur » du patrimoine très particulier de l'escadre — avant d'être transmis non seulement au commandant de théâtre et à la DRM mais aussi au Commandement de la Défense Aérienne et des Opérations Aériennes (CDAOA). Enfin, un certain nombre de stations indépendantes de guerre électronique disséminées sur le territoire français et servant à l'entraînement des appareils de la FAC auraient été rattachées à la 54e EET.

Au sein de la 54e ERA servent des personnels appartenant à différentes spécialités, en majorité des intercepteurs, exploitants, linguistes et analystes formés à la guerre électronique par l'escadre elle-même. Deux tiers d'entre eux ont une vocation « renseignement », le tiers restant étant composé des personnels navigants, mécaniciens et spécialistes des transmissions. Bien entendu et s'agissant des opérations auxquelles l'escadre a pris part au cours de ces dernières années, toute information est strictement classifiée, la littérature officielle se contentant d'affirmer péremptoirement que la 54e EET/ERA a « depuis le début des années quatre-vingt-dix, (...) été présente sur tous les théâtres d'opérations réelles ». Cependant, il semble que la participation d'un Transall Gabriel à la guerre du Golfe ait été de courte durée tandis que des personnels de l'escadre auraient été plus longuement impliqués sur une base individuelle. Quant au conflit yougoslave, il n'aurait également occasionné qu'une présence marginale de cadres requis en raison de leurs compétences individuelles. Mais ce que certains officiers de la 54e ERA férus d'histoire contemporaine aiment à rappeler avant toute chose, c'est que les « grandes oreilles » de l'unité ont, en 1968, détecté les mouvements des troupes soviétiques qui se massaient à la frontière tchécoslovaque et ce, quarante-huit heures avant que les blindés ne la franchissent. Sans doute les mêmes officiers seraient-ils plus réticents à évoquer les paroles de Marcel Chalet, ancien directeur de la DST qui, s'agissant d'un officier de renseignement tchécoslovaque, déclara à Thierry Wolton : « il a finalement réussi à se faufiler jusqu'au SDECE après s'être distingué au cours de son service militaire dans un centre d'écoutes implanté en Allemagne, au sein d'une unité de l'armée de l'air »...

Les Mirage IV et la reconnaissance stratégique

La reconnaissance aérienne stratégique par imagerie, est principalement l'affaire des Mirage IVP basés à Mont-de-Marsan au sein de l'Escadron de Reconnaissance Stratégique 1/91 « Gascogne ». L'idée de placer un appareil photo dans cet appareil volant vite, que ce soit à basse ou à haute altitude, n'est pas nouvelle : le besoin fut ressenti dès 1964 et aboutit en 1968 au premier vol d'un Mirage IVA équipé du conteneur technique CT52. Depuis 1991, les missions ont été reprises par des Mirage IVP puisque leur retrait des unités délivrant le feu nucléaire a libéré nombre d'aéronefs bénéficiant d'améliorations par rapport à la version IVA, notamment au niveau du système de navigation.

Actuellement, s'agissant des missions à basse altitude (entre 100 et 1 600 mètres), le conteneur en question emporte le système OMERA 35 composé de quatre caméras : une frontale oblique (75 mm de focale), une verticale (75 mm) et deux obliques latérales (150 mm). Ces optiques sont complétées par un capteur infrarouge « Super Cyclope » fournissant une imagerie thermique permettant en particulier d'obtenir des informations sur le degré d'activité de l'objectif. En ce qui concerne les missions effectuées à haute altitude, l'équipement est bien entendu fort différent. Dans ce cas, le CT52 emporte le système OMERA 36 comportant trois caméras dites « HA-TRI » équipées d'une optique de 600 mm ainsi qu'une caméra cartographique Wild RC8F dotée d'une focale de 152 mm.

Les Mirage IVA/P de l'ERS 1/91 ont à maintes reprises été employés dans des zones « chaudes », par exemple en octobre 1977 au-dessus de la Mauritanie ou lors de reconnaissances dans l'espace aérien tchadien. Plus récemment, ces appareils ont effectué des missions de renseignement dans le cadre du conflit en ex-Yougoslavie selon le schéma suivant : décollage de Mont-de-Marsan, ravitaillement en vol par les KC-135 basés à Istres, mission sur zone, deuxième ravitaillement en vol, livraison directe des films sur la BA 110 de Creil où est installé le Centre de Formation et d'Interprétation Interarmées de l'Imagerie (CF3I) dépendant de la DRM puis retour sur Mont-de-Marsan. Pour ce qui est de la suite et ainsi que le précisa *Air Actualités,* « Les comptes-rendus d'exploitation sont ensuite communiqués dans les meilleurs délais aux 'clients' de la DRM. » Dans les dernières années, il semble que la Yougoslavie ait été pour une large part dans les activités de reconnaissance stratégique des Mirage IVP puisque le cap des 100 missions a été atteint en mars 1995 et qu'en octobre 1996, on en était à plus de 150. Selon certaines sources, des Mirage IV survoleraient également et de manière régulière des zones d'intérêt stratégique...

La reconnaissance aérienne tactique

A l'instar de nombreuses fonctions opérationnelles de l'armée de l'air, la reconnaissance aérienne tactique française porte les stigmates des profonds bouleversements que l'outil militaire français a subi — et subit encore — suite à la disparition du Pacte de Varsovie. Il n'y a pas si longtemps en effet — sa dissolution date du 30 août 1993 —, l'ensemble des moyens d'une escadre au complet, en l'occurrence la 33e Escadre de Reconnaissance (33e ER), était dévolu à cette mission. Pour ce faire, l'escadre en question était implantée sur la Base Aérienne 124 de Strasbourg-Entzheim, soit au plus près de ce qui aurait été son théâtre d'opérations le plus probable. La 33e ER était composée de trois escadrons : l'ER (Escadron de Reconnaissance) 1/33 « Belfort », l'ER 2/33 « Savoie » et l'ER 3/33 « Moselle ». Actuellement, l'ER 3/33 a été dissous, de même que la 33e ER, les deux escadrons restants ayant été directement rattachés au commandement de la Force Aérienne de Combat (FAC) dont l'état-major est situé sur la BA 128 de Metz-Frescaty. Suite à la dissolution de la 33e ER et à la fermeture de la BA 124, les ER 1/33 et 2/33 ont été transférés sur la BA 112 de Reims-Betheny et équipés de Mirage F1CR. Le « Belfort » est notamment subdivisé en trois escadrilles : la 1re Escadrille « Hache », la 2e Escadrille « Petit Prince » et la 3e Escadrille « Léopard ».

Jusqu'au début des années 80, l'escadre était dotée de Mirage IIIRD. Ceux-ci ont été progressivement remplacés par des Mirage F1CR, le premier exemplaire ayant été mis en service à l'ER 2/33 « Savoie » au mois de juillet 1983 tandis que l'ER 1/33 procédait au remplacement des appareils à partir du 4 décembre 1985. Le Mirage F1CR peut emporter des capteurs très diversifiés mais donne sa pleine mesure lorsque utilisé en conjonction avec la Station Aérotransportable de Reconnaissance Aérienne (SARA). Conçue et réalisée par Matra Optique, compatible avec l'utilisation du capteur infrarouge Super Cyclope, celle-ci regroupe l'ensemble des moyens nécessaires à la planification ainsi qu'à l'accomplissement d'une mission de reconnaissance aérienne dans les domaines de l'aide au commandement, de la préparation, de l'interprétation des résultats et des moyens de transmissions. Une station complète est composée de cabines DDV (direction des vols et préparation des missions), REC (réception/interprétation rapide), ID (interprétation détaillée), transmissions et labo photo. Ces différents modules regroupent notamment les équipements suivants : une console de direction des vols CID, une console de préparation des missions CINNA, un système de réception des images infrarouges transmises en temps réel, une table d'examen automatique des films FILOU et un poste d'interprétation d'images aériennes SIRIUS. Il est cependant à noter que la modularité de l'ensemble permet de composer au besoin des stations « en dégradé », la plus simple pouvant ne comprendre qu'une seule cabine assurant la réception des images et leur interprétation rapide.

Lors de l'opération *Daguet,* le radar de photographie aérienne électronique avec transmission hertzienne RAPHAEL-TH semble avoir été le capteur le plus utilisé sur Mirage F1CR. Dans le Golfe, les appareils de la 33e ER épaulés par les Jaguar de la FATac ont permis, au cours de 130 missions de reconnaissance, non seulement de fournir des objectifs aux forces aériennes alliées mais également de faire ce que les anglo-saxons appellent le « BDA ». Ce genre de mission consiste à renseigner sur les destructions subies par les objectifs ayant fait l'objet d'une frappe, que celle-ci ait été effectuée par raid aérien, artillerie ou emploi de missiles de croisière. Et puisque l'opération Daguet est ici évoquée, précisons que les Mirage F1CR ont une mission secondaire d'attaque au sol, mission qu'ils ont accomplie à plusieurs reprises au-dessus du territoire irakien. Outre leur engagement dans le cadre de la guerre du Golfe, les Mirage F1CR ont notamment fréquenté le Tchad (Manta puis Epervier) où, à partir de N'Djamena, ont régulièrement mené des reconnaissances au-delà du 16e parallèle. Après la libération du Koweït, les appareils ont survolé à plusieurs reprises le nord de l'Irak à partir de la base turque d'Incirlik; enfin, on a vu des Mirage F1CR voler dans l'espace aérien de la République de Djibouti lors de l'opération *Godoria* en juin 1991.

Cependant, les capacités des F1CR ont parfois, au cours des dernières années, fait l'objet de vives critiques. Ainsi, en janvier 1995, l'hebdomadaire *Air & Cosmos/Aviation International* relevait : « La dizaine de nacelles de navigation infrarouge Rubis, permettant aux avions de chasse d'effectuer des missions par tous temps, n'est toujours pas opérationnelle sous les F1CR de reconnaissance de l'Armée de l'Air. Et ce, deux ans après avoir été commandée et réceptionnée. » Et le magazine de préciser que, à ce qu'il semblait, les mêmes nacelles montées sous des F-16 thaïlandais ne rencontraient aucun problème de mise au point...

Dans le courant de l'année 1998, les Mirage F1CR devraient être équipés de systèmes optroniques Presto. A l'heure où ces lignes sont rédigées, les caractéristiques exactes de celui-ci ne sont pas encore connues avec exactitude; il devrait cependant permettre de prendre des clichés tout en restant à une trentaine de kilomètres de distance, donc en dehors de l'enveloppe de tir des missiles sol-air moyenne portée. Mais la principale caractéristique de Presto sera de stocker les images sous forme vidéo et non plus d'utiliser un support de type « films Celluloïd ». Bien évidemment, ce système ouvre la voie à la retransmission des informations en temps réel et, à tout le moins, supprime la nécessité du développement des films et accélère donc l'exploitation du renseignement à l'issue de la mission.

Pour être totalement exhaustif sur le chapitre de la reconnaissance aérienne tactique, précisons que les Jaguar de la Force Aérienne de Combat ainsi que les Super Etendard de l'Aéronavale sont aptes à accomplir cette mission.

Dans l'avenir, il se pourrait que les F1CR soient remplacés par une version spécialisée du Rafale dont la DGA a lancé, fin 1997, l'étude de faisabilité. Le principal problème réside dans l'absence de place disponible à l'intérieur de la cellule, ce qui obligerait les ingénieurs à développer un conteneur spécifique. Enfin, ce « Rafale R » serait décliné en deux versions : la première de type « Marine » emportant un radar SAR tandis que la version « Armée de l'Air » serait dotée de senseurs optroniques.

Les moyens navals : bâtiments *Monge* et *Berry*

Précisons-le tout de suite, le *Monge* n'est pas à proprement parler un bâtiment SIGINT et semble n'entretenir que de lointains rapports avec la Direction du Renseignement Militaire. Cependant, à l'heure où les forces armées sont de plus en plus impliquées dans le secteur spatial et où la prolifération des missiles capables de délivrer des charges NBC devient un sujet de préoccupation majeur, les capacités MASINT du *Monge* semblent intéresser la DRM au plus haut point. Construit pour assurer le suivi sur trajectoire des missiles balistiques tirés depuis le Centre d'Essais des Landes, le bâtiment est équipé d'une tourelle optique ainsi que de radars de trajectographie et d'analyse. L'un de ces radars, le Stratus, est de type bi-statique à balayage électronique; conçu par l'ONERA, il est capable de suivre des têtes militaires rentrant dans l'atmosphère. Les deux radars Armor fonctionnent quant à eux en bande C avec une puissance moyenne de 20 kW, suffisante pour une portée théorique de 6000 km sur des objets d'une SER (surface équivalente radar) de 1 m^2. La tourelle optique comprend notamment une caméra vidéo et une caméra photographique (format 35 mm, à grande vitesse), chacune d'entre elles étant équipée d'un objectif ayant une focale de 2000 mm. En janvier 1998, le *Monge* avait effectué 55 sorties dont respectivement cinq et sept missions de suivi concernant les missiles ASMP et balistiques. L'investissement réalisé étant de l'ordre de trois milliards de francs, il s'agit maintenant de le rentabiliser, argument-massue qui devrait, dans l'avenir, favoriser une collaboration plus étroite entre scientifiques, marins et spécialistes de la DRM. D'autant plus que, ainsi que le précisa Bernard Dumortier en janvier 1998 dans le magazine Marines, « Cette collecte de renseignements (spatiaux et spéciaux) est d'autant plus précieuse et abondante, qu'elle peut être opérée lorsque le bâtiment reste à quai. »

Evoquer le *Berry* est beaucoup moins grisant. Dans les ports, il est une plaisanterie qui consiste à dire que la coque du navire en question ne tient que grâce à la peinture qui la recouvre ! D'autres, encore plus féroces, affirment que c'est impossible puisque ce n'est pas de la peinture qui recouvre la coque du navire mais tout bonnement de la rouille... Bref, l'ambiance n'est pas franchement à l'optimisme et il y a de quoi. Le navire a en effet été lancé le 10 septembre 1958; son déplacement et sa puissance installée le rendraient tout juste capable de se traîner à 12 nœuds. Il a été investi de sa mission actuelle en 1972 mais son équipement SIGINT aurait été depuis modernisé à plusieurs reprises. A l'horizon 2003-2004 — expression commode pour signifier que l'événement pourrait être repoussé pour des raisons budgétaires —, le *Berry* devrait être remplacé par le *Bougainville.* Déplaçant à pleine charge deux fois plus que son prédécesseur, ce dernier a été lancé en 1988 et ses dimensions devraient lui permettre d'emporter un hélicoptère. Bien entendu, l'équipement SIGINT dont il devrait être doté est « top secret ».

Les attachés de défense

En préambule, une précision indispensable : les attachés de défense ne sont nullement administrés par la DRM même si celle-ci bénéficie de leur concours; ils dépendent en effet d'une division spécialisée de l'Etat-Major des Armées sur l'organisation de laquelle nous reviendrons ultérieurement. Cette précaution étant prise, entrons dans le vif du sujet.

L'activité des attachés de défense est réglementée par le décret n° 92-1483 du 31 décembre 1992. Chaque mission militaire, dont les effectifs peuvent varier en fonction de l'importance du pays de résidence, est commandée par un officier portant le titre d'attaché de défense. Celui-ci peut être assisté d'un attaché des forces terrestres, d'un attaché naval, d'un attaché de l'air, d'un attaché de gendarmerie et/ou d'un attaché d'armement. Toute mission relève directement du CEMA mais, pour les questions propres à son domaine de compétence, le Délégué Général pour l'Armement est l'interlocuteur de l'attaché d'armement. Les différents attachés peuvent disposer d'un officier adjoint; toutes les nominations sont soumises à l'agrément du ministère des affaires étrangères. Les missions militaires sont gérées par la Division Relations Extérieures (DRE) de l'EMA qui est également responsable de l'ensemble de la coopération militaire avec les pays étrangers. La DRE est subdivisée en trois sections et un bureau : REPREMIL (représentation militaire française à l'étranger), REPETRAN (représentation militaire étrangère sur le territoire français), EURAM (relations militaires avec les pays d'Europe, d'Amérique du Nord et les alliances) et REMONDE (relations militaires avec le reste du monde). En janvier 1998, quelque 750 officiers, sous-officiers, officiers-mariniers et personnels civils étaient affectés à des organismes de représentation militaire français.

Bien que ce nombre ait été en augmentation régulière au cours de ces dernières années, il apparaît cependant peu élevé. Cette situation a, en date du 22 septembre 1997, incité un député à faire au ministre de la Défense, Monsieur Alain Richard, une suggestion originale présentée en ces termes : « M. Bruno Bourg-Broc attire l'attention de M. le ministre de la Défense sur les faibles moyens, notamment en matière de personnel, mis à la disposition des attachés de défense des ambassades de France. Afin de renforcer leur action, il lui demande s'il ne serait pas possible d'affecter auprès d'eux des officiers de réserve susceptibles de coopérer à leur mission en les sélectionnant parmi les nombreux cadres de réserve français vivant à l'étranger et qui ne demandent qu'à servir les armées, malgré l'éloignement du territoire national. » La réponse dudit ministre de la Défense fut sans ambages; il y était notamment précisé que, « dans le cadre d'une demande de renforcement temporaire, le choix des missions militaires ne se porte en principe pas sur des officiers de réserve, dans la mesure où ils ne sont pas accrédités auprès des autorités locales et ne peuvent donc rendre, à l'attaché de défense, que des services intra-muros. » Un peu trop sèche dans son expression, cette répartie semble tirer trop rapidement un trait sur une proposition qui aurait probablement mérité un effort d'imagination un peu plus volontariste et qui a au moins le mérite d'attirer l'attention sur l'emploi des réservistes dans un système militaire bénéficiant de moyens toujours plus chichement mesurés. Utilisant un autre niveau de langage, un humoriste aussi controversé que connu aurait dit : « Circulez, y'a rien à voir ! » Ceci dit, quel sont les activités des attachés de défense à l'étranger ? Deux exemples précis vont permettre d'y voir plus clair.

Octobre 1982. Après plus de trois années de tractations ardues, l'Inde venait finalement de signer un contrat portant sur l'achat de 40 Mirage 2000 et ce, en prélude à un voyage officiel que François Mitterrand devait effectuer dans ce pays dirigé par Rajiv Gandhi. En outre, le dossier dépassait largement le cadre strict de cette vente ponctuelle : les forces aériennes indiennes estimaient avoir besoin de 110 avions et d'une vingtaine d'hélicoptères supplémentaires. Bref, le pactole. Mais pour espérer concrétiser, encore fallait-il faire mieux que les Soviétiques et les Britanniques qui, en dernier ressort, réussirent à placer respectivement leurs MiG-29 et Sea King. Or, en janvier 1985, les relations diplomatiques entre Paris et New Delhi subirent ce qu'il est convenu d'appeler un « refroidissement » : l'attaché de défense adjoint auprès de l'ambassade française dans la capitale indienne fut proprement expulsé, accusé d'avoir manipulé des informateurs au plus haut niveau de l'administration locale. Simultanément, plusieurs collaborateurs directs du premier ministre furent emprisonnés sous l'accusation d'espionnage : il leur fut reproché d'avoir fourni à l'attaché de défense français copie des propositions chiffrées faites au gouvernement indien par les concurrents de l'avionneur Dassault. Les autorités diplomatiques françaises protestèrent, qualifièrent les affirmations indiennes de « calomnieuses », rappelèrent l'ambassadeur, mirent en exergue le rôle pour le moins ambigu de la presse locale, rien n'y fit. Les relations entre Paris et New Delhi en furent profondément affectées au moment même où les forces armées locales, pour maintenir un équilibre militaire avec le Pakistan voisin, passaient commande sur commande. Résultat : l'Inde s'équipe désormais en Russie et la France vend des Mirage et des sous-marins au Pakistan... La conclusion de l'histoire ? Elle est ainsi rédigée par Jean Guisnel et Bernard Violet : « Paris (...) adopta un profil relativement bas. Quelques mois plus tard, certains membres du gouvernement se vantaient en petit comité d'avoir eu connaissance de toutes les délibérations du Conseil des ministres indien concernant plusieurs grands contrats d'armement ». Cet exemple illustre parfaitement la place ambigüe des attachés de défense : la coopération militaire côtoie bien souvent le monde délétère des ventes d'armement. Dans ces zones grises où les enjeux sont colossaux, on oublie souvent les bonnes manières...

Autres temps, autres mœurs. Dans l'ouvrage intitulé *Approches françaises du renseignement* et présentant le bilan du séminaire organisé par l'amiral Lacoste, Jean-Louis Dufour écrivit : « Tout attaché militaire assure normalement une triple fonction, représentation des armées françaises auprès des autorités militaires locales, coopération, quand elle existe, avec l'armée du pays de résidence, et recherche du renseignement d'intérêt militaire. » Cet extrait est suivi de nombreux exemples illustrant la masse de documents et de renseignements ponctuels qui furent transmis au CERM par le canal de l'attaché militaire hexagonal dans un Liban en proie à une guerre civile féroce mais peuplé de personnalités francophones, voire francophiles. Des notices d'emploi relatives au fonctionnement du char d'origine soviétique T-72, de même que différents documents diplomatiques et des synthèses sur la vie politique libanaise atterrirent ainsi sur les bureaux des analystes parisiens. Non content de livrer ce butin déjà conséquent, l'attaché militaire observa en direct l'arrivée des premières rampes mobiles de missiles sol-air SA-6 syriennes en territoire libanais. Quelques jours plus tard, les clichés arrivèrent à Paris et furent mis à la disposition des spécialistes de l'Armée de Terre appartenant au BRRI. C'était pour eux une véritable aubaine : trop souvent, l'imagerie relative aux nouveaux matériels alignés par le Pacte de Varsovie provenait en effet de sources dites « alliées », donc américaines et/ou britanniques. Le travail de fourmi auquel se livra l'attaché militaire fut d'une telle qualité que même les services israéliens eurent plusieurs fois recours à ses services pour confirmer ou infirmer un renseignement ponctuel. Enfin, Jean-Louis Dufour rapporte qu'une fouille opérée par l'attaché de défense sur un champ de bataille fraîchement abandonné par les belligérants israéliens et syriens permit, en juin 1982, la récupération d'un poste de tir pour missile antichar d'origine soviétique AT-4 SPIGOT. En France, l'engin n'était connu qu'au travers des photographies publiées par l'éditeur britannique Jane's...

CHAPITRE 6

UNE GRANDE DIVERSITÉ DES ORGANISMES, UN MANQUE ÉVIDENT DE COORDINATION ET DE CONTRÔLE

Le GIC ou la saga des écoutes téléphoniques

En marge des « grands » services que sont la DGSE, la DST, le SGDN, les RG et la DRM existent un certain nombre d'organismes qui, pour être à la fois moins étoffés et moins médiatisés, jouent cependant un rôle non négligeable dans le microcosme du renseignement français. Avant d'aborder les délicats problèmes de la coordination et du contrôle, complétons donc notre tour d'horizon.

Dans la capitale française se cache à deux pas du Secrétariat Général de la Défense Nationale l'un des services de renseignement les plus discrets qui soient. En effet, derrière des murs anonymes pourtant sévèrement gardés par des gendarmes intransigeants ronronnent les magnétophones du Groupement Interministériel de Contrôle chargé de procéder aux écoutes téléphoniques pour la plus grande partie de la région parisienne. Des annexes prennent quant à elles en charge l'Essonne, les Yvelines et l'agglomération de Lyon. Sur le reste du territoire français, les branchements aboutissent dans des locaux discrets soigneusement camouflés au sein des commissariats ou des brigades de Gendarmerie. Publiant en juin 1992 un article dans les colonnes du magazine *Science & Vie*, Jacqueline Denis-Lempereur estimait ainsi à 120 le nombre total de centres disséminés dans tout l'Hexagone et les DOM-TOM. Encore ces installations ne prennent-elles en compte que les interceptions dites « administratives », d'autres structures s'occupant des écoutes « judiciaires ». La création du GIC fut approuvée en 1960 par le Premier ministre d'alors, Michel Debré, sur proposition de Constantin Melnik, son conseiller pour les affaires de renseignement. Il est symptomatique de constater que ladite note n'a été rendue publique qu'en 1992. Du reste, jusqu'à ce que la loi du 10 juillet 1991 ne réglemente les interceptions administratives, l'existence du GIC ne reposait que sur l'approbation tacite des premiers ministres s'étant succédés à la tête du gouvernement français. Et encore ! La promulgation de la loi en question ne fut acquise que sous la pression de la Cour européenne qui condamna la France à deux reprises pour violation de la Convention des Droits de l'homme.

L'une des dispositions du texte fut d'instaurer l'existence de la Commission Nationale de Contrôle des Interceptions de Sécurité (CNCIS) chargée de veiller au respect des procédures légalement prescrites. Ainsi que le précisa Jacqueline Denis-Lempereur, ses attributions sont cependant limitées : « Si la commission a toute latitude pour contrôler le bien-fondé des écoutes demandées, elle n'a pas le pouvoir de faire cesser une écoute administrative qu'elle jugerait illégitime. Tout au plus peut-elle présenter à ce sujet des recommandations au Premier ministre. Mais comme elle publie un rapport annuel où figurent ces recommandations et la suite qui leur a été donnée, tout porte à penser que ses avis seront pris en compte. » C'est également l'opinion de Bertrand Warusfel qui, dans un article intitulé *Le cadre juridique et institutionnel des services de renseignement en France*, écrivit : « Pour autant, cette commission (...) ne possède d'ailleurs que le droit d'émettre des avis (fréquemment suivis, il est vrai) à l'intention du premier ministre. »

L'une des attributions de la CNCIS est d'approuver les quotas de lignes (nombre maximum d'interceptions pouvant être réalisées simultanément) accordés chaque année aux différents ministères et dont les chiffres qui suivent permettent d'appréhender l'ampleur :

Année	Ministère de la Défense (DGSE, DPSD, Gendarmerie)	Ministère de l'Intérieur (DST, PJ, RG)	Ministère des finances (Douanes)	Total
1977				400 à 500 (?)
1981	198	729		927
1992	232	928	20	1180
1997	330 (+42 %)	1190 (+28 %)	20 (+0%)	1540 (+30 %)

L'interprétation de ce tableau est pleine d'enseignements. En effet, la forte augmentation du contingent dévolu au ministère de la Défense entre 1992 et 1997 ne doit pas masquer que c'est bel et bien le ministère de l'Intérieur qui se taille la part du lion. Plus surprenant est par contre la stagnation du nombre de lignes dévolu au ministère des Finances, surtout lorsque l'on sait que les branchements relatifs aux enquêtes TRACFIN sont réalisés sur ce quota. Cependant, on doit garder à l'esprit que ces chiffres ne représentent nullement le total des interceptions annuellement pratiquées : une ligne peut en effet servir successivement à plusieurs branchements. Selon des données émanant de la CNCIS, le nombre d'écoutes administratives s'est élevé à 4562 en 1995 et à 4623 en 1996. Mais, à l'heure actuelle, quelle est exactement la procédure pour demander une interception ?

Tout d'abord, n'importe qui ne peut pas prétendre à l'utilisation des services du GIC. Il faut impérativement appartenir au club très fermé des usagers habituels dont la liste est présentée dans le tableau ci-dessus. Ensuite, il est nécessaire de remplir un document administratif trivialement dénommé « carton ». Il existe un code de couleur permettant d'identifier l'origine de la demande ; par exemple, un carton provenant de la DST sera gris. Visé par le directeur du service demandeur puis approuvé par le ministre de tutelle, le carton atterrira sur le bureau du premier ministre, seule autorité habilitée de par la loi à autoriser une interception administrative. Enfin, après un détour par le ministère de rattachement, celui des Postes & Télécommunications, le branchement ayant fait l'objet d'un carton sera réalisé et la ligne écoutée. La durée maximale d'une écoute est de quatre mois renouvelables par mise en œuvre de la même procédure administrative. Lorsqu'un branchement n'a plus lieu d'être, les documents le concernant — principalement demande et bandes magnétiques — sont détruits, seul subsistant les noms et numéros de téléphone ayant fait l'objet de l'interception et ceci, aux fins de contrôle par la CNCIS. Relativement lourde, la procédure est cependant court-circuitable en cas d'urgence : un simple accord verbal du Premier ministre suffit alors, sous réserve que la régularisation administrative intervienne sous quarante-huit heures.

Les écoutes judiciaires apparaissent plus opaques au yeux du profane car échappant aux investigations de la CNCIS. C'est également la loi de juillet 1991 qui en réglemente les conditions d'exécution. Les branchements doivent faire l'objet d'une autorisation délivrée par un juge d'instruction mais leur mise en œuvre semble être soumise à la grande misère de la justice française ; ainsi Jacqueline Denis-Lempereur releva-t-elle : « On est loin ici du luxe relatif des installations du GIC aux Invalides (...). Souvent, le moindre cagibi, un simple réduit, le placard dans le bureau du commissaire, une cave de gendarmerie, abritent par nécessité cette noble activité de justice. On murmure que ces pièces discrètes, soigneusement verrouillées, serviraient parfois de mini-bar (...). Le matériel est chiche : de collègue à collègue on se chaparde les cassettes, quitte à les prendre sur le magnétophone déjà branché du voisin. » Quant au nombre des interceptions ainsi réalisées, c'est le règne du flou le plus total : les chiffres les plus extravagants circulent, on parle tour à tour de 6000, 13000, voire 20000 branchements... Existe-t-il du reste des statistiques fiables ? Il semble que non. Et il y a pire : souvent, les appareils d'enregistrement manquent et sont donc loués à prix fort auprès de sociétés privées. Car ce genre de société existe bel et bien, certaines allant jusqu'à pratiquer des écoutes sauvages totalement illégales. L'écoute d'Etat, incarnée par l'existence du GIC, a souvent focalisé les diatribes des libéraux de tout poil mais, dans le domaine des interceptions, le véritable danger est maintenant ailleurs. Il réside en effet dans la multiplication des officines privées opérant dans une semi-clandestinité et prêtes, contre espèces sonnantes et trébuchantes, à s'asseoir allègrement sur les dispositions législatives. Du reste, les sociétés proposant ce genre de « services » sont à l'origine du marché florissant des systèmes de détection des écoutes. Parfois, celles proposant d'écouter la cible et de fournir du matériel permettant de détecter les équipements d'écoutes sont tout bonnement les mêmes...

Renseignement et Gendarmerie : un quadrillage efficace de la base...

La force de la Gendarmerie réside avant tout dans la véritable toile d'araignée que ses brigades territoriales étendent sur les 95 % du territoire français où le maintien de l'ordre public est de sa compétence. En 1997, le nombre de celles-ci était de 3643 selon que l'on prend en compte les seules brigades territoriales ou de 3807 si l'on s'avise de comptabiliser également les brigades de recherche, les brigades motocyclistes ainsi que les Pelotons de Surveillance et d'Intervention de la Gendarmerie (PSIG). Quoi qu'il en soit, ces brigades sont intégrées dans une pyramide hiérarchique qui, du gendarme jusqu'à la Direction Générale, lui assure une totale indépendance. Pion de base, la brigade exerce la surveillance d'un canton et, ainsi que le précise un édit du 9 mars 1720, est « installée dans une résidence séparée de telle sorte qu'elle ait quatre ou cinq lieues à garder d'un côté et de l'autre sur une grande route ». Si le caractère désuet de cette phrase peut prêter à sourire, il n'en reste pas moins que c'est cette disposition qui est à l'origine de la couverture de l'ensemble du territoire français toujours assurée par la Gendarmerie Nationale. Au niveau de l'arrondissement, la compagnie comprend selon le découpage administratif entre 6 et 15 brigades tandis que le groupement exerce ses responsabilités au niveau du département. La légion de Gendarmerie correspond à la région économique et plusieurs légions sont hiérarchiquement subordonnées à chacune des 9 circonscriptions qui exercent leurs attributions au niveau administratif « zone de défense » et, dans le domaine militaire, au niveau de la « circonscription militaire de défense ». Enfin, 8 des 9 circonscriptions sont regroupées en trois régions (Nord-Est, Méditerranée et Atlantique) tandis que la circonscription d'Ile-de-France conserve un statut à part. Il est cependant à noter que, selon les textes en vigueur, « Le Commandant de la circonscription de gendarmerie dont le siège est implanté au chef-lieu de région est commandant de région de gendarmerie (Bordeaux, Lyon, Marseille) ». Cette hiérarchie est parfois pesante ; c'est du moins ce que reconnut implicitement tel officier supérieur retraité de la Gendarmerie qui, sous couvert de l'anonymat, fit perfidement remarquer : « Selon mon expérience de terrain, les postes locaux des RG vont souvent se renseigner auprès des brigades de Gendarmerie de base, mais comme ils sont en prise directe avec les autorités préfectorales, les informations qu'ils ont obtenues auprès de nous parviennent plus vite aux responsables politiques. Vous savez, il ne faut pas rêver : les fonctionnaires des RG sont peu nombreux et si on ne les aidait pas, ils n'auraient pas grand chose à se mettre sous la dent ! » Sans doute lesdits fonctionnaires ont-ils une vue des choses quelque peu différente...

Dans le cadre des missions dévolues à la Gendarmerie, les informations recueillies sont à classer en trois catégories : le renseignement prévisionnel, le renseignement opérationnel et le renseignement de documentation. La finalité du renseignement prévisionnel est avant tout d'attirer l'attention des autorités sur les « événements susceptibles de se produire afin de préparer les réactions les plus appropriées » et ce, en mettant à profit les contacts que tout bon gendarme doit entretenir avec les administrés de son canton. Le renseignement opérationnel, quant à lui, répond au besoin qu'éprouvent les décideurs à être informés en temps quasi-réel du développement d'un événement inhabituel par son ampleur ou par ses implications. C'est par exemple la surveillance, en novembre 1996, des barrages dressés sur les axes par les routiers : en cette occasion, les brigades de Gendarmerie renseignèrent régulièrement le Centre National d'Information et de Circulation Routière qui, sans la collaboration des officiers et sous-officiers de la « départementale », aurait été totalement aveugle. Enfin, le renseignement de documentation est principalement un travail de fourmi effectué quotidiennement et en permanence afin de mettre à jour les différentes bases de données qui, régulièrement sollicitées par les terminaux informatiques des patrouilles, confèrent à la Gendarmerie son implacable efficacité dans la surveillance du territoire. D'autres officiers de Gendarmerie établissent cependant une classification différente et préfèrent quant à eux parler de renseignement judiciaire participant à l'élucidation des affaires criminelles passibles des tribunaux, de renseignement d'ordre public analogue à la notion de renseignement prévisionnel ci-dessus explicitée et de renseignement militaire d'importance secondaire en temps de paix mais prenant toute son importance dans le cadre des missions de défense opérationnelle du territoire dévolues à la Gendarmerie.

Pour clore ce paragraphe, précisons que l'acquisition du renseignement est tellement implicite à toute action du gendarme de base qu'elle en devient un réflexe. Ainsi, lorsque l'on questionne des officiers et sous-officiers de la « départementale » pour leur demander quel genre de renseignement ils pratiquent dans leurs activités quotidiennes, la réponse se fait attendre. Cette réaction ne tient nullement à une quelconque ignorance : il leur est simplement difficile — et à la limite totalement dénué de sens — de séparer artificiellement l'aspect renseignement du reste de leur travail. Bref, le gendarme fait du renseignement comme Monsieur Jourdain faisait de la prose...

... à la Direction Générale...

Au niveau de la Direction Générale de la Gendarmerie Nationale (DGGN), une vingtaine d'officiers et de sous-officiers composent l'effectif du Bureau Renseignement-Situation dont l'essentiel de la mission est de recueillir, exploiter, diffuser et animer le renseignement d'ordre public. Les informations qu'il traite proviennent directement des groupements de gendarmerie départementale : c'est en effet ce niveau qui, par l'intermédiaire de son Centre Opérationnel de Gendarmerie organique, est le « pion de base » de la manœuvre « renseignement » d'ampleur nationale au sein de la Gendarmerie. Les attributions du Bureau « Rens-Situ » sont principalement de renseigner les différents services de la DGGN mais aussi et surtout le gouvernement par l'intermédiaire des officiers de liaison que la Gendarmerie détache auprès des différents ministères. Le Bureau Renseignement-Situation prépare des synthèses à la demande ou de manière périodique et, au besoin, peut orienter la recherche des brigades territoriales. Ce fut notamment le cas lors du mouvement social des routiers en 1996 au début duquel différents « signaux d'alerte » furent perçus suffisamment tôt pour que des gendarmes soient dépêchés auprès des transporteurs afin de « tâter le pouls » d'un mouvement qui n'en était encore qu'à la phase de montée en puissance. A ce niveau, la tentation est grande d'assimiler ce genre de travail à celui mené par les enquêteurs des Renseignements Généraux. Lorsque l'on évoque cette similitude au siège parisien de la DGGN, la réaction est immédiate : « A la base, il y a une différence fondamentale : nous opérons en uniforme et nous ne touchons pas au renseignement d'ordre politique : c'est pour nous un tabou absolu. Par exemple, vous ne trouverez pas au Bureau Renseignement-Situation de sondages en période préélectorale. Ceci dit, il est vrai qu'il existe des analogies mais les RG sont orientés vers un travail de prospective; quant à nous, ce que nous rendons est plutôt une photographie instantanée. Bref, pour schématiser, à nous le compte-rendu de situation, aux RG l'analyse socio-politique. »

La fierté du Bureau Renseignement-Situation est d'avoir mis au point en collaboration avec les analystes-programmeurs de la

Gendarmerie une procédure spécifique dite « EVT », acronyme tiré du mot « événement » auquel est généralement accolé un nom en rapport avec la crise à laquelle la procédure en question est appliquée. Celle-ci consiste à faire remplir par les groupements des messages préformatés qui transitent par les réseaux de transmission spécifiques à la Gendarmerie et sont exploités automatiquement par les ordinateurs du Bureau. Ce traitement automatisé des messages permet d'actualiser en temps quasi réel des tableaux statistiques qui sont édités cinq à six fois par jour sans autre intervention humaine que de cliquer sur le bouton d'une souris d'ordinateur. Le résultat est alors inséré dans une synthèse présentant un bilan et examinant les conséquences, les réactions ainsi que les perspectives de l'événement en cours. La procédure automatisée a été validée en 1996 et a en conséquence reçu son « baptême du feu » lors de la crise des routiers en décembre de la même année. Baptisée pour la circonstance « EVT CIRCUL », sa mise en œuvre a permis la présentation régulière de tableaux de synthèse par circonscription mais aussi une cartographie de la situation ainsi qu'un récapitulatif des conséquences sur les systèmes économiques locaux, en particulier sur la distribution des carburants. En l'occurrence, il a été constaté que les estimations du Bureau Renseignement-Situation étaient très voisines de celles effectuées par les Renseignements Généraux, constatation qui a renforcé la crédibilité de la petite équipe ayant exploité le logiciel. Dans le cadre de la crise des routiers de 1997, une équipe de cinq à six personnes du Bureau Renseignement-Situation a exploité pas moins de 3800 messages en 8 jours, dont 1 950 messages « EVT CIRCUL », 1500 messages formatés de manière plus traditionnelle (événements particuliers comme tentatives de forcement de barrages par exemple) ainsi que 400 documents divers (dépêches AFP). Il est bien évident que, sans l'automatisation du traitement des messages « EVT CIRCUL », la situation serait vite devenue impossible à gérer par les seuls moyens dévolus au Bureau. En début d'année 1998, le mouvement d'occupation des ASSEDIC par les chômeurs a provoqué le déclenchement d'une procédure EVT.

A part cette surveillance constante des mouvements sociaux en cours sur le plan national, le Bureau Renseignement-Situation a également été investi d'attributions dans les domaines de la violence urbaine et du développement des sectes rebaptisées pour l'occasion « mouvements culturels coercitifs ». Il est du reste curieux de remarquer que cette évolution récente du Bureau est parallèle à une évolution analogue observée au sein des Renseignements Généraux. A priori, rien ne prédisposait la Gendarmerie à montrer envers le phénomène des violences urbaines un intérêt autre que motivé par une certaine forme de curiosité professionnelle : les troubles à l'ordre public relevant de cette catégorie étaient surtout perceptibles dans les grandes villes, zones traditionnellement prises en compte par les services de police. Puis, au fil du temps, les violences débordèrent du cadre strict des grands centre urbanisés pour s'installer en zone péri-urbaine, évolution qui provoqua l'implication croissante des services de la Gendarmerie. En 1996, suite à une demande pressante du délégué, un officier supérieur fut détaché auprès de la Délégation Interministérielle à la Ville et le Bureau Renseignement-Situation fut chargé de rédiger une synthèse mensuelle et une synthèse trimestrielle sur le sujet. Pour ce faire, il fut demandé aux brigades de transmettre au Bureau les comptes-rendus concernant tous les événements relatifs à ce domaine. Ceux-ci sont hiérarchisés en fonction d'une échelle de gravité comprenant huit niveaux allant des actions provocatrices aux émeutes et établie par le commissaire Buy-Trong, de la Direction Centrale des Renseignements Généraux. Quant au suivi des sectes — pardon, des « mouvements cultuels coercitifs » — il est moins régulier : les synthèses ne sont fournies qu'à la demande ou en fonction des événements. Cependant, le chef du Bureau Renseignement-Situation a délégation du Directeur Général de la Gendarmerie Nationale pour le représenter dans le cadre des réunions de l'Observatoire Interministériel sur les Sectes mis en place suite à l'établissement du rapport parlementaire traitant du sujet.

... en passant par le groupement

Le groupement de gendarmerie départementale est l'interlocuteur privilégié de la DGGN pour tout ce qui a trait au renseignement. Pourquoi avoir choisi cet échelon plutôt qu'un autre ? Simplement parce que, tout en étant suffisamment proche de la brigade de base pour pouvoir éventuellement vérifier une information, le groupement en est cependant assez éloigné pour prendre le recul nécessaire à une bonne analyse : on retrouve là une mise en œuvre mesurée du sacro-saint principe de la séparation du recueil et de l'exploitation. La chaîne est ainsi la suivante : lorsqu'une information est jugée particulièrement intéressante par une brigade, elle est relayée au groupement par message, la compagnie étant parallèlement servie à titre de compte-rendu. Sur décision du commandant de groupement, l'information est directement répercutée sur la DGGN, les échelons intermédiaires étant également destinataires. Cette chaîne, raccourcie à l'extrême, permet de gagner la « guerre des délais » et de renseigner ainsi le niveau gouvernemental avant que la presse ne s'empare de l'affaire. La décision de transmettre l'information à la DGGN est prise par le commandant de groupement selon les critères suivants : nature de l'événement, qualité de la (ou des) personne(s) concernée(s), gravité des conséquences prévisibles, contexte et/ou conjoncture, émoi provoqué ou susceptible d'être provoqué au sein de la population locale, intérêt médiatique, possibilité de réquisition de la part des autorités locales, mise en cause éventuelle des forces armées et/ou des services de la Gendarmerie.

Afin de donner aux groupements les moyens de remplir leurs attributions dans ce domaine particulier, une circulaire édictée le 10 novembre 1994 par la Direction Générale de la Gendarmerie Nationale prescrivit la création d'une cellule « renseignement » rattachée à chaque Centre Opérationnel de la Gendarmerie (COG) de groupement. Cette cellule est chargée d'assurer l'animation de la fonction « renseignement » sur l'ensemble du département et, donc, de compléter, vérifier et recouper les informations; elle agit sur directive de la DGGN, du préfet départemental, du commandant de groupement ou tout simplement à sa propre initiative. Elle rédige périodiquement un calendrier prévisionnel des événements ainsi qu'un Bulletin Quotidien de Renseignement (BQR) qui sont transmis à la DGGN; en cas de déclenchement d'une procédure EVT, elle renseigne les trente rubriques des messages formatés en respectant une formulation standardisée. Sur une base hebdomadaire, la même cellule adresse au préfet départemental une synthèse des événements à venir lorsque ceux-ci sont susceptibles d'influer sur le maintien de l'ordre public. Cette synthèse comprend également un récapitulatif des mouvements militaires prévisibles (convois, manœuvres, prises d'armes, etc...) mais évoque plus rarement des affaires judiciaires; elle prend également en compte certaines informations du domaine économique, surtout lorsque l'annonce d'un plan de suppression d'emplois risque d'entraîner des troubles (manifestations, blocages de voies ferrées). La cellule établit à la demande et ponctuellement des fiches d'information sur un sujet précis : ce fut par exemple le cas en Meurthe-et-Moselle lors des affaissements miniers d'Auboué ou encore lorsqu'il fut projeté d'installer un centre de traitement et d'incinération des déchets toxiques et hospitaliers à Mars-la-Tour. Ces fiches concernent alors les réactions de la population et/ou des différentes corporations analysées sous l'angle « ordre public » et respectent le plan suivant : « ce qui s'est produit, ce qui est en train de se préparer, ce qui pourrait arriver ». Quant au COG, bien que son fonctionnement ne concerne pas exclusivement l'aspect « renseignement » des missions de la Gendarmerie, sans doute n'est-il pas tout à fait inutile d'évoquer son fonctionnement en quelques lignes. Il en existe un par groupement, armé de 19 à 7 heures; sa principale fonction est de recevoir les appels téléphoniques, de les traiter et de provoquer une éventuelle intervention des patrouilles sur le terrain. Les COG ont été créés au début des années 90 en réponse à ce qu'il est convenu d'appeler la « grogne des gendarmes » afin de gérer au mieux les activités nocturnes. Le principe d'organisation en est simple : alors qu'auparavant chaque brigade était tenue d'intervenir de nuit sur sa zone de compétence territoriale, plusieurs brigades sont maintenant regroupées en un « pool ». Une seule d'entre elles, désignée par roulement, assure la permanence sur l'ensemble des territoires concernés. Tout en permettant le repos des autres brigades du « pool », cette gestion des moyens a amélioré la rapidité d'intervention car les gendarmes de permanence sont tenus d'accomplir des activités de surveillance : là où le délai était auparavant de 45 minutes, il a été réduit à une vingtaine de minutes puisque les véhicules sont prépositionnés selon un schéma connu du COG qui peut ainsi diriger la patrouille la plus proche sur un événement en cours.

Avant de conclure cette partie consacrée à la Gendarmerie, qu'il nous soit permis quelques remarques plus générales la concernant. Tout d'abord, celle-ci s'implique de plus en plus sur la scène internationale, soit en affirmant sa présence au sein des représentations diplomatiques, soit en apportant son concours à la mise en place d'une coopération policière transfrontalière. Dans le premier cas, il s'agit simplement pour l'Arme de tenir la place qui lui revient au sein de l'Armée de Terre y compris en plaçant des officiers dans les ambassades où ils sont investis des responsabilités d'attachés de défense. Le second cas concerne principalement les pays européens appartenant à l'espace Schengen à l'intérieur duquel il s'agir de définir des stratégies policières et douanières communes. Ensuite — et c'est plus inattendu — la Gendarmerie a appris qu'il était parfois judicieux de coopérer avec des civils à partir du moment où il s'agissait d'investir des « créneaux porteurs ». C'est ainsi que l'Institut d'Etudes et de Recherches pour la Sécurité (IERS), installé dans les murs de l'Ecole militaire à Paris, a ouvert ses portes à l'automne 1997; or, la création de cette structure est le résultat d'un partenariat entre la Gendarmerie et Sciences Po Toulouse. Selon Georges Margossian, auteur dans le magazine *Capital* d'un article sur le sujet, l'IERS propose, à raison d'une semaine par mois sur un an, « des cours dispensés par des magistrats, des policiers et des douaniers sur le crime organisé, le blanchiment de l'argent, le travail clandestin, les failles d'Internet, la protection des ordinateurs portables, etc. » Le coût de la formation débouchant sur la délivrance d'un DESS — 15000 FF — la destine aux cadres envoyés par des grands groupes industriels. Pour la session 1997-1998, les cours ont été dispensés à 25 cadres travaillant dans des sociétés telles que Rhône-Poulenc, Aerospatiale, Roussel-Uclaf, Michelin ou encore Rank Xerox...

DPSD et protection du secret militaire

Le 24 avril 1944 fut créé un Service de Sécurité Militaire (SSM) bientôt transformé en Direction de la Sécurité Militaire (DSM) le 1er octobre de la même année. L'organisme porta ensuite des dénominations diverses avant d'être renommée DSM en avril 1961. En 1981, les socialistes au pouvoir ne pouvaient bien évidemment pas conserver une désignation évoquant trop étroitement un service honni des « pacifistes » et dont ils avaient contribué à fustiger les excès réels ou supposés. Le 20 novembre, un décret fixant les attributions de la Direction de la Protection et de la Sécurité de la Défense et portant suppression de la Direction de la Sécurité Militaire fut signé par Pierre Mauroy. Loin de dissoudre l'organisme, le texte ne faisait qu'en aménager les conditions d'emploi : les nécessités de l'exercice du pouvoir s'imposaient peu à peu. Le décret précise entre autre : « [la DPSD] est chargée de : participer à l'élaboration et à l'application des mesures à prendre en matière de protection et de sécurité; prévenir et rechercher les atteintes à la défense nationale (...); contribuer à assurer la protection des personnes susceptibles d'avoir accès à des informations protégées ou à des zones, des matériels ou des installations sensibles (...). En outre, la direction de la protection et de la sécurité de la défense participe à l'application des dispositions du décret-loi (...) concernant la répression du commerce illicite des matériels de guerre, armes et munitions. » Plus loin, le même texte précise le champ d'action à l'intérieur duquel la DPSD exerce ses attributions; il y est en effet prescrit que le service doit agir « au sein des forces et services des armées ou des organismes qui leur sont rattachés ainsi que dans les entreprises titulaires de marchés classés de défense nationale passés par le ministère de la Défense. » Comment ces dispositions sont-elles concrètement appliquées et comment l'organisme chargé de les appliquer est-il structuré ?

Itinéraire d'accès soigneusement balisé par de hautes barrières, caméras de surveillance, gendarmes souriants mais pointilleux : les abords de l'îlot parisien abritant les locaux de la DPSD sont bien gardés. Manifestement, on a pas l'habitude d'y recevoir, ce que confirme d'une courte phrase l'officier guidant tout visiteur admis à arpenter les couloirs de cet ancien couvent : « Il est rare, pour ne pas dire exceptionnel, qu'un journaliste soit autorisé à pénétrer dans le Saint des Saints ! » Bref, il incombe à celui qui vient faire ici œuvre médiatique de savoir tirer la quintessence des propos de son directeur, le général de division Claude Ascensi. A l'évidence, pareille occasion ne se renouvelle pas. L'homme, de taille moyenne, apparaît franc et direct comme savent l'être les militaires : dès le premier abord, il jauge d'un regard insistant l'interlocuteur qui lui fait face, comme pour en prendre la mesure. Si d'aventure, en préambule à l'entretien, il vous vient l'idée de vous inquiéter sur un ton faussement badin du contenu de la fiche qui vous concerne auprès de l'officier général, alors la répartie, susurrée derrière un sourire entendu, est rapide : « Je ne regarde que ce que l'on me dit de regarder ! » Réponse prudente mais, à bien y réfléchir, c'était la seule envisageable : être en charge de la sécurité des forces armées françaises est un poste éminemment sensible. En d'autres termes, qui prendrait avec les impératifs de cette fonction des libertés difficilement avouables s'exposerait aux foudres d'un pouvoir politique souvent prompt à exprimer son courroux en termes de déroulement de carrière. Car la DPSD, fille récente d'une défunte Sécurité Militaire souvent décriée, est encore mêlée dans l'inconscient populaire à une notion vague mais bien présente de répression militariste à tout crin. Les temps ont cependant changé : l'exception judiciaire dont « jouissaient » les forces armées n'est plus et la professionnalisation est en marche.

Actuellement, le siège central de la DPSD comprend principalement cinq divisions opérationnelles ayant chacune un domaine d'action bien défini. La division « protection du personnel » est chargée de veiller au respect de l'application des règles relatives à la protection des personnes; elle instruit en outre certains dossiers d'habilitation. Elle délivre des avis que les autorités sont libres de suivre ou non en fonction de considérations qui leurs sont propres. Les enquêtes visent principalement à mettre en lumière les vulnérabilités des personnes, vulnérabilités dont l'appréciation dépend bien entendu du contexte géopolitique du moment. Il y quelques années, avoir de la famille dans un pays d'Europe centrale était souvent rédhibitoire alors qu'actuellement, détecter d'éventuelles sympathies du candidat à l'égard d'un mouvement extrémiste est une des priorités de la DPSD. La division « atteintes et ingérences » a pour mission « d'établir la synthèse des informations et de rechercher les organisations qui tentent de nuire à la défense et se manifestent par des actions violentes, par des entraves à la circulation des moyens ou par des tentatives de démoralisation de l'armée ». Ses attributions sont cependant limitées au processus d'enquête préliminaire, tout fait délictueux d'importance étant ensuite signalé suivant le cas soit à la Gendarmerie, soit à la DST, soit aux services de la Justice. La division « sécurité industrielle » est chargée de la protection des industries travaillant pour la défense. Ses préoccupations sont principalement d'instruire les dossiers d'habilitation des personnels, de contrôler l'application des mesures de sécurité et de détecter les tentatives éventuelles de pénétration. Pour ce faire, elle entretient des contacts régulier avec les services de sécurité appartenant à divers organismes : le Commissariat à l'Energie Atomique dispose par exemple d'un « Département de Sûreté et de Protection du Secret (DSPS) ». Mais le rôle de la division « sécurité industrielle » va plus loin : il lui incombe également de suivre les entreprises sur le plan organisationnel, financier (par qui sont contrôlés les capitaux ?) et de la sous-traitance (habilitations). La division « contre-espionnage » est en charge de la prévention et de la détection des actions des services adverses au sein des formations militaires, tâche menée en collaboration étroite avec la DST. Pour ce faire, la DPSD est notamment en contact avec les « officiers de sécurité » désignés au sein des organismes à protéger. Enfin, la division « surveillance des commerces d'armement » a pour attributions de détecter les filières de trafic et d'identifier les intermédiaires non autorisés ; à ce titre, elle travaille en étroite coopération avec la Commission Interministérielle pour l'Etude des Exportations de Matériels de Guerre (CIEEMG). Elle met continuellement à jour un « fichier national des armes de petit calibre » qui, à terme, comprendra toutes les armes détenues par les particuliers. Les limiers enquêtant sur le meurtre du préfet Claude Erignac ont par exemple eu recours à ce fichier pour confirmer que l'arme du crime, un Beretta 9 mm portant le numéro A 00199, avait bien été volée lors de l'attentat contre la gendarmerie de Pietrosella.

En dehors de ces cinq grandes subdivisions opérationnelles, le siège central de la Direction comprend quelques cellules dont nous allons maintenant détailler les fonctions. Tout d'abord, le général DPSD est secondé par un adjoint — actuellement un officier général de la Gendarmerie — et dispose d'un cabinet en charge des relations avec le ministère de la Défense. En outre, un « officier supérieur adjoint renseignement » est chargé « d'animer, de coordonner et de contrôler la recherche et l'exploitation du renseignement de sécurité ». Cet officier supérieur, en principe un colonel, dirige un « centre de situation » qui suit en permanence les événements partout où des formations françaises sont impliquées puisque cette implication même impose généralement la présence d'un détachement de la DPSD. Cinq autres adjoints — un pour chaque armée, un pour la Gendarmerie et un pour la Police Nationale — assurent l'indispensable fonction de liaison et sont investis des prérogatives de Chef de Corps pour leur personnel affecté à la DPSD. Enfin, un « Groupement de Sécurité des Points Sensibles Militaires » est rattaché à la DPSD. Ses équipes techniques itinérantes sont chargées de vérifier l'application des mesures de protection en vigueur dans les établissements et d'en évaluer les vulnérabilités. Le groupement s'intéresse tout particulièrement aux installations des forces nucléaires mais comprend également un « Groupe de Surveillance des Traitements Automatisés de Données (GSTAD) ». Celui-ci est doté d'équipements permettant de mesurer les rayonnements des systèmes informatiques et s'intéresserait à Internet...

Un recrutement interarmées pour un service quadrillant le territoire

Les personnels servant au sein de la DPSD sont originaires de toutes les branches des forces armées ; une poignée d'entre eux sont même des policiers, administrés par l'Intérieur. Le total des effectifs est d'environ 1600 personnes, un tiers d'entre eux servant en région parisienne. Un peu plus de 300 sous-officiers et officiers-mariniers sont formés à la spécialité d'inspecteur de la sécurité de la défense ou de la sûreté navale. Il existe trois « catégories » de personnels affectés à la DPSD. La première est constituée par ceux qui y servent durant la presque totalité de leur carrière ; c'est principalement le cas des sous-officiers et officiers-mariniers. La deuxième rassemble les personnels y effectuant plusieurs séjours en alternance avec d'autres affectations plus « classiques ». Viennent enfin ceux qui n'y servent que pour un séjour unique. L'existence de cette dernière catégorie est délibérément voulue par le commandement pour qui il importe de ne pas couper la DPSD des forces armées : c'est notamment, selon le général Ascensi, « une nécessité vitale car ces gens-là nous apportent une connaissance intime des préoccupations d'un milieu sans cesse changeant. » Du reste, le Directeur en exercice précise qu'avant de se voir confier la direction du service, il n'y avait jamais servi auparavant. L'une de ses premières préoccupations en prenant ses fonctions a donc été de faire connaissance avec la toile d'araignée que le service étend sur tout le territoire français.

La région parisienne est riche en « postes à vocation particulière » implantés notamment à proximité immédiate des grandes autorités militaires. C'est le cas boulevard Saint-Germain, à la Cité de l'Air et auprès du commandement militaire de l'Ile-de-France. De plus, il existe un « Poste Sécurité Industrielle en Région Parisienne (PSIRP) » dépendant de la division « sécurité industrielle ». Pour le reste du territoire, le maillage réalisé par la DPSD est adapté aux différents niveaux de commandement. Au sein de l'Armée de Terre notamment, il existe un poste régional auprès du commandement de chaque région militaire et un poste auprès de chaque Circonscription Militaire de Défense. L'action de ces postes est relayée par des détachements ou des antennes en fonction de l'éloignement éventuel des commandements ou des garnisons. En ce qui concerne l'outre-mer, un poste est rattaché à chaque commandement supérieur et un détachement prend en compte chacun des groupements de forces prépositionnés (Djibouti, Dakar, Abidjan, Libreville). Enfin, des détachements adaptés aux circonstances (volume et composition) sont chargés de la sécurité des contingents participant aux opérations extérieures.

Le général Ascensi tient à souligner les attributions de la DPSD : « Il est important de comprendre que nous n'avons aucun pouvoir répressif et que nous ne cherchons nullement à en avoir. C'est par exemple le cas dans les affaires de trafic d'armes où nous ne pouvons que proposer des interventions que nous n'effectuons pas nous-mêmes ; c'est également vrai en ce qui concerne les habilitations : nous donnons notre avis, l'autorité compétente reste libre de la suivre ou pas. » Manière de délivrer le message suivant : la conception caricaturale des cerbères casqués ramenant sous bonne garde un insoumis antimilitariste n'est plus qu'un mauvais souvenir. La DPSD détecte, avertit, recommande et son rôle s'arrête là. Mais ce domaine d'action même balisé avec soin a souvent motivé une critique acerbe émanant notamment de la Ligue des droits de l'homme. Pour cette dernière, le processus d'habilitation n'a que trop souvent été une manière d'écarter les personnels dont les opinions sont jugées « politiquement indésirables ». Sans doute ne doit-on voir dans ce genre de diatribe que le lot de tout service dont la mission touche à ce concept sulfureux contenu dans le mot « subversion » et dont l'acception dépend bien entendu de la coloration des opinions politiques de chacun. Tout Etat de droit a besoin de ses vigiles, cerbères sanguinaires selon les uns, chiens de garde bienveillants selon les autres. Même les socialistes, garants déclarés d'une idéologie humaniste, se sont en 1981 accommodés de la présence du service rhabillé pour l'occasion d'un nom moins menaçant, pérennisation qui motiva de la part de Jean Guisnel et de Bernard Violet cette constatation : « Comme dans bien d'autres domaines, la confrontation avec les réalités du pouvoir a donc atténué les ardeurs réformatrices des temps d'opposition. »

En octobre 1997, la DPSD s'est retrouvée sous les feux de la rampe lorsque André Rougeot, l'un des deux coauteurs de l'ouvrage controversé « L'affaire Yann Piat », prétendit avoir obtenu ses informations d'un mystérieux « général » dont certains se sont laissés aller à imaginer qu'il aurait appartenu à la Direction du Renseignement Militaire. Puisque susceptibles de porter atteinte à la défense nationale, ces allégations ont fait l'objet d'une enquête diligentée par la DPSD. Compte tenu de la sensibilité du dossier, les vérifications auraient été effectuées par le poste de Toulon agissant sous le contrôle étroit du Directeur. L'enquête a ainsi permis d'écarter toute hypothèse impliquant un membre ou ancien membre des forces armées. En conséquence de quoi le ministère s'est fendu d'un démenti cinglant précisant notamment : « aucun élément tangible n'autorise à mettre en cause un ou plusieurs militaires dans la fourniture d'informations, d'arguments ou de documents ayant permis aux auteurs d'élaborer leur thèse. » Après l'assertion, le tir de barrage : « il apparaît donc vraisemblable que le récit des intéressés a été construit à partir d'informations parcellaires non contrôlées, recueillies auprès de sources dénuées de crédibilité, qu'on a déguisées en militaires ». Les auteurs auraient dû se douter que, ayant de par le passé trop souvent été mise en cause par une presse avide de sensationnel, la « grande muette » n'allait pas manquer de brandir l'étendard de la revanche. Surtout qu'en l'occurrence, des journalistes mal inspirés lui offraient sur un plateau une occasion en or de jouer les vierges outragées...

La cellule antiterroriste de l'Elysée

La question fut à une époque sur toutes les lèvres : « Mais qu'est-ce qui lui a pris ? » Par quel désir malsain François Mitterrand s'enticha-t-il d'une « cellule » qui ne pouvait que lui attirer des ennuis ? Le *Rainbow Warrior* avait démontré si besoin en était la nécessité d'interposer entre le Chef de l'Etat et les services spéciaux des « fusibles » le protégeant. Pourquoi dans ces conditions avoir persévéré à entretenir sous son contrôle direct une poignée d'individualistes souvent mal inspirés ? Pourquoi surtout s'être entêté même lorsqu'il devint patent que certains des colocataires du palais de l'Elysée se laissaient aller à des dérives difficilement admissibles ? Est-ce que l'ivresse du pouvoir use à ce point qu'elle amène à confondre raison d'Etat et déraison du monarque ? François Mitterrand ayant emporté ses motifs dans la tombe, il est probable que ces questions resteront sans réponses. Quoi qu'il en soit, dès que la cellule fut créée, elle compta au moins une réussite immédiate : celle d'avoir fait contre elle l'unanimité de ceux en charge des différents services de renseignement français. A l'évidence en effet, il apparaît que le véritable problème était de coordonner des actions souvent redondantes plutôt que de mettre sur pied un organisme surnuméraire.

Le 9 août 1982, une bombe explosa rue des Rosiers devant le restaurant Goldenberg, faisant six morts et vingt-sept blessés : un flot de sang s'étala à la une des journaux. Or, cet acte criminel ne fut malheureusement pas isolé : tout au long de l'année 1981 et du premier semestre de 1982, Paris vécut au rythme des déflagrations. Pour rassurer, il importait de soumettre l'opinion publique à un électrochoc décisif. Sous les lambris de l'Elysée, un commandant de Gendarmerie plein de prestance — le chef de l'Etat le qualifiera plus tard de « belle figure d'officier » — s'était fait connaître du maître de céans. N'avait-il pas notamment mis à profit son expérience de chef du GIGN pour créer le Groupe de Sécurité de la Présidence de la République (GSPR), sorte de garde prétorienne protégeant physiquement le chef de l'Etat ? Assurément, ce genre d'homme devait être prêt à toutes les audaces pour celui qui allait petit à petit devenir son mentor. Le 17 août, soit une semaine après l'attentat de la rue des Rosiers, grand branle-bas à l'Elysée : Mitterrand recevait le ban et l'arrière-ban de tout ce que la France comptait de responsables du renseignement. A côté des ministres de tutelle, il y avait là Pierre Marion, de la DGSE, Marcel Chalet, de la DST; les RG et la police avaient de même dépêché des représentants du plus haut niveau. Chacun n'espérait qu'une chose : s'approprier la plus grosse part du gâteau; en un

Siège de la Direction Générale de la Sécurité Extérieure, boulevard Mortier dans le 20e arrondissement de Paris
(photo Pascal Kyriazis/Sygma)

Vue aérienne du camp de Cercottes dans la banlieue orléanaise. Dépendant de la DGSE, il abrite les installations du Centre Parachutiste d'Entraînement Spécialisé (CPES)

(photo Guichard/Sygma)

Siège central de la Direction de la Surveillance du Territoire (DST), rue Nélaton à Paris
(photo Pascal Le Segretain/Sygma)

Poste de codage/décodage des messages au sein du centre SIGINT de la DST. Installé à Boulay, celui-ci est distinct des installations analogues appartenant au Groupement de Contrôles Radioélectriques (GCR) rattaché à la DGSE
(photo Pascal Le Segretain/Sygma)

Ramirez-Sanchez, Ilich
12. 10. 1949 Caracas/Venezuela
Spitzname: „Carlos"
Sobriquet: „Carlos"
Nickname: "Carlos"
Apodo: „Carlos"

إليتشي راميرز - سانشيز
ولد في كاراكاس (فنزويلا) بتاريخ ١٩٤٩/١٠/١٢
معروف بلقب " كارلوس "

Rechter Zeigefinger
index droit
Right index finger
Huellas dactilares del indice de la derecha
بصمة السبّابة اليمنى

Fiche signalétique du terroriste international Ramirez Sanchez Illich dit « Carlos » : le journaliste hongrois Laszlo Liszkai s'est essayé à lister toutes les identités utilisées par l'homme en question mais n'y est jamais tout à fait parvenu (photo Keystone/Sygma)

Banc d'enregistreurs du Centre Interministériel de Contrôle (CIG). Celui-ci prend en compte les écoutes téléphoniques pour la plus grande partie de la région parisienne. Un total d'environ 120 centres s'occuperaient ainsi, sur le territoire métropolitain et les DOM-TOM, des interceptions dites « administratives » (photo C. Zagarou/Sygma)

Pour remplir ses missions, le 13e Régiment de Dragons Parachutistes a mis au point des procédures originales. Ici, deux équipiers utilisant des VTT spécialement modifiés au cours d'un exercice d'infiltration (photo Savriacouty/ECPA)

A l'instar des hommes appartenant au 22 SAS britannique, les équipiers du 13e R.D.P. peuvent être appelés à utiliser des motos pour s'infiltrer ; il existerait même des équipes mixtes V.L.T.T./motos (photo Savriacouty/ECPA)

Rien ne sert d'acquérir le renseignement s'il n'est pas acheminé vers l'échelon d'emploi dans les délais acceptables. Ici, un équipier du 13e R.D.P. encode un message sur un terminal tactique numérisé ; remarquer, au deuxième plan, le pistolet-mitrailleur Heckler & Koch MP5 SD3 à silencieux intégré (photo Savriacouty/ECPA)

Station de guerre électronique du 54e Régiment de Transmissions au cours d'une manœuvre dans l'est de la France en 1993. Travaillant principalement dans la gamme VHF au niveau tactique, les détachements du régiment doivent être situés au plus près des lignes de contact
(photo de l'auteur)

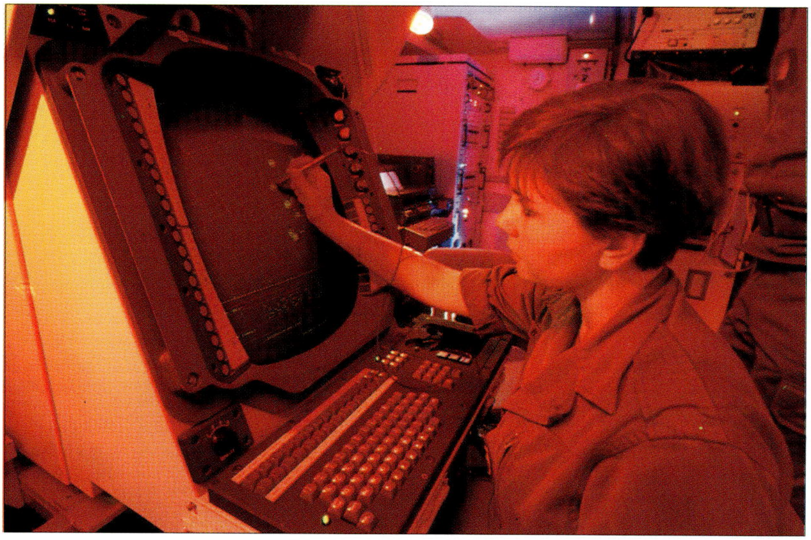

Console graphique de la station ELODEE (Ensemble de LOcalisation par Densité des Emissions Ennemies), composante « localisation » du Système de Guerre Electronique de l'Avant (SGEA) en service au 54e Régiment de Transmissions
(photo Pellizzari/ECPA)

Poste de travail du système EMERAUDE (Ensemble Mobile d'Ecoute et de Recherche AUtomatique Des Emissions) dont la fonction est d'identifier les réseaux localisés par ELODEE
A eux deux, EMERAUDE et ELODEE composent l'ossature du SGEA
(photo Pellizzari/ECPA)

Station au sol du drone Crécerelle en service au 6e Groupe du 7e Régiment d'Artillerie.
Monté sur véhicules légers, l'ensemble du système est facilement aérotransportable
(photo SAGEM SA)

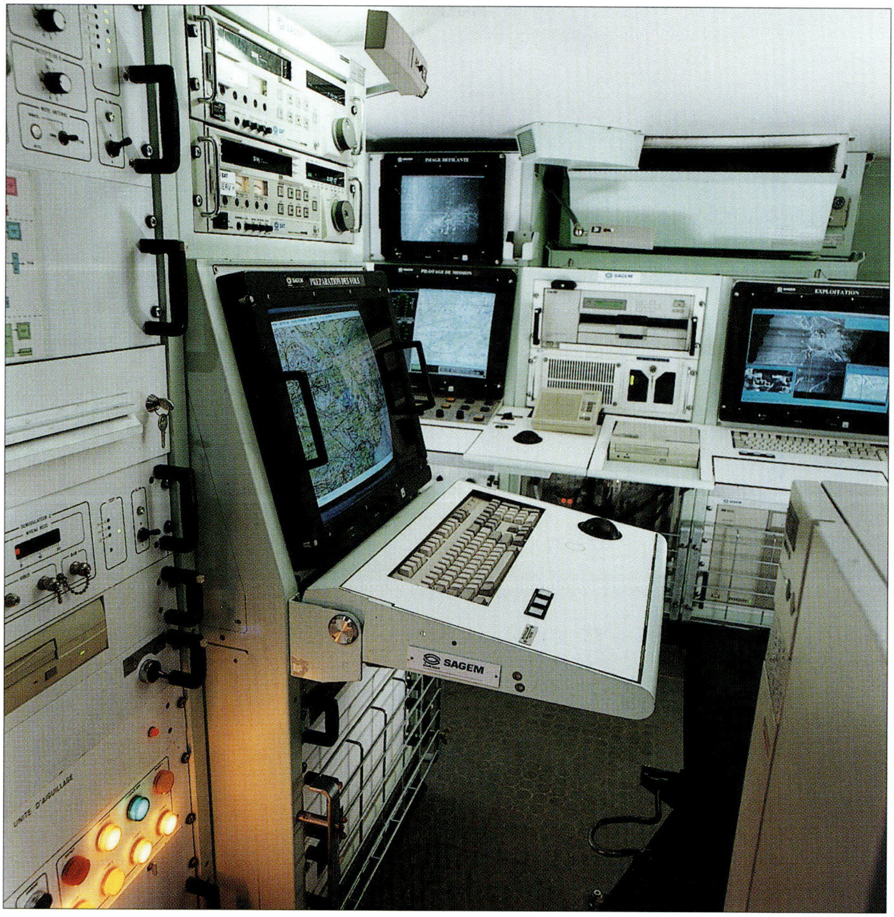

Vue intérieure de la station au sol du Crécerelle ; on y distingue trois postes de commande assurant l'ensemble des fonctions C^{4}I du système (photo SAGEM SA)

Drone Crécerelle en vol. La présence des engins au sein du 7e RA était initialement appelée à avoir un caractère provisoire ; le report du programme Brevel impose un maintien en service au moins jusqu'en 2005 (photo SAGEM SA)

Gazelle dotée d'un pod de reconnaissance analogue au dispositif emporté par le CL-289.
C'est probablement d'un tel hélicoptère que sera dotée l'Escadrille d'Hélicoptères de Reconnaissance (EHR)
du Régiment de Renseignement Aéromobile (photo Aérospatiale/J.C. Ranvier)

Un des deux Transall C-160G Gabriel de la 54e Escadre de Renseignement Air.
Avant tout créée pour surveiller les troupes du Pacte de Varsovie, ce qui était la 54e Escadre Electronique Tactique a procédé à une profonde réorganisation de ses structures pour s'adapter au nouvel environnement international
(photo 54e ERA)

Photomontage d'un lancement de drone CL-289 sur l'aérodrome de Mostar.
L'ensemble du système s'est montré très productif lors de son utilisation en Bosnie et ce, malgré un environnement difficile
(photo Aérospatiale/J.C. Ranvier)

Atterrissage d'un CL-289 sur l'aérodrome de Mostar (Bosnie).
Noter l'utilisation de coussins gonflables pour protéger le drone lors de cette phase délicate du vol
(photo Aérospatiale/J.C. Ranvier)

Opérateurs du 7e Régiment d'Artillerie exploitant des prises de vues effectuées par un CL-289 au-dessus de la Bosnie. Sur ce théâtre d'opérations, 8 drones ramenèrent, en 42 missions, 130 000 clichés desquels furent extraites 4 200 images-preuves (photo Aérospatiale/J.C. Ranvier)

Drone Hunter au décollage. Malgré les problèmes rencontrés par les forces armées américaines exploitant l'engin, cinq Hunter ont été achetés par le ministère de la Défense français afin de préparer l'introduction de drones HALE au sein de l'Armée de l'Air (photo Aérospatiale/J.C. Ranvier)

Sous-officiers de l'Armée de Terre et du Corps des Marines américains assurant le service d'une station au sol du Joint Tactical UAV Hunter (photo IAI/TRW)

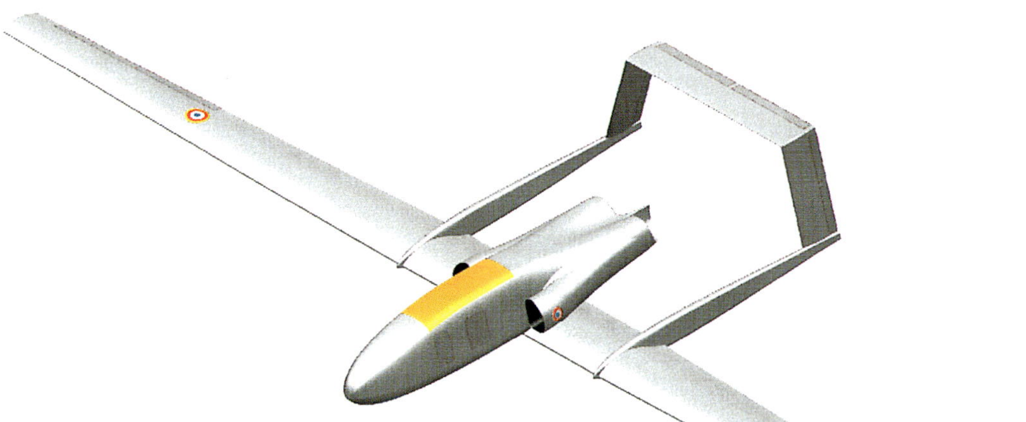

Schéma de drone HALE
proposé par Aérospatiale pour répondre
aux besoins de l'Armée de l'Air.
La vitesse de l'engin serait de 600 km/h pour une charge utile de 500 kg
et une altitude opérationnelle de 20 000 mètres (schéma Aérospatiale)

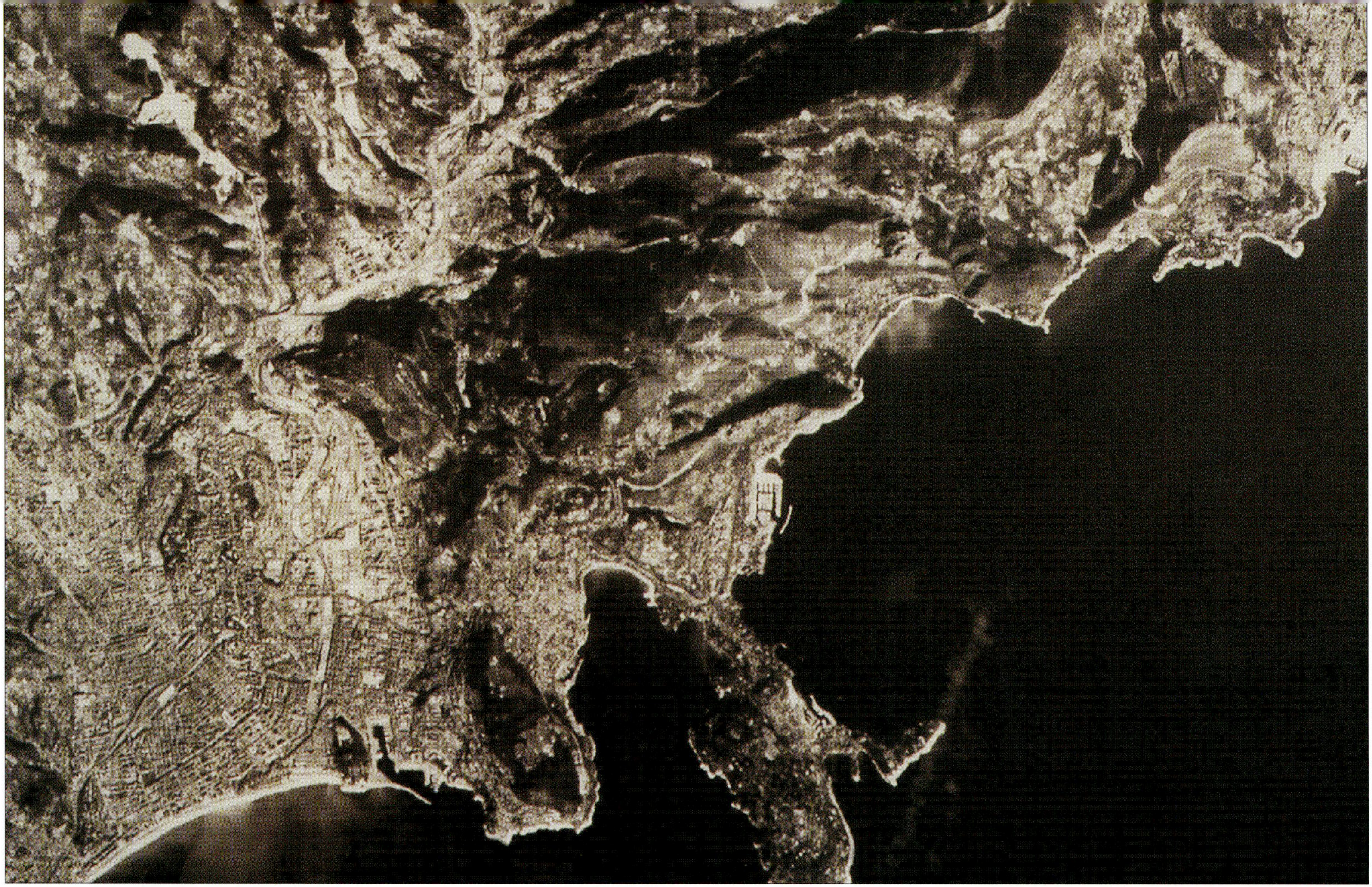

L'un des premiers clichés transmis par le satellite SPOT-1 le 23 février 1986 : en bas à gauche, la ville de Nice
(photo SPOT IMAGE)

Station de travail utilisant le logiciel OCAPI (Outil Conversationnel d'Aide à la Photo-Interprétation) commercialisé par FLEXIMAGE.
OCAPI est notamment utilisé par la Direction du Renseignement Militaire (DRM) pour le traitement de l'imagerie produite par Hélios-1
(photo FLEXIMAGE)

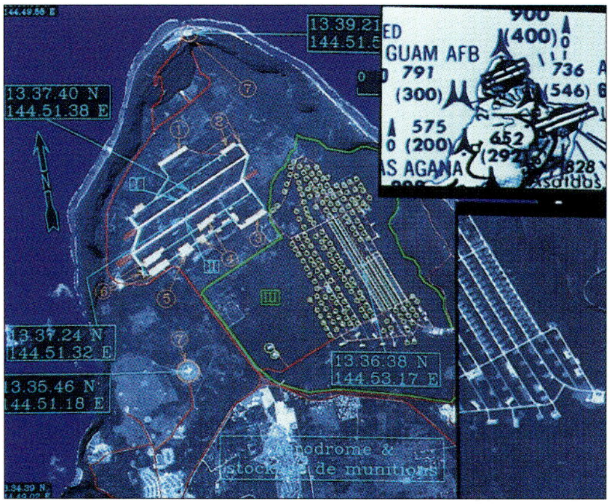

Image SPOT de l'île de Guam en cours de traitement au moyen du logiciel OCAPI. Celui-ci permet notamment de superposer des symboles à l'iconographie afin de rendre le cliché plus compréhensible
(© 1988 CNES - Distribution SPOT IMAGE - Traitement FLEXIMAGE)

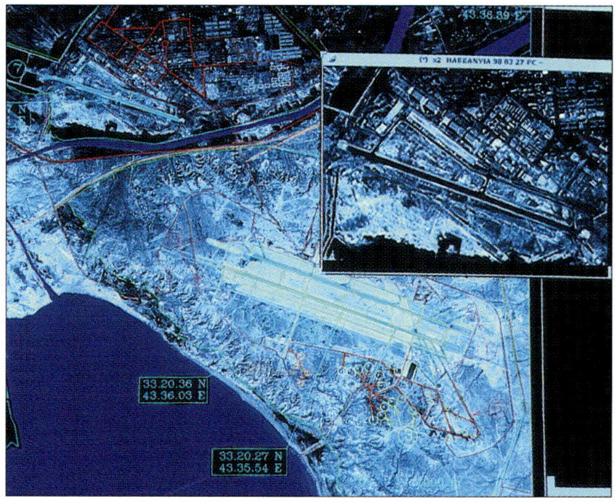

Le tandem SPOT/OCAPI constitue un instrument précieux pour la mise à jour des cartes : ici, un cliché SPOT IMAGE de la ville américaine d'Albany en cours de traitement
(© 1990 CNES - Distribution SPOT IMAGE - Traitement FLEXIMAGE)

Les unités appartenant au « premier cercle » du Commandement des Opérations Spéciales (COS) ont les capacités pour acquérir et transmettre le renseignement. Ici, trois hommes des commandos-marine préparent un message
(photo de l'auteur)

CELLULE DE RENSEIGNEMENT

Pour optimiser sa prise de décision tactique, la Direction Générale doit disposer d'une cellule qui lui fournit les renseignements nécessaires à l'action.

OBJECTIFS

Mise en place, dans l'entreprise, d'une cellule de renseignement répondant instantanément aux demandes de la Direction Générale :

- **pénétration d'un nouveau marché / pays**
- **environnement concurrentiel**
- **investissements lourds**
- **réponse à appels d'offres**
- **analyse de nouveaux concepts à l'étranger**
- **projets d'alliances et partenariats**
- **nouveaux produits**

PROGRAMME D'ACTION

Définition des objectifs avec la Direction Générale
- renseignements prioritaires pour l'action
- choix des zones géographiques prioritaires
- choix des cibles prioritaires

Projet de structure
- moyens humains
- moyens techniques
- budget
- liens avec la Direction Générale

Recrutement
- définition des profils et qualifications
- sélection et recrutement
- formation et mise en place du responsable
- formation et mise en place de l'équipe

Structuration du réseau de collecte des données
- réseau interne
- réseau externe

Protocole d'exploitation du renseignement
- collecte et recoupement
- analyse
- construction des fiches de synthèse
- sécurisation des informations confidentielles

Transmission à la Direction Générale

EGREGOR

La société d'intelligence économique Egregor met à la disposition de ses clients des fiches récapitulant les objectifs poursuivis ainsi que le programme d'action envisagé pour chaque catégorie de service commercialisé Reproduite ici, une des ces « fiches de proposition d'action » expose les grandes lignes des buts et processus relatifs à la mise en place d'une « cellule de renseignement » au sein de l'entreprise contractante

INFORAMA INTERNATIONAL

L'Architecture Aperto Libro

Les sources d'informations sont reçues en utilisant le concept de *boîte à lettres* électronique, qui permet de traiter des formats aussi divers que les pages web Internet (HTML), des structures de bases de données, des documents bureautiques, ou même des messages électroniques via Inter/Intranet.

L'information pertinente est filtrée et peut être récupérée soit via un accès local soit via un accès distant (voir postes clients C1 à C5 ci-dessous), ou bien être routée directement en fonction d'un profil client en utilisant la messagerie électronique.

Un PC nomade (Cn) peut être disconnecté du réseau local et travailler en mode indépendant, avec sa propre base de données et ses propres thesaurus conceptuels. Les fils d'informations peuvent toujours être disponibles via l'interface utilisant la messagerie électronique comme source d'information.

De plus, des logiciels tels que WINCITE peuvent être utilisés pour organiser et trier l'information pertinente sur une ou plusieurs stations de travail clientes.

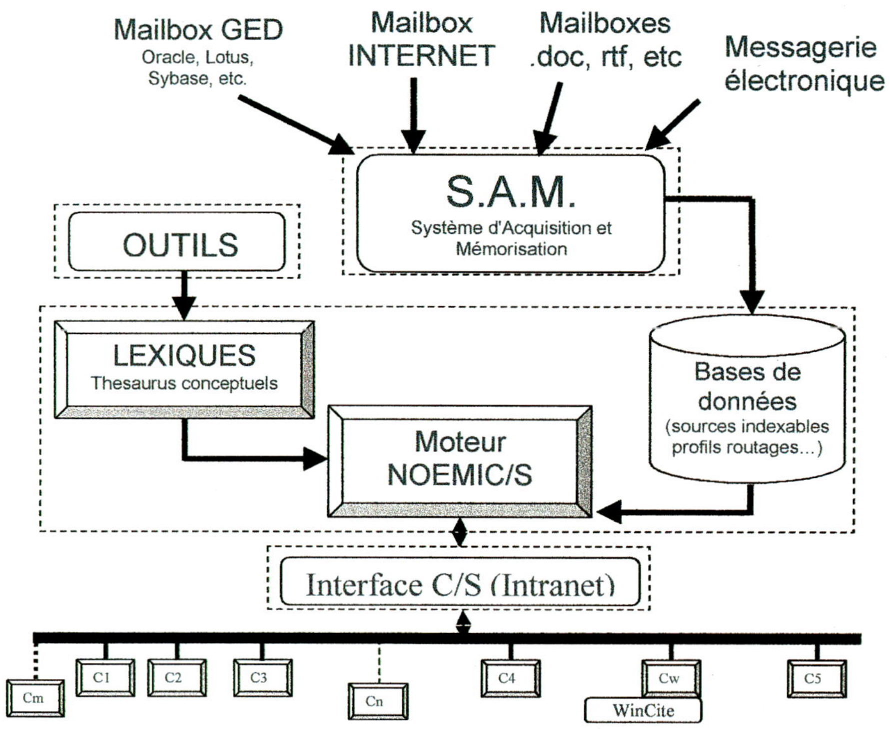

INFORAMA International, société d'intelligence économique, développe notamment le logiciel « Aperto Libro » dont l'architecture est schématisée ici. « Aperto Libro » désigne un ensemble de ressources, de moyens, d'outils et de résultats assemblés suivant les besoins et les objectifs fixés par l'utilisateur de l'information. L'existence même de ce progiciel met l'accent sur l'un des principaux problèmes actuellement posés aux praticiens de l'intelligence économique : la nécessité de gérer au mieux des flux d'informations toujours plus volumineux

mot faire main basse sur la coordination en matière de lutte antiterroriste. Tout au long de la réunion, Mitterrand resta de marbre, presque indifférent au brouhaha qui l'entourait ; peut-être avait-il déjà pris sa décision. Usant et abusant de ses manières de Sphinx, il congédia tout ce beau monde d'une phrase sibylline restée depuis dans les annales : « Messieurs, je vous ai écoutés, vous connaîtrez demain mes décisions. » L'une des deux principales mesures annoncées fut, avec inscription au Journal Officiel en date du 25 août 1982, la nomination de Christian Prouteau en tant que « conseiller technique du président de la République chargé de coordonner la lutte contre le terrorisme » ; cette mesure nominative portait en germe l'acte de naissance de la trop fameuse « cellule de l'Elysée ». Dans les rangs des professionnels, ce fut la stupeur et l'incrédulité.

La « cellule » fit tant et si bien qu'après à peine plus d'une année d'activité, elle fut officiellement dissoute en date du 1er octobre 1983 ; officieusement, elle continua d'exister quoique de manière plus discrète qu'auparavant, situation bâtarde ainsi décrite par Jean Guisnel et Bernard Violet dans leur ouvrage : « Elle associait, lorsque nous écrivions ces lignes, trois officiers de Gendarmerie dirigés par le colonel Esquivié et trois policiers détachés du ministère de l'Intérieur dont deux des Renseignements Généraux et un de la DST. Leur rôle consiste en divers travaux de prospective et d'évaluation pour la Présidence, en contacts discrets avec les services étrangers. L'équipe de Christian Prouteau continue de fonctionner comme un petit service de renseignements au service exclusif du président et dispose même d'un gros fichier informatique sur le terrorisme international, dont on serait en droit de se demander ce qu'il fait en ces lieux ! » Il apparaît cependant que la disparition effective de la cellule soit bien à dater de l'année 1988 et fut acquise non sans que l'organisme se soit livré, entre 1982 et 1986, à des écoutes téléphoniques sauvages et illégales semblant n'avoir qu'un très lointain rapport avec la lutte contre le terrorisme. Rapporté par Claude Silberzahn, un texte attribué à Paul Bouchet — et extrait du deuxième rapport d'activités rédigé en 1993 par la Commission Nationale de Contrôle des Interceptions de Sécurité (CNCIS) dont il assurait la présidence — est parfaitement révélateur quant à la manière dont les membres de la cellule s'acquittèrent de leur tâche. Le haut fonctionnaire écrivit en effet que les subordonnés de Prouteau « se prévalant de la responsabilité particulière qui était la leur dans la lutte antiterroriste et de la confiance des plus hautes autorités de l'Etat, supportaient mal toute entrave à leur action et acceptaient difficilement les contraintes auxquelles ils auraient dû rester soumis. C'est ainsi que la motivation des demandes d'interception aurait été le plus souvent réduite à une formule stéréotypée, et que l'indication de la personne réellement visée, au cas d'écoute demandée sur la ligne d'une tierce personne, n'était pas obligatoirement fournie. Un tel comportement a conduit peu à peu les membres de l'ex-cellule à échapper (...) à tout contrôle effectif. » Qu'il nous soit permis de ne pas évoquer plus avant cette lamentable affaire : il ne s'agit nullement, en l'occurrence, d'activités de renseignement mais plutôt d'un dévoiement incompréhensible et inexcusable des possibilités offertes par certains moyens techniques d'investigation.

Contrôle et coordination des services

Luttant pour « sauver sa tête » après la désastreuse affaire du *Rainbow Warrior*, Laurent Fabius déclara le 27 août 1985 devant les caméras de télévision : « Je donne l'instruction au ministre de la Défense et au ministre de l'Intérieur d'adresser désormais aux présidents de la commission de la Défense de nos deux assemblées parlementaires un compte-rendu annuel détaillé des activités des services de renseignements placés sous leur responsabilité. » En l'occurrence, le premier ministre aurait pu être mieux inspiré. Comme beaucoup d'autres avant elle, cette déclaration volontariste resta lettre morte : on n'impose pas aussi facilement à des services intrinsèquement « secrets » de soulever un coin de ce voile pudique qui protège leurs activités. Du reste, même si Laurent Fabius avait manifesté une quelconque intention de persévérance, sans doute le bon peuple de France aurait-il assisté à un simulacre qui n'aurait pas trompé grand monde et dont personne ne serait sorti grandi. Il semble en effet que toutes les initiatives visant à mettre en place un quelconque processus de contrôle des services secrets doive se heurter dans l'Hexagone à un mur d'inertie souvent étayé par le sacro-saint « Secret-Défense ».

Prenons l'exemple de la CNIL. Créée en application de la loi du 6 janvier 1978 relative à la protection du citoyen contre les excès des fichages en tout genre grandement facilités par l'outil informatique, la Commission Nationale Informatique et Libertés se doit, après vingt ans d'existence, de dresser un bilan mitigé. Il y a dix années déjà, son président, Jacques Fauvet, se plaignait de devoir livrer une bataille quotidienne à l'encontre de services luttant pied à pied pour gêner autant que faire se pouvait l'activité des dix-sept empêcheurs de dissimuler en rond qui constituaient l'effectif de la Commission. Pour le vingtième anniversaire de la CNIL et pour cause d'harmonisation de la loi française avec une directive européenne, Lionel Jospin chargea Guy Braibant, ancien président de section du Conseil d'Etat, de lui concocter un rapport qui fut intitulé « Données personnelles et société de l'information ». Dans ce rapport, le haut fonctionnaire releva notamment que, du fait de l'explosion des moyens de traitement informatique, la loi du 6 janvier 1978 était devenue totalement inadaptée et plaidait pour un renforcement des prérogatives de la CNIL. Certes, ce constat sévère était principalement justifié par la multiplication des fichiers à but commercial, mais le même rapport n'était pas sans pointer du doigt les failles au travers desquelles publicitaires comme services plus « discrets » ne manquèrent pas de s'engouffrer.

Sans doute l'expérience de la Commission Nationale de Contrôle des Interceptions de Sécurité (CNCIS) est-elle à considérer d'un œil tout aussi critique. Certes, son existence est en soi une brèche dans un mur d'opacité. Certes également, et si l'on en croit Paul Bouchet qui fut président de la CNCIS d'octobre 1991 à octobre 1997, « cette commission peut rendre compte publiquement — et ce n'est pas rien — à travers les informations livrées dans le rapport annuel, du nombre d'avis donnés et surtout des motifs des avis négatifs ». Mais la même personne et dans le même texte publié par *Les Cahiers de la Sécurité Intérieure* précise n'avoir eu qu'un rôle de conseil gouvernemental quant à la levée du Secret-Défense dont les « services » usent souvent et abusent quelquefois.

Le Secret-Défense, justement. Au cours de ces dernières années, son emploi semble avoir contribué à l'escamotage de nombreuses affaires pour le moins délicates au point que l'on peut légitimement se demander si l'usage qui en a été fait n'a servi qu'à protéger les seuls intérêts de l'Etat. En d'autres termes, n'est-ce pas un procédé commode auquel ont recours certains hauts décideurs dès lors qu'il s'agit d'entraver l'action d'un appareil judiciaire décidé à mettre le nez dans leurs magouilles de basse politique ? La liste est longue : citons pêle-mêle le vrai-faux passeport d'Yves Challier, les écoutes de la cellule élyséenne, les micros du *Canard Enchaîné*, l'affaire Luchaire... Jusqu'à l'affaire Ben Barka qui, trente-deux ans après la disparition du personnage, était encore très récemment au point mort. Interpellant le ministre de la Défense en date du 3 novembre 1997, le député Noël Mamère rappelait en effet qu'une partie des dossiers de l'ex-SDECE livrés au juge d'instruction en 1982 sur l'ordre de Pierre Mauroy était encore « couverte par le Secret Défense et placée sous scellé au palais de justice à Paris » et se trouvait donc « inutilisable dans le cadre des investigations de la justice. » Bref, pour le pouvoir, il n'était que temps de réagir, non seulement pour accréditer l'idée d'une saine compréhension du jeu des institutions démocratiques mais aussi et plus simplement pour refaire une virginité à ce Secret-Défense qui peut encore servir. Sur proposition du ministre de la Défense, un projet de loi visant à la création d'une commission indépendante fut donc examiné en conseil des ministres et déposé sur le bureau de l'Assemblée Nationale. Alain Richard, s'exprimant dans les colonnes du quotidien *Le Monde*, souligna en cette occasion qu'il lui semblait important que le Secret-Défense ne soit plus utilisé « au nom des objectifs partisans d'un gouvernement ou des intérêts individuels qu'il entendrait protéger sur des dossiers mettant gravement en jeu les libertés. » Louable intention ! Le projet de loi fut adopté en première lecture le 12 février 1998. Le texte institue une « Commission du Secret de Défense Nationale (CSDN) » chargée d'exprimer un avis consultatif concernant l'opportunité de levée ponctuelle du Secret-Défense sur demande des magistrats. A l'instar de ce qui se fait pour la CNCIS, le gouvernement n'est nullement tenu de suivre l'avis de la CSDN mais celle-ci a la possibilité de publier ses conclusions : dans les deux cas, le déballage sur la place publique accède donc au rang d'arme de dissuasion médiatique. Du reste, le parallèle entre CNCIS et CSDN ne s'arrête pas à cette similitude puisque les deux commissions auront un président commun. Pour assister ce haut fonctionnaire, la CSDN comprendra en outre deux magistrats nommés par le président de la République ainsi qu'un député et un sénateur.

S'agissant plus généralement du contrôle des activités menées par les « services », un « groupe de travail » sur le renseignement a été créé au sein de la commission de Défense de l'Assemblée Nationale. Dans l'esprit, il s'agit bien évidemment de faire, à terme, des propositions visant à accorder aux parlementaires un droit de regard dont les modalités d'exécution soient définies par voie législative. Mais, justement, le terme en question n'a pas été clairement défini et il n'est même pas établi qu'un document faisant état des conclusions du groupe de travail puisse être publié. Dans ces conditions, on ne peut qu'être dubitatif quant à l'éventualité de voir ces travaux déboucher un jour sur des mesures concrètes.

A de nombreuses reprises, cet ouvrage s'est fait l'écho des difficultés éprouvées par les différents services de renseignement dès lors qu'il s'agit de coordonner leurs actions et le paragraphe qui suit propose quelques exemples. Cependant, on a pu croire qu'un début de solution pouvait être apporté au problème de par la nomination de Philippe Rondot au poste de « conseiller pour le renseignement et les opérations spéciales » auprès du ministre de la Défense le 10 novembre 1997. Lorsque cette décision tomba sur les téléscripteurs, certains éditoriaux furent écrits dans un style quelque peu dithyrambique : des phrases annonçant la venue du Messie fleurissaient à la une des gazettes. De par son expérience et pour avoir tour à tour servi au sein des deux frères ennemis que sont DST et DGSE, l'homme semblait effectivement en position favorable pour prétendre aplanir certaines difficultés. A y regarder de plus près cependant, ses attributions ne devraient pas lui permettre de s'attaquer à la racine du mal. Dans l'exercice de ses responsabilités, Philippe Rondot ne peut prétendre imposer ses vues qu'aux services dépendant du ministère de la Défense même si sa qualité d'ancien membre de la DST est de nature à faciliter les contacts avec ce service. Cette simple constatation a notamment poussé les rédacteurs de la lettre d'information *Le Monde du Renseignement* à affirmer : « La nomination de Philippe Rondot signifie qu'aucun grand bouleversement n'est en préparation. La création d'un organisme de coordination du renseignement, longuement étudiée par le passé, est exclue. » Bref, la concurrence entre DST et DGSE devrait pour longtemps encore nous réserver le genre d'avatars qu'il est maintenant temps d'évoquer.

Chausse-trappes et compagnie

La situation idéale serait celle où tous les services français impliqués dans le recueil et l'exploitation du renseignement auraient à cœur de travailler main dans la main avec le seul souci de fournir aux décideurs politiques des synthèses de grande valeur. Malheureusement, à l'énoncé de cette vision un tantinet messianique, les réactions seront au pire d'en considérer l'auteur comme un illuminé quelque peu naïf, au mieux de provoquer çà et là quelques sourires entendus. Car au royaume du renseignement français, il semble en effet malgré de nombreuses dénégations faussement indignées que chausse-trappes et peaux de bananes aient parfois été élevées au rang d'accessoires de travail. A ce sujet et dans leur ouvrage intitulé *Services secrets — Le pouvoir et les services de renseignement sous François Mitterrand*, Jean Guisnel et Bernard Violet se montrent particulièrement critiques à l'égard de la « guéguerre » opposant DGSE et DST, allant jusqu'à insinuer, exemples à l'appui, que le service policier aurait parfois délibérément organisé des opérations de désinformation visant à déstabiliser la Piscine. S'agissant par exemple de l'existence d'une organisation terroriste dénommée « L'appel de Jésus-Christ » et opérant en Espagne ainsi qu'au Portugal dans le milieu des années 80, certaines informations accréditant l'implication de la DGSE filtrèrent dans la presse madrilène. Bien que cela n'ait jamais été formellement établi, la DST fut fortement suspectée d'avoir été à l'origine des fuites. Et ce n'est pas tout : les mêmes auteurs évoquent l'arrestation, en 1985, de trois hommes du Service Action de la DGSE par des agents de la DST. Il est vrai que les « barbouzes » faisaient en l'occurrence preuve d'une discrétion toute relative lors d'une virée au pays basque. Or Jean Guisnel, Bernard Violet et le sénateur Masson ne sont pas les seuls à relever une mésentente certaine entre les deux services. Dans un ouvrage très critique à l'égard de la DST, un ancien inspecteur ayant servi dans ses rangs, Daniel Burdan, écrivit : « les responsables de la DST ont déjà compris que l'antiterrorisme est payant puisque les résultats, si minimes soient-ils, sont propulsés sur le devant de la scène médiatique. Le 'chacun pour soi' devient la règle, relance la guerre des polices, au détriment d'une stratégie sur le long terme. Nous n'avons plus rien à attendre des RG et de la DGSE, c'est clair ».

Plus loin dans le même ouvrage, l'auteur précisa : « Nous sommes en pleine guerre des services et la consigne générale, à la DST, est très claire : aucun contact avec la DGSE au niveau des hommes de terrain. » Mais l'épisode le plus troublant et qui pourrait passer pour cocasse s'il n'impliquait la crédibilité de l'Etat français est relaté en ces termes par le même ex-inspecteur Burdan : « 1983 : un responsable de la cellule antiterroriste de l'Elysée rencontre au drugstore Saint-Germain un chef indépendantiste corse. L'entrevue se veut secrète. On est loin du compte car, premièrement, l'adjoint du chef indépendantiste planqué aux environs photographie la scène. Deuxièmement, les RG photographient l'indépendantiste en train de photographier la scène. Troisièmement, la DGSE filme l'ensemble et, derrière tout ça, les agents de la DST assistent, hilares, à cette opération ». Certes, la crédibilité de l'ex-inspecteur a été mise en doute par de nombreux observateurs n'appartenant pas tous à la DST avec laquelle, du reste, il avait un certain nombre de comptes à solder. Mais d'autres personnes mêlèrent également allègrement leurs voix au concert. Tel Pierre Marion qui, relatant sa très éphémère expérience à la tête de la DGSE, rapporta ces propos que lui tint Gaston Defferre alors que le chef de ce qui s'appelait encore SDECE était venu au ministère de l'Intérieur négocier les modalités d'une collaboration avec la DST : « Je vais vous dire ma position, monsieur Marion. Je vais donner des instructions à tous les services de police pour qu'il ne coopèrent plus avec le SDECE. Car votre service est un nid d'espions soviétiques. » Mis au courant de l'algarade, François Mitterrand préféra faire savoir à Pierre Marion qu'il devait s'accommoder du bouillant ministre de l'Intérieur. Il ne semble pas que les choses se soient notablement améliorées lorsque l'amiral Lacoste prit en main les destinées de la DGSE puisque celui-ci écrivit : « En dépit de mes efforts personnels, de ma volonté de rapprochement en vue d'une franche coopération, je ne suis pas parvenu à faire taire toutes les préventions entre la DST et la DGSE, et je dois à la vérité de dire que certains de mes collaborateurs ont eu une large part de responsabilité dans cette situation. Néanmoins, au bout de trois ans, nous avions fait quelques progrès, notamment au sein de l'unité de coordination de la lutte antiterroriste, l'UCLAT, qui réunit toutes les parties prenantes sous l'égide du ministre de l'Intérieur. » La routine, quoi, si ce n'est qu'il est pour le moins surprenant qu'un ancien directeur de la DGSE reconnaisse la responsabilité du service qu'il a été amené à diriger — et donc peu ou prou sa propre responsabilité — dans un état de fait dont on a plutôt tendance à imputer la faute à la DST. Si l'on accorde foi aux écrits de Claude Silberzahn, il semble que cette rivalité ait été moins acerbe alors que ce dernier exerçait ses fonctions à la tête de la DGSE; mais cette éclipse n'a pas été exempte de désaccords et semble trouver son origine dans les relations amicales que l'ancien directeur général de la sécurité extérieure entretint avec Bernard Gérard d'abord puis Jacques Fournet ensuite. Une fois les trois protagonistes partis sévir sous d'autres cieux, le conflit larvé semble avoir repris de plus belle puisqu'en aparté, certains hauts fonctionnaires de la DST n'hésitent pas à déclarer à qui veut bien les entendre : « En fait, nous entretenons de meilleurs rapports avec la DRM qu'avec la DGSE ! » Une simple constatation confère à cette assertion une certaine vraisemblance : après tout, DRM et DST ne risquent pas se marcher sur les pieds puisqu'il n'existe à priori aucun domaine au sein duquel les deux services risqueraient de se trouver en situation de concurrence.

Bref, chargé en 1984 de préparer un rapport sur l'adéquation entre l'ampleur de la menace terroriste et les moyens mis en œuvre pour la contrer, le sénateur Masson résuma admirablement de cette phrase lapidaire l'atmosphère qui semble avoir présidé de toute éternité aux rapports qu'entretiennent DST et DGSE : « il y a bien incompatibilité de traditions et de méthodes entre les deux services dont la complémentarité est évidente et la rivalité historique ». Une autre citation extraite du même rapport enfonce le clou : « Il est significatif de constater que lorsque la DST souhaite obtenir des renseignements, soit sur le terrorisme à l'étranger, soit sur les points d'appui du terrorisme international hors de nos frontières, elle s'adresse plus volontiers à certains services étrangers qu'à ses homologues de la DGSE. » Bref, entre DGSE et DST, l'entente cordiale semble ne pas être pour demain...

Et l'enseignement ?

Eh bien la réponse à cette question est simple : en France, hors les formations internes aux services spécialisés (DST, RG, DGSE, DPSD...) ou celles dispensées au sein des armées dans le domaine des langues, du renseignement, de la connaissance des pays et des cultures... par l'EIREL qui dépend de la Direction du Renseignement Militaire, c'est le néant. Ou presque. Car ça et là existent quand même quelques initiatives portées à bout de bras par des gens enthousiastes. Tel est l'amiral Lacoste qui, dans le cadre du Centre d'Etudes Scientifiques de Défense (CESD) de Marne-la-Vallée, s'obstine à fédérer les bonnes volontés autour d'un séminaire sur la culture française du renseignement. L'ancien chef de la DGSE est parti d'un constat simple : pourquoi l'enseignement universitaire hexagonal en la matière s'apparente-t-il à un désert alors qu'aux Etats-Unis par exemple, il est florissant ? Pourquoi devrait-on laisser le champ libre à des auteurs d'outre-Atlantique tels que Douglas Porch dont le seul but semble être de faire œuvre de dénigrement quasi systématique ? Quel tabou inhibe les chercheurs français ? Heureusement, cette situation confinant au grotesque a commencé à évoluer sous l'impulsion des industriels dont les performances commerciales sont tributaires d'une saine compréhension de l'intelligence économique. Comprendre signifie tout d'abord apprendre et cela, les cadres du secteur privé l'ont compris. Par contre, le rôle du renseignement en matière de géopolitique tarde toujours à être reconnu comme centre d'intérêt universitaire à part entière.

Quelle est la genèse de l'initiative de l'amiral Lacoste ? A l'origine, la première approche s'est faite par le biais des problèmes relatifs à la sécurité informatique et a débouché sur la mise en place d'un DESS « Sécurité et information ». Cette première étape a aidé à une prise de conscience de l'importance croissante que prennent les réseaux télématiques dans le domaine du renseignement concurrentiel. D'où la création d'un deuxième DESS intitulé « Ingénierie de l'intelligence économique » visant à mettre au point de nouveaux outils d'exploitation de réseaux tels qu'Internet. Il ne restait plus qu'à profiter de la structure ainsi mise en place pour y greffer un séminaire de recherche du troisième cycle dans le but d'inciter un large public à l'étude de différents centres d'intérêt touchant de près au renseignement : c'est ce qui fut fait en 1995. Le séminaire s'étend sur une durée de trois ans et compte parmi ses auditeurs des historiens, des sociologues et des spécialistes de l'information. Une douzaine de conférences sont organisées chaque année, les personnalités se succédant à la tribune étant impliquées dans des travaux universitaires de premier plan ou ayant exercé des fonctions importantes dans des domaines touchant au renseignement. Deux exemples : pour l'année 1996-1997, le général de Marolles, ancien chef du Service Action du SDECE, est venu s'exprimer sur « La tradition française de l'action invisible » et Bertrand Warusfel, professeur à l'Université de Paris V, a présenté son point de vue sur les « Aspects juridiques et institutionnels du contre-espionnage ». Certes, la majorité des conférenciers sont de nationalité française mais cela résulte plus d'un état de fait que d'une volonté affichée puisque une personnalité telle que le professeur Keiger, enseignant à l'Université de Salford et par ailleurs historien anglais, a accepté de gratifier les auditeurs d'un exposé intitulé « Une perception britannique de la culture française du renseignement ». L'amiral Lacoste précise du reste avoir également reçu un ancien chef de station de la CIA.

Dans le cadre de ce séminaire, de nombreux sujets ont été abordés, la volonté des organisateurs étant de privilégier une approche pluridisciplinaire. Du reste, plutôt qu'une catégorisation trop rigide des thèmes de réflexion, l'ancien directeur de la DGSE a préféré, en se basant sur un classement établi par Martin Alexander et publié en 1994 dans les colonnes de la revue britannique *Intelligence and National Security*, dresser un catalogue comprenant onze champs d'investigation. Leur énumération donne une idée de l'étendue du domaine concerné : documentation, élaboration et prise de décision, méthodologie, fonctionnement des services secrets, intelligence économique, information, criminalité et ordre public, éthique et déontologie, libertés civiles, relations entre renseignement et journalisme d'investigation, enfin culture du renseignement au sens le plus général du terme. Interrogé à ce sujet, l'amiral Lacoste insiste pour souligner le caractère non exhaustif de cette liste ; du reste, d'autres centres d'intérêt — par exemple la psychologie ou la cryptologie — apparaissent volontiers au détour de ses propos. Mais au fait, quelle est l'ambition de ce globe-trotter du renseignement ? Lorsqu'on lui pose la question, c'est une réponse claire qui fuse immédiatement : « Faire en sorte que, dans une quinzaine d'années, tous les diplômés sortant des grandes écoles aient une connaissance objective d'un aspect essentiel des problèmes de défense ! » Est-il besoin de préciser que l'aspect ainsi jugé essentiel, c'est le renseignement ?

L'amiral Lacoste n'est cependant pas tout à fait seul. Effectivement, en date du 27 février 1998, la première page du quotidien national *Le Monde* s'orna d'un texte rédigé par Jacques Isnard et précisant notamment : « L'histoire et la culture du renseignement font leur entrée à Saint-Cyr Coëtquidan. Des élèves officiers se lancent désormais dans des recherches approfondies, qui peuvent déboucher sur des mémoires ou des thèses. » Selon le même journaliste, il s'agissait là d'une véritable révolution et, malgré l'emphase qu'il confère au propos, ce mot ne semblera nullement trop fort à ceux qui ont vécu l'ostracisme dont le renseignement a longtemps été victime dans les armées françaises. Cependant, comme c'est souvent le cas au sein des organismes militaires, cette « révolution » trouve son origine non pas dans une politique généralisée initiée au plus haut niveau mais bel et bien dans la volonté d'un chef ayant, de par son déroulement de carrière, compris l'importance primordiale du renseignement. En l'occurrence, il s'agit du général Costedoat qui, avant d'être placé à la tête des Ecoles, s'était tour à tour illustré comme chef du Service Action puis directeur du renseignement à la Piscine. Dans cette initiative, deux points apparaissent primordiaux : tout d'abord, elle favorise une prise de conscience de la part des hommes et femmes qui sont appelés à devenir les cadres de haut niveau dont l'Armée de Terre future a besoin et ensuite, elle fédère les efforts d'un certain nombre d'organismes qui ont d'ores et déjà promis leur appui.

Enfin, pour conclure, précisons que le Centre d'Etudes d'Histoire de la Défense (CEHD) a créé en son sein une « Commission d'histoire du Renseignement ». Celle-ci aborde sans aucune forme de discrimination des sujets très variés, notamment au cours de conférences données par des intervenants français et étrangers.

Par exemple, le programme 1998 comprenait une intervention d'Alexandre Zervoudakis, fonctionnaire au ministère de la Défense britannique, qui s'exprima sur : « Les services de renseignement français dans la guerre d'Indochine ». Rappelons que la mission du CEHD est « de promouvoir l'histoire militaire et d'encourager la recherche scientifique dans cette discipline, sans restriction de domaines ». Installé au château de Vincennes, le Centre a d'emblée privilégié la collaboration avec les différents services historiques des trois armées qui présentent l'avantage d'être situés dans les mêmes bâtiments.

CHAPITRE 7

TECHNOLOGIES NOUVELLES : DRONES ET RENSEIGNEMENT SPATIAL

Emergence du concept de drone

Par souci de simplification, le seul terme de « drone » est utilisé dans ces lignes, à l'exclusion des acronymes français ALT ou anglo-saxons RPV et UAV.

Avant d'entrer dans le vif du sujet, précisons qu'il existe principalement deux catégories de drones. Les premiers à apparaître furent tout d'abord des engins dérivés de cibles aériennes utilisant généralement un mode de préprogrammation de leurs évolutions sans possibilité de télépilotage en temps réel, seule étant parfois possible la transmission en vol d'une programmation modifiée. A la deuxième catégorie appartiennent les drones comparables aux maquettes d'aéromodélisme, quoique de dimensions plus grandes. La majorité des engins de cette deuxième catégorie sont télépilotables en temps réel. Il faut cependant noter que les deux modes « programmation » ou « télépilotage » ont actuellement tendance à être de moins en moins exclusifs l'un de l'autre.

L'idée de faire voler un engin sans pilote n'est pas nouvelle. Dès 1918, des essais furent effectués en dotant une torpille d'une voilure biplan et d'un moteur. Au cours de la Deuxième Guerre mondiale, les *kamikaze* japonais témoignèrent de la réalité du besoin puisque l'homme était dans ce cas précis réduit à la fonction de système de navigation en chair et en os. Depuis, les progrès techniques ont permis de ne plus avoir recours à ce genre d'expédient difficilement concevable pour un occidental. Le véritable essor des drones de reconnaissance date du début des années 60 et apparaît consécutif à une série de problèmes qui gênèrent les stratèges américains. Ce fut tout d'abord l'incident de l'U-2 piloté par Gary Powers et abattu au cours d'un survol du territoire de l'Union Soviétique en 1960, puis la nécessité d'espionner Cuba sans risquer qu'un même SA-2 puisse faire subir le même sort à un même U-2, ce qui, finalement, arriva... Vint ensuite la guerre du Vietnam au cours de laquelle l'USAF fut confrontée à un nombre sans cesse croissant d'avions abattus : l'artillerie sol-air nord-vietnamienne, utilisant un réseau dense de missiles et de canons, était parvenue à protéger efficacement les objectifs visés par les Américains. Ceux-ci réagirent en demandant à Teledyne Ryan de modifier un engin-cible Firebee, ce qui fut fait en 90 jours et donna naissance au premier drone moderne, le Model 147. A partir de là et jusqu'à la fin du conflit, les drones effectuèrent pas moins de 3500 sorties avec un taux de survivabilité proche de 84 % ce qui, selon une étude réalisée à la fin des années 70, aurait permis de sauver la vie de 1500 pilotes américains. L'élan était donné.

Après une première expérience d'ampleur limitée au cours de la guerre du *Kippour,* les Israéliens développèrent toute un série de drones de reconnaissance et de guerre électronique qui leur permirent notamment, en 1982, d'éliminer rapidement les batteries antiaériennes syriennes présentes dans la plaine de la Bekaa. Du cîté français, la véritable première expérience remonte à la guerre du Golfe au cours de laquelle une section MART Mk II du 8e Régiment d'Artillerie fut amenée à fournir du renseignement d'objectif aux canons de la division *Daguet.*

L'ALT MART Mk II dans la guerre du Golfe

En 1991, aussi surprenant que cela puisse paraître, le MART était le seul drone disponible dans l'arsenal français, un officier supérieur étant allé jusqu'à déclarer : « A l'époque, la culture 'drone' au sein de la Section Technique de l'Armée de Terre était quasiment inexistante ! » Le processus de gestation du MART semble avoir été une suite de « bricolages » qui eut cependant le mérite d'en faire, au début des années 90, le premier engin de ce type à atteindre le stade opérationnel en Europe. Développé à la fin des années 80 sur la base d'une cellule britannique, le premier MART fut livré en 1989 au 8e Régiment d'Artillerie aux fins d'évaluation opérationnelle. Alors que la technologie GPS était déjà entrée dans les mœurs, le guidage de l'engin retenait pour ses besoins en matière de navigation un système de triangulation radio baptisé « Trident » et dérivé d'un équipement utilisé dans les ports où il assurait aux navires en transit un positionnement acceptable. Cette solution technique simple, immédiatement disponible et peu coûteuse fonctionnait au moyen de trois balises distantes d'au moins 1500 mètres.

Initialement, la structure de l'unité de base, dite « section MART » n'avait rien de figé et deux configurations coexistaient : une section « lourde » à 10 engins, 15 personnels et deux stations au sol assurant respectivement les tâches tactiques et techniques, ou une section « à déploiement rapide » réduite de moitié (5 engins, 11 personnels et une station multirôle). C'est selon ce dernier schéma que la section MART du 8e RA était organisée lorsqu'elle fut rattachée au 2e Régiment Etranger d'Infanterie pour l'offensive « Tempête du Désert ». Juste avant l'attaque, le MART effectua trois survols d'un plateau dénommé « Natchez » constituant une ligne de crête que les forces françaises devaient franchir avant de s'enfoncer en territoire irakien; ces reconnaissances confirmèrent que le plateau n'était pas tenu par les forces adverses. Les légionnaires du 2e REI ayant investi le mouvement de terrain, une mission fut demandée pour reconnaître l'axe de progression; les images transmises ne tardèrent pas à révéler l'existence d'un PC irakien situé à 17 kilomètres de là. Lors du vol, un drone fut atteint par un tir de Kalashnikov. Abattu, le MART n'en continua pas moins à retransmettre des images ainsi que ses coordonnées devenues stables : 75 obus de 155 mm tirés par les canons du 11e RAMa détruisirent le PC en question. Selon toute probabilité, cette étroite coordination entre reconnaissance et feu d'artillerie impressionna l'ennemi : un peu plus tard, des Irakiens survolés par un MART levèrent les bras au ciel. Retransmis par la caméra vidéo du drone, ce geste les sauva d'un déluge de feu. Accompagnant au plus près les troupes en mouvement, ce furent également des missions de reconnaissance assurées par la section MART qui révélèrent que l'axe entre As Salman et As Sahawah était libre de toute force ennemie. Ce genre de compte-rendu a, tactiquement parlant, presque plus d'importance qu'un renseignement indiquant la présence de troupes : les unités françaises de la division *Daguet* purent ainsi accélérer leur course en direction de l'Euphrate. A l'issue de la guerre du Golfe, les MART furent transférés au 6e Régiment d'Artillerie avant d'être remplacés par des drones Crécerelle.

Quelques années après, l'ex-Yougoslavie allait permettre à deux drones de conception française, tant sous les couleurs de l'ONU que celles de l'IFOR, d'engranger une expérience opérationnelle précieuse.

FOX AT1 et CL-289 en ex-Yougoslavie

Le FOX AT1 est un drone conçu et réalisé par la société CAC SYSTEMES qui, en 1993, loua un système complet à la FORPRONU pour répondre à un besoin inopiné. Il semble qu'à l'époque, l'ONU ne disposait que d'une très faible capacité d'acquisition du renseignement, au point que les unités ignoraient tout, par exemple, de l'état des routes qu'elles étaient censées emprunter pour remplir les missions assignées par l'organisation internationale. Sur demande pressante, quatre engins accompagnés des véhicules associés furent donc hâtivement peints en blanc et prirent la direction de l'ex-Yougoslavie. Pour la circonstance, chaque drone était équipé de deux caméras, d'un système de transmission de données ainsi que d'un récepteur GPS. Sur demande de l'ONU et afin d'assurer une possibilité de retransmission des images vidéo en temps réel, les FOX AT1 n'avaient que la capacité de fonctionnement diurne. Ils furent utilisés sur place d'octobre 1993 à février 1994, période au cours de laquelle ils effectuèrent des missions au profit du bataillon français installé dans la poche de Bihac. Au cours de ces quatre mois, un drone fut perdu et cet incident occasionna une polémique entre CAC SYSTEMES et l'ONU : dysfonctionnement ou acte de guerre ? Quoi qu'il en soit, le système fut présenté dans sa livrée blanche type « ONU » lors du salon d'armements EuroSatory.

C'est un programme trilatéral qui a conduit au développement, à l'industrialisation et à la mise en service du système CL-289/PIVER. Le drone est en effet produit dans le cadre d'une coopération internationale entre Bombardier/Canadair (Canada), DASA/Dornier (Allemagne) et SAT/Aérospatiale (France); quant au segment-sol permettant l'exploitation du CL-289 et dénommé PIVER, il est l'œuvre d'Aérospatiale. Ainsi qu'il a déjà été mentionné dans un chapitre précédent, les CL-289 français sont en service au 7e Régiment d'Artillerie rattaché à la Brigade de Renseignement et de Guerre Electronique. Le 8 février 1996, précédé par un détachement précurseur, douze drones accompagnés de leur logistique et des équipements d'exploitation embarquèrent à Toulon. Destination : la Bosnie.

La mission reçue était la suivante : être en mesure dès que possible, primo, de contrôler les zones de regroupement d'armes lourdes (présence, nature et nombre) et, secundo, de fournir des images-preuves matérialisant toute infraction constatée violant les accords de Dayton. Pour ce faire, le détachement s'installa sur l'aérodrome de Mostar mais se trouva très vite face à de nombreuses contraintes limitant son efficacité. Contraintes aéronautiques, tout d'abord, qui n'autorisa les Français qu'à accomplir au plus une mission par jour tout en imposant un préavis de 48 heures. Contraintes de sûreté, ensuite, puisque l'ensemble du détachement stationnait en zone d'insécurité. Contraintes d'effectifs, enfin, puisque seulement une trentaine de spécialistes assuraient les missions ordinairement dévolues aux 180 personnels d'une batterie. En outre, les officiers du 7e Régiment d'Artillerie se retrouvèrent face à nombre de problèmes inattendus dus en particulier à la coexistence des drones et des avions sur l'aérodrome de Mostar, à la nécessité de déminer les aires de poser indispensables aux drones ou encore à la définition des procédures d'intégration dans le trafic aérien civil. Malgré cela, les vols débutèrent dans la deuxième quinzaine de février 1996 et la qualité des images obtenues se révéla être au-delà des prévisions les plus optimistes. Du 18 février au 18 juin, 8 drones sur 12 furent utilisés au cours de 42 missions qui permirent de prendre 130000 clichés desquels furent extraites 4200 images-preuves de très bonne qualité. Le traitement en temps différé fut privilégié pour deux raisons : tout d'abord les délais n'étaient pas un critère prioritaire et, d'autre part, la qualité des clichés fournis était ainsi bien meilleure. 97 % des missions se révélèrent exploitables; un des drones effectua ses 25 vols réglementaires avant révision sans rencontrer un quelconque problème technique. Après la mi-juin 1996, il semble que les choses se soient gâtées, deux drones ayant été perdus en opération. Dans l'un de ces deux cas, la raison fut facilement trouvée : l'utilisation d'un système dégradé de programmation rendant indispensable la transcription manuelle des altitudes de vol conduisit à une erreur. Quant au deuxième incident, il fut semble-t-il consécutif aux imprécisions cumulées des cartes utilisées et des appareils de navigation embarqués, imprécisions qui amenèrent probablement le drone à « frôler » le relief d'un peu trop près.

Au chapitre des enseignements, les officiers du 7e RA soulignent de manière générale que l'ensemble du système, bien qu'utilisé à la limite de ses possibilités dans des conditions difficiles avec peu de personnel, se comporta de manière extrêmement satisfaisante. Face aux difficultés, la faculté d'adaptation des hommes fit merveille, permettant en particulier d'améliorer sans cesse la maîtrise des procédures d'intégration des vols dans un trafic aérien diversifié. Le système révéla en outre une très forte capacité à fournir des informations sous forme de produits de qualité au point où il fut après coup jugé nécessaire d'interposer des filtres limitant la fourniture de clichés afin d'éviter un effet de saturation. La précision et la netteté des images furent telles que, dès les premiers vols, elle permit d'effectuer une discrimination entre armements réels et leurres puis de repérer certains armements pourtant soigneusement dissimulés.

Hésitations autour du Brevel

Le Brevel — substantif résultant de la contraction des noms propres Bremen et Vélizy, villes où sont situés les sièges sociaux des industriels participant au programme — est un drone léger développé par le GIE Eurodrone regroupant Matra Défense (France) et STN Atlas Elektronik (RFA, filiale de Bremer Vulkan). Du côté allemand, un intérêt officiel se manifesta lorsque fut ressenti le besoin d'un petit aéronef KZO nécessaire à l'acquisition de cibles au profit de l'artillerie et ce, dans la profondeur tactique. Outre-Rhin, la phase de définition concernant le KZO fut initiée en 1986 et deux industriels — Dornier et Messerschmitt-Bölkow-Blohm — furent mis en compétition, étant bien entendu que, dès le départ, de multiples déclarations précisèrent que toute offre de coopération internationale était bienvenue. Bénéficiant de l'expérience acquise par l'intermédiaire du programme Tucan — petit drone de démonstration qui, à l'époque, avait accumulé plus de 250 vols d'essai — et coopérant avec Matra depuis 1983 sur le Brevel, MBB eut la préférence. Pour faciliter la commercialisation du Brevel, le GIE Eurodrone fut formé en 1989 par MBB — devenu entre-temps STN Atlas Elektronik — et Matra. A l'origine, le drone devait être introduit dans les unités entre 1992 et 1995.

La fiche-programme allemande précisait que le KZO devait emporter un FLIR, être lancé par fusée d'appoint et récupéré par parachute. L'engin devait en outre disposer des capacités à retransmettre les informations en temps réel ou du moins de pouvoir les stocker s'il lui advenait d'opérer hors de portée du système assurant la transmission des données. En France, les militaires furent rapidement intéressés par le Brevel : avant même de démontrer sa validité dans le cadre de la guerre du Golfe, l'expérimentation du système MART répondait au besoin de disposer d'un drone léger et peu coûteux capable de fournir des cibles à l'artillerie divisionnaire. Or, le MART, malgré ses qualités, était cependant trop rustique et ses capacités trop limitées; dans un article rédigé pour la revue *Armées d'Aujourd'hui* en 1993, le colonel de Khovrine écrivit à ce sujet : « [il] a fait ses preuves lors des opérations dans le Golfe. Malheureusement son autonomie ne lui permet pas d'effectuer de recherche au-delà de vingt à trente kilomètres de son point de départ et par ailleurs sa stabilité et son équipement optronique sont désormais insuffisants. » Bref, achetés pour aider à la définition d'un concept d'emploi, les systèmes fournis par Altec semblent avoir été d'emblée destinés à avoir une durée de vie opérationnelle limitée. Il subsistait donc une incertitude concernant l'avenir et le Brevel constituait une réponse adaptée : en 1989 et sous réserve d'une approbation ministérielle rapide concernant l'industrialisation du programme, Matra se faisait fort de pouvoir fournir un système opérationnel pour la fin de l'année 1992. Il faut croire que l'approbation en question tarda puisque, en 1993, la mise en service du Brevel au sein des forces armées française était présentée comme acquise pour « l'horizon 2000 », expression commode couramment utilisée pour éviter une précision trop engageante. Dans l'article précité, le drone faisait pourtant l'objet d'un développement littéraire dithyrambique; son rapport coût/efficacité, sa discrétion et sa souplesse d'emploi y étaient mis en valeur dans un style faisant penser qu'en fait, le Brevel était le seul choix logique à la succession du MART. Malgré les incertitudes, le développement du Brevel continuait bel et bien : à partir d'octobre 1994, deux prototypes furent soumis à une série d'essais au centre d'expérimentation allemand situé à Meppen. Cette campagne permit de tester l'ensemble du domaine de vol, y compris les phases délicates du décollage et de l'atterrissage. Simultanément, le développement de la charge utile — une caméra bimode jour/nuit stabilisée — allait bon train. En 1995, il était prévu qu'une expérimentation tactique soit menée conjointement par les forces armées française et allemande pour 1997 : la planification du programme prévoyait en effet la livraison de deux systèmes complets au cours de l'année en question. La mise en service du Brevel était alors prévue pour 1998 et concernait cinq batteries de sept drones pour la France et huit batteries de dix drones pour la RFA ; par rapport au Crécerelle, le Brevel était notamment censé permettre une amélioration notable des capacités nocturnes. Pour des raisons qui apparaissent être d'ordre budgétaire, le programme ne tarda cependant pas à subir un coup d'arrêt imposé par les autorités françaises. A l'heure actuelle, l'achat du Brevel ainsi que sa mise en service eu sein du 7e RA ont été ajournés sans qu'aucune date n'ait été formellement retenue. Quoi qu'il en soit et à titre de mesure conservatoire, 133 millions de francs ont été inscrits au budget 1998 de la Défense pour le développement du système.

La saga du Hunter et les besoins de l'armée de l'air

Le Hunter est un drone développé conjointement par TRW Avionics & Surveillance Group (USA) et la division MALAT d'Israel Aircraft Industries Ltd. Il a été proposé avec succès aux forces armées américaines dans le cadre du projet Joint Tactical UAV (JTUAV). L'US Army a donc acheté sept systèmes soit 56 drones en février 1993, commande assortie d'une option sur 50 autres systèmes totalisant 400 aéronefs supplémentaires. Seulement voilà : pour répondre aux spécifications demandées par l'US Army, les constructeurs durent se résoudre à modifier lourdement l'appareil et les coûts s'envolèrent : partie de 171 millions de dollars, l'ardoise fut finalement chiffrée à 627 millions de dollars lorsque l'incidence financière de la totalité des modifications demandées fut évaluée. Pour corser le tout, trois drones s'écrasèrent en 1995 et, bien que les causes des trois accidents eurent été très rapidement établies, cela ne fit pas moins mauvais effet. Résultat : non seulement la commande ultérieure fut bloquée mais encore six des sept systèmes Hunter déjà acquis furent purement et simplement stockés en l'état, les USA préférant déployer le Predator en Bosnie. C'est dans ce contexte que, en mars 1995, un bruit commença à courir selon lequel le ministère de la Défense français avait commandé auprès de la société israélienne IAI un système Hunter comprenant une station au sol et cinq drones. Il semble que, dans le contexte politique troublé qui présida aux élections présidentielles de 1995, ce programme d'acquisition fut sur la sellette avant d'être finalement confirmé. Le contrat, d'un montant non révélé mais estimé entre 100 et 150 millions de francs français, fut semble-t-il définitivement scellé lors de la visite que le premier ministre israélien de l'époque, Itzhak Rabin, effectua en France au mois de juin 1995.

A l'évidence, cette acquisition fut suscitée par des motifs politiques et déchaîna l'ire des industriels français qui ne manquèrent pas de faire remarquer l'absence d'appel d'offre ; du côté israélien en revanche, les déclarations confinèrent au triomphalisme. Rapportées par la revue *Air & Cosmos/Aviation International,* les propos que tint David Ivry, alors directeur général du ministère israélien de la Défense, donnent un aperçu du ton qui prévalut à l'époque : « Etre parvenus à finaliser ce contrat Hunter avec la France nous remplit de fierté et ce, au vu de la technicité du client. Loin de sous-estimer la capacité française en matière de drones, nous constatons qu'Israël peut désormais rivaliser avec les grandes nations auxquelles nous achetons de façon régulière composants et sous-ensembles, comme c'est le cas désormais auprès des industriels français. » Les protestations vigoureuses de ceux-ci restèrent lettre morte : l'achat « passa en force » et, du reste, aucun industriel hexagonal n'était à l'époque capable de proposer dans un délai très court un drone aussi endurant que le Hunter. D'autres solutions avaient cependant été envisagées : en 1995 par exemple, une délégation se rendit aux USA pour une présentation du Predator mais il ne fut pas donné suite, celui-ci ayant été jugé « insuffisamment mature ». Dès lors, le programme d'acquisition suivit son cours, la mise en place d'une équipe interarmées d'expérimentation dirigée par un officier de l'armée de l'air ayant été planifiée pour janvier 1998 au Centre d'Expériences Aériennes Militaires (CEAM) situé à Mont-de-Marsan.

Officiellement, le Hunter a été acquis pour préparer les aviateurs à l'utilisation de drones dont l'armée de l'air estime devoir acheter une vingtaine d'exemplaires pour ses besoins propres entre 2001 et 2010. L'existence de ce besoin a notamment été évoqué par le colonel Bernard Ducateau devant un public choisi au cours de la conférence « Quel avenir pour les drones ? » organisé au Sénat par le député Pierre Pascallon. En effet, dans un contexte caractérisé par l'épuisement rapide du potentiel des avions de combat consécutif à la durée de certaines crises (conflit en ex-Yougoslavie ou contrôle de l'espace aérien irakien par exemple) et par la réduction du nombre d'appareils de première ligne suite aux contraintes budgétaires, l'armée de l'air songe fortement à réserver aux drones une place de plus en plus grande au sein de son dispositif. Les engins sans pilotes pourraient ainsi dans le futur se voir confier des missions « classiques » (acquisition d'objectifs, renseignement tactique, BDA, brouillage, leurrage, lutte antiradar, plate-forme relais pour les liaisons de données) ou « nouvelles » (surveillance à grande portée, sécurité des installations aériennes projetées). Ces missions pourraient être accomplies en autonomie ou sous forme de patrouilles mixtes incluant drones et appareils pilotés. Dans ce dernier cas, le contrôle des drones devrait être assuré à partir d'un poste aéroporté sur appareil de transport dans un premier temps puis directement à partir des avions d'arme dans un deuxième temps. Mais cette vision futuriste implique des contraintes techniques qui sont loin d'être résolues : les problèmes d'interface avion/drone et l'écart de vitesse entre les deux types d'aéronefs ne sont que deux exemples parmi d'autres. Au rang des contraintes opérationnelles, on peut relever d'une part la nécessité de conserver une certaine souplesse tout en étant capable de réactions rapides avec un système composite donc hétérogène, d'autre part la vulnérabilité des drones devenus cibles prioritaires pour la défense sol-air ou encore l'intégration dans un espace aérien parfois très encombré.

Dans l'immédiat et notamment pour compléter l'action des satellites dans le domaine de la surveillance, l'intérêt de l'armée de l'air se porte sur les drones HALE avec les spécifications suivantes : présence sur zone supérieure ou égale à 24 heures, altitude d'emploi supérieure à 3000 mètres, emport de capteurs tous temps, optronique suffisamment évoluée pour permettre une désignation d'objectifs précise et possibilité de communications à longue distance en utilisant un relais satellitaire. Bien entendu, cet intérêt n'a pas échappé aux industriels français et, d'ores et déjà, certains développements exploratoires allant dans le sens souhaité par l'armée de l'air ont été initiés.

Les approches paraissant les plus pragmatiques sont le fait de SAGEM et de Matra. Le premier a négocié avec General Atomics l'adaptation du drone Predator aux besoins français : l'engin de conception récente a d'ores et déjà subi son baptême du feu en Bosnie et bénéficie du label « US Air Force » puisque, à l'heure actuelle, il est en service au sein des 11th et 15th Reconnaissance Squadrons implantés tous deux sur la base de Nellis dans le Nevada. Le choix de Matra s'est porté sur le Heron, drone développé par Israel Aircraft Industries ayant volé pour la première fois en octobre 1994. Ce choix apparaît judicieux : possédant une cellule entièrement réalisée en matériau composite, le Heron a d'emblée été conçu pour voler pendant plus de 35 heures à une altitude pouvant dépasser 7600 mètres. Pour ce faire, il a été doté d'une voilure possédant une envergure inhabituelle de 16,6 mètres tandis que son poids maximal au décollage atteint 1100 kg comprenant 500 kg à répartir entre carburant et charge utile. La majeure partie de l'avionique embarquée sur le Heron est une extrapolation de celle équipant le Hunter. Du reste, la communauté entre les deux drones ne s'arrête pas là puisque le développement du Heron a donné naissance à une version évoluée du Hunter baptisée E-Hunter et capable de tenir l'air pendant 26 heures. A peine développé, le Heron a du reste été amélioré par le montage d'une turbine en lieu et place du moteur à piston. Malgré l'augmentation du poids et l'allongement de la voilure, les 550 chevaux de la turbine autorisent les performances suivantes : plafond de 13700 mètres et capacité d'emport de 850 kg à répartir entre carburant et charge utile. Dès à présent, un exemplaire de la première version du Heron a, semble-t-il, volé pendant plus de 50 heures.

Aerospatiale a tout d'abord proposé une solution de moindre risque prenant la forme d'une modification profonde du monomoteur SOCATA TBM-700 doté en l'occurrence d'une voilure atteignant une envergure de 48 mètres et d'un dispositif de pilotage automatique. L'objectif visé était de concevoir un « appareil capable d'emporter 400 kg de charge utile à 18000 mètres avec une endurance d'au moins 24 heures sur zone. » Puis la société proposa un aéronef plus novateur dont seul un schéma sans échelle a été rendu public à l'heure actuelle. Celui-ci représente un engin à turboréacteur, queue bipoutre et voilure de grand allongement; les seuls chiffres connus sont les suivants : autonomie supérieure à 24 heures, vitesse de 600 km/h, charge utile de 500 kg et altitude opérationnelle de 20000 mètres. D'ores et déjà, on peut faire remarquer que la vitesse annoncée de 600 km/h semble un peu élevée s'agissant d'un engin possédant une voilure de grande envergure : plutôt qu'un drone HALE d'observation, cet engin semble donc préfigurer les aéronefs sans pilote censés appuyer les avions pilotés dans des raids mixtes et auxquels l'armée de l'air est en train de réfléchir.

Le concept présenté par l'ONERA est encore plus hardi : le Mars HAGV est en effet un drone propulsé par statoréacteur, pouvant être largué par un Rafale et récupérable par hélicoptère. Capable de Mach 4,5 et doté d'un système de navigation inertielle recalé par GPS, il bénéficierait grâce à sa vitesse élevée d'une bonne capacité de pénétration et pourrait emporter un radar SAR ou un système ELINT. A l'heure actuelle, ni son endurance, ni sa capacité d'emport ni son altitude opérationnelle n'ont fait l'objet de données chiffrées.

SPOT et la SEDI

Fin des années 70; la crise fait rage en Europe de l'ouest. Imperturbablement, les soviétiques mettent en place des missiles SS-20 dans les régions militaires de Biélorussie, de Kiev, de la Baltique et des Carpates. A la mi-1979, 90 lanceurs totalisant 270 ogives sont décomptés, chiffre passant à 243 lanceurs au

1er janvier 1983. Compte tenu de la portée du missile — les estimations occidentales variaient à l'époque entre 4400 et 5500 km —, les charges nucléaires emportées visent à l'évidence des cibles situées en France, en Allemagne, en Italie et en Grande-Bretagne. A Bonn pourtant, le chancelier Helmut Schmidt éprouve des réticences à accepter que les Américains basent sur le sol de la République Fédérale des vecteurs nucléaires. Pour le décider, les autorités de Washington acceptent de lui montrer des clichés pris par leurs satellites et montrant les missiles soviétiques. Surprise : les photos en question ressemblent à de la dentelle de Calais. Pour éviter que les experts militaires allemands n'en voient plus que ce que les services américains étaient décidés à montrer, ces derniers avaient soigneusement découpé tout ce qui ne concernait pas directement les lanceurs...

Novembre 1984, au Tchad. Contrairement aux engagements pris, les Libyens ne retirent pas leurs troupes présentes sur le territoire tchadien. Cécité ou volonté politique délibérée ? Toujours est-il qu'à Paris, on s'époumone à prétendre le contraire. Mais les déclarations des membres du gouvernement français sont bien vite contredites notamment par Soumaila Mahamat. Or, les informations du ministre tchadien de l'information semblent être de première main. Et pour cause : elles proviennent de l'exploitation des images fournies par les satellites américains...

Octobre 1987, au Moyen-Orient. Des missiles Silkworm iraniens attaquent un pétrolier géant battant pavillon libérien croisant dans le Golfe Persique. En hâte, les nations occidentales dépêchent sur place des forces aéronavales capables de contrer la menace; c'est notamment le cas de la France. Seulement voilà : pour déterminer les cibles susceptibles d'être prises en compte par les Super-Etendard de la flotte, les officiers « opération » de la Marine ont besoin de renseignements détaillés et la précision de ceux fournis par SPOT est insuffisante. Bons princes, les américains acceptent d'ouvrir leur placards et d'en sortir les clichés obtenus depuis l'espace par des satellites KH-11 transmettant en temps réel de l'imagerie dont la résolution est estimée à moins de vingt centimètres. Mais les images ne quittent pas les locaux de l'ambassade américaine et c'est surveillés par un cerbère sourcilleux que les Français prennent connaissance de photos choisies dont certaines zones avaient été auparavant soigneusement occultées.

Certes et principalement dans le cas tchadien, les informations recherchées pouvaient être obtenues par d'autres moyens mais les trois exemples cités n'en démontrent pas moins qu'aujourd'hui et notamment en cas de crise, une des clés de la diplomatie internationale se trouve dans l'espace. Qui s'assure d'une capacité en matière d'imagerie spatiale maîtrise non seulement l'information mais aussi la possibilité, par manipulation et dans une certaine mesure, d'inflechir les décisions diplomatiques des nations qui en sont dépourvues. C'est la principale raison qui a poussé les gouvernements successifs à consentir un effort financier suffisant pour doter la France d'une capacité minimale de renseignement d'origine spatiale (ROS). Les sommes en jeu se chiffrent en milliards de francs : c'est cher, certes, mais c'est le prix à payer pour qui veut conserver une indépendance de décision en matière de politique étrangère.

Le premier pas français vers l'édification d'une capacité autonome de renseignement spatial a été matérialisé par le lancement du satellite SPOT-1 qui a commencé à transmettre des clichés exploitables en février 1986. Pour défricher les modalités d'exploitation de l'imagerie satellitaire à des fins militaires, l'Armée de Terre créa la même année une cellule dénommée « Section d'Etude de Documentation et d'Images (SEDI) ». Initialement, la SEDI reçut pour mission de s'intéresser aux images de toute nature mais la mise en œuvre de SPOT fit que ses moyens furent presque exclusivement dédiés à l'exploitation de l'imagerie numérisée transmise par le satellite civil. La résolution de celui-ci atteint au mieux 5 mètres; est-ce pour autant que les images transmises par SPOT sont dépourvues de tout intérêt militaire ? Rien n'est moins sûr. En effet, dans un paragraphe consacré à la SEDI et s'agissant de la guerre du Golfe, le lieutenant-colonel Clément-Bollée précisa dans les colonnes du magazine *Armées d'Aujourd'hui :* « Le contexte particulier de ce conflit, caractérisé par une longue phase statique, un environnement désertique et une météo favorable a toutefois permis à la SEDI l'étude des travaux d'organisation du terrain irakiens, celle de l'infrastructure civile et militaire, ainsi que le suivi des destructions occasionnées par les bombardements alliés ». Un ensemble d'articles publiés dans la revue anglo-saxonne *Bulletin of Atomic Scientists* va dans le même sens. Dans le cadre de l'un d'entre eux, William A. Kennedy et Mark G. Marshall rapportèrent que Grayscale, société spécialisée dans l'analyse de l'imagerie à laquelle ils appartenaient, s'était livrée à une étude de clichés en provenance de SPOT et représentant le sud de la France, cherchant à repérer puis à interpréter les photos relatives aux installations du 1er Groupe de Missiles Stratégiques situées sur le plateau d'Albion. Disposant d'images dont la résolution était de 10 mètres alors que SPOT peut atteindre 5 mètres, les auteurs de l'article rédigèrent ainsi leur conclusion : « Les informations apportées par l'image seraient suffisantes pour se livrer à des tâches de désignation de cibles. En deux heures, un analyste utilisant des méthodes manuelles pourrait situer chacun des 18 silos avec une précision inférieure à 50 mètres. L'utilisation de méthodes d'analyse automatique pourrait encore améliorer la précision mais nécessiterait plus de temps; quoiqu'il en soit, une précision de 50 mètres est amplement suffisante en regard des capacités que l'on prête aux armes nucléaires soviétiques dans ce domaine. (...) Si la résolution de cette image avait été deux fois meilleure, (...) il aurait été possible de réduire encore la marge d'erreur quant à ce qui est interprété comme étant les silos de tir. » Un autre article publié dans la même revue précise que « les médias ont utilisé l'imagerie SPOT pour obtenir des informations sur l'accident de Tchernobyl, sur la guerre Iran-Irak, sur le radar de Krasnoyarsk, sur l'usine chimique de Rabta en Libye et sur un système laser soviétique en construction à proximité de la ville de Douchambe ». Certes, qui dit journalisme ne dit pas obligatoirement renseignement militaire, loin s'en faut. Il n'en reste pas moins que SPOT était, à l'époque des événements mentionnés, le seul moyen purement français apte à procurer une certaine forme de renseignement d'origine spatial.

S'il est en revanche un domaine où l'utilité de SPOT est incontestée, c'est bien celui de la cartographie qui, du moins en ce qui concerne les militaires, fait bel et bien partie du renseignement en préalable à l'action : il s'agit là d'une évidence que l'on a trop souvent tendance à oublier. Or, les qualités du satellite français en ce domaine sont telles qu'elles ont poussé les Américains à se tourner vers SPOT Image pour la fourniture de données permettant la remise à jour régulière des cartes détenues. Et ce n'est pas tout : permettant une visualisation du terrain en trois dimensions, les informations en provenance du satellite se révèlent très utiles pour la reconstitution du relief dans le cadre de la préparation des missions aériennes. En 1990, SPOT Image livra pour 6 millions de dollars de clichés au Département à la Défense américain. Au cours du salon du Bourget 1993, l'US Air Force alla jusqu'à signer avec Matra Cap Systèmes un contrat portant sur la fourniture aux fins d'expérimentation d'une station dénommée « Eagle Vision » et permettant la réception directe des informations transmises. Après une évaluation ayant duré quelques mois, les utilisateurs américains se sont déclarés séduits par les possibilités de la station.

Actuellement, trois satellites SPOT ont été lancés, les deux premiers étaient encore en service au mois de février 1998. A la même époque, SPOT-4 était en cours d'assemblage; il a été mis sur orbite en mars de la même année. Le lancement de ce dernier engin pourrait, si le retard du programme Hélios-2 se confirme, être appelé à prendre pour les militaires une certaine importance : SPOT-4 est en effet équipé de deux imageurs HRVIR (Haute Résolution dans le Visible et l'InfraRouge) et possède donc une capacité nocturne qui fait défaut à Hélios-1A. Du reste, peut-être doit-on voir là une justification au stockage de Hélios-1B : un article publié dans la Revue Aerospatiale précise en effet que SPOT-4 est « réalisé à partir d'une plate-forme identique à celle des satellites d'observation militaire Hélios-1 ». Dans ces conditions, sans doute ne serait-il pas trop difficile d'adapter l'équipement infrarouge de SPOT-4 à Hélios-1B, soit tel quel en acceptant une dégradation de la résolution, soit en le couplant à un dispositif optronique permettant d'améliorer les performances en ce domaine.

Venons-en justement à Hélios : après que la mise en œuvre de SPOT eut conduit à une première révolution dans le petit monde du renseignement français, l'irruption du satellite dédié à l'observation militaire a amené un bouleversement d'ampleur équivalente. Pour la première fois au monde, une nation autre que les Etats-Unis ou la Russie dispose d'un satellite dont la vocation exclusive est l'acquisition du renseignement.

La révolution Hélios-1

Lorsque l'on évoque la place du satellite Hélios-1A dans la communauté du renseignement français, le mot « révolution » n'apparaît nullement exagéré de par l'indépendance diplomatique qu'il apporte. Prenons un exemple.

3 et 4 septembre 1996. Quarante-quatre missiles de croisière Tomahawk frappent une quinzaine d'objectifs situés dans le sud de l'Irak entre Bagdad et Bassorah : c'est l'opération *Desert Strike.* Simultanément, les américains décident d'étendre unilatéralement la zone d'interdiction de survol englobant la majeure partie du territoire sud-irakien. Pour légitimer cette gesticulation belliqueuse, Washington avance une explication : les services de renseignement US affirment avoir repéré, dans le nord du pays, des mouvements d'unités appartenant à la Garde Républicaine et impliquant environ 40000 hommes. Usant et abusant de cette justification, le gouvernement américain tente de susciter l'adhésion des pays occidentaux. Seulement voilà : les observations effectuées par Hélios-1 amènent les experts français à réévaluer à la baisse l'importance des mouvements de troupes repérés par le NRO dans le Kurdistan irakien, constatation qui pousse Paris à se démarquer nettement des américains sur la scène diplomatique internationale. Sans les informations procurées par le satellite et qui pouvaient difficilement être obtenues par d'autres sources, les autorités françaises n'auraient eu d'autre choix, une fois de plus, que d'être à la traîne des décisions prises à Washington. Dans un article publié par le journal *Le Monde,* Jacques Isnard résuma ainsi la situation : « Dans les états-majors et les services de renseignement, en France, on considère que Hélios-1 est, de ce point de vue, une épine dans le pied des Américains. (...) Cette autonomie de l'observation stratégique permet de corréler ou d'infirmer l'interprétation du renseignement venue, sans autre moyen de contrôle, d'outre-Atlantique. « Cette assertion se trouve confortée par les pressions que Washington exerça sur Bonn et sur les capitales des pays du Golfe : il

s'agissait de dissuader les Allemands de s'investir dans le successeur d'Hélios-1 ainsi que de faire barrage aux propositions françaises visant à procurer à l'Arabie Saoudite, au Qatar et aux Emirats Arabes Unis un accès privilégié à l'imagerie produite par le satellite. Si l'on en croit des informations rapportées par la lettre hebdomadaire d'informations stratégiques TTU, généralement bien informée, Hélios se serait fait dernièrement remarquer dans le cadre de la crise opposant l'UNSCOM au dictateur irakien Saddam Hussein. Pour lever le doute sur l'étendue des sites présidentiels et en présence d'informations contradictoires provenant de Washington, des inspecteurs de la commission ainsi que de Bagdad, Kofi Annan aurait eu recours aux services du satellite français.

La décision de réalisation concernant le programme Hélios a été prise par les autorités françaises en 1986, année au cours de laquelle l'utilisation de SPOT démontra, s'il en était besoin, l'intérêt des images satellitaires dans le domaine du renseignement militaire. L'Italie et l'Espagne rejoignirent la France en 1987 et 1988 avec des participations s'élevant à 14,1 et 7 %. La guerre du Golfe, caractérisée selon les propres termes de Pierre Joxe, par « l'extrême dépendance de notre information à l'égard des sources américaines », ne fit que conforter le déroulement du programme et ce, malgré le niveau des sommes en jeu dans un contexte d'austérité budgétaire : la part française était, en 1992, estimée à 6,5 milliards de francs pour deux satellites Hélios-1A et Hélios-1B. Ce montant fut réévalué à 8 milliards de francs en 1994, somme à laquelle il convenait d'ajouter 4 milliards de francs pour l'exploitation.

Mais une question se pose : quelle est exactement la résolution de Hélios-1 ? La réponse est d'importance car, plus que toute autre caractéristique, ce qui fait qu'un satellite militaire peut être classifié en tant que tel est bel et bien relatif à sa résolution. Les seuls chiffres officiellement connus la situent à 1 mètre dans le spectre du visible mais des évaluations effectuées par des experts en outre bien informés évoquent une précision encore meilleure. C'est du moins l'avis d'Albert Ducrocq qui, dans les colonnes du magazine *Air & Cosmos/Aviation International,* estima que « dans certaines circonstances, il ne serait pas impossible que des détails de 30 cm se révèlent à Hélios-1A. » Voilà qui éclaire d'un jour singulier les possibilités du satellite et les implications qui en découlent. En effet et sur un avion de la classe du MiG-29 au sol, on estime qu'une résolution de 5 mètres permet la détection, une résolution de 1,5 mètre la classification, une résolution de 0,9 mètre permet d'affiner cette classification tandis qu'une résolution de 0,15 mètre autorise l'identification. A 1 mètre, Hélios-1 permettrait donc une classification affinée alors qu'à 0,3 mètre, l'identification serait possible dans les cas les plus favorables. Dans la réalité, les choses sont cependant beaucoup moins formelles et la corrélation de plusieurs sources permet des déductions qu'interdit une résolution trop peu satisfaisante : par exemple, on ne s'attend évidemment pas à trouver un MiG-29 sur une base aérienne espagnole...

Outre le CF3I déjà présenté dans les pages de cet ouvrage, l'un des principaux maillons de la chaîne Hélios-1 est le CPHF 10.348 (Centre Principal Hélios Français). Situé à Creil dans l'enceinte de la Base Aérienne 110, l'organisme est animé par du personnel militaire appartenant aux trois armées tandis qu'une dizaine d'officiers et de sous-officiers espagnols et italiens assurent l'indispensable interface entre le centre français et leurs centres d'exploitation nationaux respectifs. Les tâches du CPHF 10.348 sont principalement d'assurer la programmation et la mise à disposition des prises de vue Hélios, l'essentiel de la production du centre étant ensuite rétrocédée au CF3I.

Hélios-1A possède un frère, Hélios-1B qui ne diffère du premier que par des capacités de stockage améliorées; ce dernier pourra soit être effectivement lancé comme prévu en 1999 soit mis en réserve pour pallier à une éventuelle défaillance de Hélios-1A notamment en cas d'allongement excessif du programme Hélios-2. D'autre part, il est envisagé de concevoir des stations tactiques aérotransportables pouvant permettre à un commandant de théâtre d'avoir un accès direct à l'imagerie Hélios. Mais le futur du programme de renseignement d'origine spatial, c'est avant tout la conception, le développement et la mise en service de Hélios-2.

Balbutiements pour Hélios-2

Le programme Hélios-2 ressemble à une valse-hésitation qui fait douter de la capacité de certains gouvernements européens à appréhender les implications des bouleversements stratégiques auxquels on assiste depuis une dizaine d'années. Résumons-nous.

A l'origine, la France, l'Espagne et l'Italie devaient collaborer à l'effort scientifique, industriel et financier devant aboutir au lancement du satellite Hélios-2. Cette volonté politique était d'importance primordiale : malgré toutes ses qualités, Hélios-1 n'a aucune capacité infrarouge, ce qui en limite l'usage à l'observation de la lumière solaire réfléchie par la terre et, par voie de conséquence, interdit tout usage nocturne. Pourvu en revanche d'une capacité infrarouge, Hélios-2 avait justement été prévu pour remédier à cette lacune et, du même coup, les deux satellites construits dans le cadre de ce programme devaient assurer la relève des Hélios-1A et 1B vieillissants. En octobre 1994, avant même que Hélios-1A ne soit lancé et à la veille d'un sommet franco-espagnol, les autorités madrilènes décidèrent de se retirer du projet Hélios-2 dans lequel elles s'étaient engagées à hauteur de 13,5 milliards de pesetas (environ 750 millions de francs 1994). Survenant sur fond d'hésitations italiennes à prendre en compte une partie du coût de 10 milliards de francs auquel était estimé le programme, cette annonce fit l'effet d'une douche froide. A Paris, l'ambiance se réchauffa cependant bien vite. En effet, l'Allemagne, initiant une politique étrangère beaucoup moins timorée qu'auparavant quant à son implication dans les interventions sous l'égide des organisations supranationales, manifesta son désir de s'impliquer dans ce qui apparaissait de fait comme une ébauche de « communauté européenne du renseignement ». Pour les autorités françaises, cette volonté était pain béni, d'autant plus qu'elle semblait s'accompagner d'un désir de coopération industrielle dépassant le strict cadre du domaine spatial et que, d'autre part, Italiens et Espagnols avaient annoncé qu'un engagement de Bonn les amènerait à reconsidérer leurs positions respectives quant au projet Hélios-2 dont le coût avait entre-temps été réestimé à 11 milliards de francs. En avril 1995, lassées d'attendre une décision allemande qui tardait, les autorités françaises lancèrent la phase dite de « prédéveloppement ».

Dans la foulée du sommet franco-allemand de Baden-Baden, la bonne nouvelle fut enfin rendue publique : début décembre 1995, les Allemands annoncèrent leur engagement dans le programme Hélios-2 à hauteur de 20 %, engagement s'accompagnant d'un partenariat à dominante allemande sur le projet de satellite-radar Horus. Octobre 1996, coup de théâtre : Bonn tardant à confirmer son implication, les autorités françaises décidèrent de retarder le lancement de la phase de développement. En décembre de la même année, l'ambiguïté de la position allemande apparut au grand jour : tout en confirmant la volonté politique de s'impliquer dans le programme, Bonn fit savoir que le financement requis ne serait pas inscrit au budget 1997 principalement à cause du fardeau que représente l'Eurofighter. L'effet de cette annonce fut d'autant plus dommageable qu'Italiens et Espagnols continuaient à vouloir conditionner leur décision à la présence allemande dans le projet. Cette situation quelque peu bloquée ne laissa d'autre choix à la France que de prendre la décision de lancer le programme malgré les hésitations allemandes. Cette décision fut annoncée en décembre 1997 alors que 1,42 milliards de francs étaient inscrits au programme dans le cadre du budget de la Défense français pour 1998. Un commentaire officiel publié en février 1998 précisait : « Le premier satellite Hélios-2A sera lancé en 2002, avec un décalage de 6 mois par rapport à la programmation qui résulte des négociations franco-allemandes. La tenue de ce calendrier doit permettre d'assurer la continuité de service avec le programme Hélios-1. (...) Les études liées à la mise en place d'un système de surveillance de l'espace feront, quant à elles, l'objet d'un moratoire d'un an. »

En février 1998, seule l'Espagne avait confirmé sa participation pour 3 à 6 % d'une facture qui est estimée à 11,6 milliards de francs pour la mise en orbite de deux satellites. Ce montant était cependant susceptible de révision à la baisse sous l'impulsion de la Délégation Générale de l'Armement qui demanda au maître d'œuvre — en l'occurrence Matra Marconi Space — une réduction substantielle des coûts de 10 à 20 %. Dans l'intervalle, Washington s'est mis en devoir de faire le forcing : Bonn ferait l'objet depuis quelque temps de fortes pressions diplomatiques américaines pressant les autorités allemandes d'acheter « sur étagère » un système américain d'observation produit par Lockheed-Martin ou encore de souscrire un abonnement aux informations recueillies par les satellites US...

Exploitation de l'imagerie spatiale

Avoir des capacités d'acquisition en matière d'imagerie spatiale, c'est bien; pouvoir les exploiter, c'est mieux. Il n'y a pas si longtemps, les outils techniques mis à la disposition des officiers « renseignement » pour traiter les clichés réalisés par la reconnaissance aérienne se limitaient à la loupe et au stylo feutre. Il est bien évident que manier ces seuls accessoires est notoirement insuffisant dès lors que l'on aborde le domaine de l'imagerie spatiale, caractérisée par une masse de données conséquente. La solution a bien évidemment été d'avoir recours à l'informatisation : ce fut la naissance de la Photo-Interprétation Assistée par Ordinateur (PIAO). Il a donc fallu développer des logiciels adaptés répondant aux besoins exprimés par les forces armées. Quels étaient-ils ? Selon François Louange, PDG de FLEXIMAGE, « Le problème à résoudre consistait, en partant de données brutes de type « images du sol terrestre vu d'en haut » (...) à produire, à l'usage des décideurs, des données synthétiques susceptibles d'alimenter une base de données utilisée par d'autres systèmes. Il s'agit d'informations géographiques ou de plans renseignés, accompagnés de rapports d'interprétation. » Précisons tout de suite que cet ensemble de techniques est l'exemple même d'une technologie duale, c'est-à-dire utilisable aussi bien par les militaires que par les civils. Cette remarque n'est pas tout à fait innocente dans le sens où de tels produits commerciaux peuvent en conséquence soulever des problèmes parfois difficiles à résoudre dès lors que l'on évoque une possible exportation.

En France, la société FLEXIMAGE a notamment mis au point en collaboration étroite avec le CEPIA (Centre Expérimental de Photo-Interprétation des Armées) le progiciel OCAPI (Outil Conversationnel d'Aide à la Photo-Interprétation). Le CEPIA avait été créé en 1981 dans le but de défricher le domaine de l'interface homme-machine. Le développement d'OCAPI fut initié en 1982 tandis que la création de la société FLEXIMAGE date de 1989, année au cours de laquelle une version civile du logiciel a été mise sur le marché pour répondre à une demande sans cesse croissante. A partir de 1993, la traduction des expressions conversationnelles d'OCAPI autorisèrent sa disponibilité à l'exportation. Le logiciel est maintenant décliné en versions française, anglaise, allemande et espagnole; il est en service au centre satellitaire de l'UEO ainsi qu'au sein de divers organismes appartenant à des pays d'Afrique, du Moyen-Orient et d'Asie. Sur le plan hexagonal, et selon FLEXIMAGE, le progiciel « équipe tous les services concernés de la Défense ».

OCAPI intègre trois environnements indispensables à la pratique opérationnelle de la PIAO : un éditeur cartographique, un outil de traitement d'images et un Système d'Information Géographique (SIG). L'éditeur cartographique permet notamment le tracé de figures standard ou complexes et peut mémoriser une bibliothèque de symboles prédéfinis. L'outil de traitement des images autorise par exemple un ajustement du contraste et de la luminance. Quant au SIG, il peut prendre automatiquement en compte différents modèles géographiques utilisés par les principaux satellites actuellement en service et utiliser les systèmes de projection UTM, Mercator ou Lambert. Le choix des unités de distance et de mesure d'angle est laissé à l'appréciation de l'utilisateur. De manière plus générale, OCAPI est capable de traiter une imagerie très diversifiée : photographique, diurne ou infrarouge sur support magnétique, informations provenant d'un radar SAR. Les outils disponibles permettent le recalage des images ou encore la composition d'images utilisant des types d'imagerie différents superposés; des modèles numériques de terrain en trois dimensions peuvent être élaborés à la demande. Selon les besoins du client, le logiciel peut être livré en versions mono-écran, bi-écran, réseau, durcie ou portable; il peut être implanté sur des stations SUN ou PC et est notamment compatible avec le système d'exploitation UNIX. Dans le domaine civil, OCAPI permet en particulier de dresser la cartographie d'un environnement urbain ou périurbain en rapide évolution à partir de l'imagerie SPOT. Cette application précise dépasse cependant le strict domaine public puisqu'elle a été notamment mise à profit pour fournir des cartes exploitables de Koweït City.

Osiris, Horus, Cerise, Clémentine et Zénon

Après la définition et la réalisation de projets utilisant les technologies optroniques dans les domaines du visuel et de l'infrarouge, il était logique pour les autorités françaises d'ouvrir les voies de l'observation radar et du ROEM spatial.

L'observation radar depuis l'espace est la technologie la moins tributaire des aléas de la météo et c'est précisément ce qui amène à constater que le satellite-radar est probablement, quoique capable d'une résolution moindre que les engins optiques, celui des moyens ROS qui possède la meilleure souplesse d'emploi. Mettre en œuvre cette technologie requiert cependant de résoudre quelques problèmes épineux ayant trait à l'alimentation électrique et au traitement du signal radar. Les européens ne sont cependant pas tout à fait novices en la matière puisque l'Agence Spatiale Européenne a mis en orbite deux satellites à usage civil utilisant cette méthode d'observation : ERS1 et ERS2. En outre, Alcatel Espace et Thomson-CSF ont d'ores et déjà investi 800 millions de francs pour l'étude d'un satellite-radar militaire dans le cadre du programme Osiris, nom ésotérique désignant un engin analogue à Horus d'inspiration purement nationale. Bref, l'affaire est sérieuse mais les difficultés ne sont pas insurmontables et les avantages — observation tout temps de jour comme de nuit — intéressants voire indispensables selon l'idée que l'on se fait de la notion d'indépendance. L'accord passé en décembre 1995 prévoyait la mise en orbite de deux satellites d'observation radar Horus pour un coût situé entre 12 et 15 milliards de francs, coût devant être réparti à raison de 60 % pour l'Allemagne et de 40 % pour la France. Initialement, il avait même été envisagé d'ouvrir une coopération transatlantique et la mise en service était prévue pour l'an 2005. La maîtrise d'œuvre du programme Horus devait être confiée à un groupe dénommé European Satellite Industries, filiale commune d'Aerospatiale et de Daimler-Benz Aerospace AG (DASA) qui s'annonçait déjà comme un « poids lourd » susceptible de modifier de manière significative le paysage de l'industrie spatiale puisque regroupant près de 3000 personnes pour un chiffre d'affaires annuel de près de 6 milliards de francs. Or, force est de constater qu'à l'heure actuelle, les hésitations allemandes hypothèquent la pérennisation du programme Horus.

Dans ces conditions, la mise en orbite d'un satellite ROEM apparaît pour le moins compromise. L'arrivée de celui-ci, dénommé Zénon, avait pourtant été préparé notamment par le lancement, en date du 7 juillet 1995 et par la même fusée Ariane ayant mis Hélios-1A en orbite, du micro-satellite Cerise pesant 46 kg. Cerise est avant tout destiné à faire du renseignement de documentation, c'est-à-dire à dresser un catalogue des émissions électromagnétiques. C'est du reste à peu près le seul type de renseignement que l'on peut obtenir d'un satellite ROEM dans le sens où son défilement ne lui permet pas de rester longtemps au-dessus d'une zone de crise. Mais revenons à Cerise : capable d'enregistrer tout ce qui est émis durant deux années et demi de durée de vie, il devait être complété d'un engin dénommé Clémentine. Les coûts de Cerise et de Clémentine étaient, en 1995, estimés à 87 et 90 millions de francs mais il n'est malheureusement pas certain que leur exploitation puisse bénéficier au programme Zénon dont le déroulement est maintenant gelé depuis 1994. Du reste, il n'est même pas évident que, malgré son coût relativement faible, Clémentine soit un jour lancé. En effet, les commentaires officiels accompagnant le budget 1998 utilisaient le conditionnel pour évoquer le futur du satellite : « Clémentine (...) pourrait être lancé à partir de 1999. » En clair, les crédits concernant l'engin seraient, en cas d'exercice budgétaire difficile, une source d'économies toute trouvée. Quoiqu'il en soit, l'utilisation de Cerise a été perturbée en septembre 1996, mois au cours duquel le petit satellite a, semble-t-il, été heurté par un débris qui a endommagé le dispositif de stabilisation, provoquant une rotation intempestive de l'engin.

Ainsi que le démontre la mise en œuvre d'une capacité ROS, la technologie au service du renseignement est avant tout affaire de volonté financière étatique matérialisée par des industriels opérant dans les secteurs de pointe. Dans ce dernier domaine, la France a des atouts à faire valoir.

Les industriels : deux exemples pour une diversité

Compulser le catalogue des produits d'Aerospatiale est plein d'enseignements quant au savoir-faire de l'industrie française s'agissant des matériels et logiciels dévolus à l'acquisition ainsi qu'à l'exploitation du renseignement. Le niveau technologique induit est parfaitement représentatif de ce dont un groupe industriel d'importance majeure est capable. A l'opposé, CAC SYSTEMES est l'exemple même de la société de taille plus modeste mais solidement installée sur un créneau grâce à un indéniable savoir-faire.

Le groupe Aerospatiale est impliqué dans la quasi-totalité des secteurs technologiques relatifs au renseignement : drones, système HORIZON, systèmes spatiaux et logiciels d'exploitation. En ce qui concerne les drones, la participation d'Aerospatiale dans le programme CL-289/PIVER a été suffisamment évoquée dans ces pages pour qu'il soit utile d'y revenir. D'autant plus que l'activité du groupe dans ce secteur réserve d'autres surprises : la branche Aerospatiale Missiles est par exemple impliquée dans le développement du C 22L, adaptation de l'engin-cible C 22 au rôle de drone. Le C 22L atteint des vitesses de Mach 0,8 et vole à plus de 12000 mètres d'altitude mais peut descendre à moins de 300 mètres pour les prises de vues grâce à des capacités de suivi du terrain; sa charge utile est de 100 kg, son endurance de 2 h 30 mn et son autonomie de 1400 km. Lorsque son développement sera achevé, le C 22L aura donc les capacités requises pour accomplir dans la profondeur stratégique des missions de reconnaissance, de désignation de cibles ainsi que de BDA. Il pourra emporter une gamme variée d'équipements incluant caméras thermiques, radar SAR ou illuminateur laser. A l'autre extrémité de l'échelle, Aerospatiale développe le Drone à Vol Quasi-Stationnaire (DVQS) et le HUSSARD. Tous deux sont des aéronefs sans pilote rustiques à très courte portée mais font appel à des technologies différentes : alors que le DVQS utilise une liaison hertzienne pour transmettre les informations, le HUSSARD est relié à son poste de contrôle par l'intermédiaire d'une fibre optique. Le DVQS a les caractéristiques suivantes (les chiffres entre parenthèses correspondent à ceux du HUSSARD) : un rayon d'action de 6 km (10 km), une autonomie sur zone de 1 heure (idem), une masse de 8 kg (16 kg), une capacité d'emport de 3 kg (5 kg) et une vitesse maximale de 144 km/h (180 km/h). Les deux drones peuvent être mis en œuvre par une équipe réduite à deux hommes.

La branche Aerospatiale Espace & Défense est présente dans les programmes Hélios-1 et Hélios-2 (instrument de prise de vues, structure du satellite, générateur solaire), et Horus. Il est en revanche un créneau où les activités du groupe sont moins médiatisées mais tout aussi importantes : celui des systèmes informatiques dédiés au renseignement; RATIS (Recherche, Analyse et Traitement des Informations sur les Systèmes) est à ce titre un exemple intéressant. Le système résulte d'un contrat signé à l'origine avec la DGA en vue d'assurer pour le compte du ministère de la Défense un suivi des essais soviétiques dans le domaine des missiles mais apporte maintenant son concours à une évaluation permanente des menaces de contre-prolifération. Un document émanant du groupe présente RATIS comme « une méthodologie de renseignement documentaire et de traitement de l'information » permettant d'extraire les « informations pertinentes » d'un flux constant de documentation et d'en assurer une présentation favorisant de la part d'experts convenablement choisis une critique de « crédibilisation » (jugement sur la valeur des informations recueillies) et de « restitution » (validation des informations par confrontation avec les connaissances acquises). Ce processus permettrait en particulier de « détecter la désinformation » et en conséquence d'identifier les « sources les plus sûres ». RATIS serait applicable à l'étude des missiles (offensifs, antimissiles), des armes de destruction massive, des satellites, des armes antisatellites et des lanceurs civils ou militaires. Désormais commercialisé, RATIS peut « couvrir tous les aspects de création ou d'amélioration des réseaux de renseignement », Aerospatiale Espace & Défense pouvant proposer à la demande une architecture de système spécifiquement étudiée, des cours de formation (utilisation du système, méthodologie d'interprétation de données) ou la réalisation d'études ponctuelles. Enfin, les concepteurs du système se plaisent à souligner que la récupération de missiles SCUD après l'écroulement du Mur de Berlin a permis de constater que les évaluations réalisées par RATIS sur les caractéristiques des missiles soviétiques étaient très proches de la réalité. L'activité « informatique de renseignement » du groupe, c'est également FLEXIMAGE — dont Aerospatiale détenait, à la mi-1996, 78 % des actions — mais aussi des produits tels que DEMOSAT (» outil de présentation synthétique des capacités de collecte d'information d'un système d'observation multisatellitaire »), PRISME (« outil d'aide à la planification des systèmes d'observation optique et radar par satellite en vue d'optimiser l'accès au renseignement image d'origine spatiale ») ou encore PLANISPHERE (« Logiciel de préparation de mission et d'exploitation du renseignement tactique »).

CAC SYSTEMES, pour des raisons évidentes de taille, ne peut bien évidemment pas se permettre d'avoir les mêmes ambitions mais n'en avait pas moins en dix années d'existence vendu un total de 800 engins sans pilote. Spécialisée dans la production de drones (surveillance, reconnaissance, guerre électronique et applications civiles) et de cibles aériennes (entraînement des unités sol-air), la petite société s'est également positionnée sur le créneau des systèmes complets ainsi qu'en témoigne la conception du FOX MLCS. Celui-ci rassemble en effet sur un seul véhicule aérotransportable de la classe Mercedes UNIMOG la rampe de lancement, quatre drones ainsi que tous les équipements de contrôle et d'exploitation. Après déchargement de la soute d'un C-130 Hercules ou C-160 Transall, l'ensemble ne demande qu'une vingtaine de minutes pour être remis en configuration opérationnelle. Il peut emporter des drones FOX AT1 (90 kg/1h30 d'autonomie), FOX AT2 (130 kg/4h00 d'autonomie) ou FOX TX (AT2 adapté à la mission de guerre électronique) également produits par la société.

La France fédératrice du renseignement européen ?

La question mérite en effet d'être posée tant la contribution directe ou indirecte de la France à la création d'un pôle européen du renseignement s'effectue de manière significative.

A tout seigneur tout honneur, l'aspect fédérateur du programme Hélios en fait un des événements majeurs dans l'édification d'une capacité autonome d'acquisition du renseignement. Hélios-1 est sur les rails et a rassemblé autour d'un même projet Français, Italiens et Espagnols. Ces trois nations ont du reste ouvert la porte à l'UEO qui, à travers du centre de Torrejon, possède un accès privilégié à l'imagerie produite par Hélios-1A. S'agissant de cet établissement, le secrétaire général de l'UEO José Cutiliero n'a pas hésité à déclarer : « ce centre est la seule organisation européenne capable de traiter des missions militaires à caractère opérationnel ». D'un effectif de 59 personnes comprenant notamment des Français, Allemands, Belges, Britanniques, Italiens, Hollandais et Espagnols, le centre est organisme de l'UEO depuis mai 1995 et a reçu ses premières images Hélios en date du 7 mai 1996. Celles-ci sont exploitées au moyen de huit stations que se partagent une quinzaine d'analystes dont la mission est de constituer des dossiers ensuite distribués aux nations ayant participé au financement du centre. Celui-ci comprend notamment une « division des études » assurant le suivi de diverses expérimentations relatives aux techniques d'exploitation de l'imagerie. Il est à souligner que l'organisme européen ne travaille pas exclusivement sur des images en provenance de Hélios-1A puisque des clichés pris par les satellites SPOT, ERS1, ERS2, Landsat (USA), Radarsat (Canada), Resurs (Russie) et IRS-1 (Inde) ont également été utilisées. Dans les colonnes de l'hebdomadaire Air & Cosmos/Aviation International, Christian Lardier dressa ainsi la liste des missions de l'organisme : « Les domaines d'application du centre sont les missions humanitaires et l'évacuation des ressortissants, les missions de maintien de la paix, le suivi et la gestion des crises, les opérations de l'UEO, la vérification de l'application des traités, le contrîle des armements et de la prolifération, la surveillance maritime et la surveillance de l'environnement. » Lire cet inventaire à la Prévert, c'est comprendre que les seuls clichés produits par Hélios-1A — et dont on ne connaît du reste pas les modalités de mise à disposition — ne puissent suffire.

Quant au programme Hélios-2, un retrait de l'Allemagne toujours possible, sinon probable, ne manquerait pas d'être interprété comme un des ratages les plus retentissants de ces dernières années en matière de coopération militaire européenne. Et la liste est déjà longue, trop longue pour que l'on puisse véritablement se demander si l'expression a encore un sens : retards considérables pris par le programme d'hélicoptère de combat Tigre, projet abandonné de char commun, concurrence fratricide Eurofighter/Rafale, naufrage du programme Brevel, incertitudes dans le domaine des véhicules blindés de combat d'infanterie de prochaine génération... Or, la dimension européenne de Hélios-2 apparaît comme une nécessité au vu des coûts et du fait que l'abandon d'une coopération sur le satellite d'observation précipiterait presque à coup sûr une mesure équivalente sur le programme Horus.

Dans le domaine des drones, la France a également et dans le cadre européen une situation prépondérante. Tout d'abord, elle participe au développement du drone Brevel dont la mise en service est maintenant sujette à caution mais qui avait eu le mérite de susciter un rapprochement franco-allemand de bonne augure. Outre ce système, l'entreprise française SAGEM a remporté des succès commerciaux enviables, notamment auprès des autorités hollandaises qui ont acquis une version modifiée du Crécerelle appelé à prendre sur place la dénomination de Sperwer ; le contrat est évalué à 430 millions de francs. Certes, vendre quelques

Crécerelle n'est pas à proprement parler favoriser l'émergence d'une communauté européenne du renseignement ; il n'en reste pas moins que l'utilisation de matériels présentant de fortes similitudes est intrinsèquement de nature à faciliter les échanges sur tous les plans.

Enfin, la France est le seul pays européen à mettre en œuvre un système de surveillance du champ de bataille aéroporté qui en soit au stade opérationnel, l'Italie et la Grande-Bretagne étant cependant engagés dans des programmes comparables sinon équivalents. Mais l'ASTOR britannique n'existe encore que sur le papier et le CRESO italien souffre de ne posséder que des possibilités modestes car ajustées en vue de permettre l'intégration du radar héliporté à un système C^4I de renseignement complet. Dans un proche avenir, toute initiative exclusivement européenne en matière de surveillance du champ de bataille aéroportée dans le cadre d'une intervention sous l'égide d'une organisation supranationale devra donc passer par Paris. Souhaitons que, le cas échéant, cette obligation conduise nos partenaires européens à apprécier le simple fait de pouvoir de temps à autre s'affranchir de la tutelle parfois pesante de Washington. Du reste, le JSTARS a, dans le cadre de son utilisation en Bosnie, révélé être doté de capacités plus limitées qu'on ne l'imaginait face à l'aspect tourmenté du relief. En outre, le système manque à l'évidence de souplesse d'emploi car trop lourd et trop exigeant en matière d'infrastructures terrestres.

CHAPITRE 8

LE RENSEIGNEMENT MILITAIRE EN OPÉRATION DE GUERRE

Un peu de sémantique...

L'objet de cet ouvrage n'est pas de faire référence en matière de vocabulaire militaire. Cependant et surtout lorsque l'on touche au renseignement en opération, il convient d'expliciter certains termes, à défaut de quoi l'on risque de se contenter d'approximations néfastes à la compréhension du problème. Par exemple, quelle est la différence entre reconnaissance et renseignement ? Et entre éclairage et reconnaissance ? Qu'est-ce que le renseignement de combat, qu'est-ce qu'une « zone de responsabilité » et comment la distingue-t-on d'une « zone d'intérêt » ? Voici donc, en guise d'entrée en matière, un peu de sémantique.

Pour les états-majors français, la définition du terme « reconnaissance » est la suivante : « Mission entreprise en vue d'obtenir, par observation visuelle ou par d'autres modes de détection, des informations sur les activités et les possibilités d'un ennemi actuel ou en puissance, ou d'acquérir des données concernant les caractéristiques météorologiques, hydrographiques ou géographiques d'une zone particulière. » Le moins que l'on puisse dire est que les militaires hexagonaux n'ont pas fait preuve en la matière d'une quelconque originalité puisque cette définition est pratiquement la traduction mot pour mot de celle contenue dans le *Dictionary of Military Terms* en usage outre-Atlantique. Quant au « renseignement », la littérature officielle française le définit comme étant à la fois le produit fini et l'ensemble des activités intellectuelles visant à élaborer ce produit à partir du matériau brut. On ne retrouve cependant pas cette dualité dans le dictionnaire anglo-saxon précité où le terme « intelligence » est ainsi explicité : « 1 — Produit résultant de la collecte, de l'exploitation, de la fusion, de l'analyse, de l'évaluation et de l'interprétation des informations concernant les zones ou pays étrangers. 2 — Information sur et connaissance d'un adversaire obtenues au moyen de processus d'observation, d'enquête, d'analyse ou de compréhension. » Dans les deux phrases relatives à cette définition, le vocable « intelligence » se rapporte donc bel et bien au résultat et non aux activités d'élaboration.

Prosaïquement, un Français peut donc établir la distinction suivante : la reconnaissance est une action de collecte d'informations alors que « le renseignement » est avant tout affaire d'activité intellectuelle. Cette distinction se trouve confortée par la remarque qui suit : même lorsque des organismes spécialisés contrôlent en propre des moyens dédiés à l'acquisition des informations, leur dénomination comporte rarement le terme « renseignement ». On préfère généralement parler d'unité de recherche. Et si le terme en question apparaît — cas de la 54e Escadre de Renseignement Air —, c'est toujours parce que les missions d'acquisition dévolues à l'unité se doublent d'une fonction propre d'exploitation. Lorsqu'ils sont employés dans leur sens communément admis, la différence entre les deux termes apparaît encore plus clairement définie : le renseignement est compris comme étant intrinsèquement discret alors que la reconnaissance impose souvent des actions de vive force. Quant à la distinction entre éclairage et reconnaissance, elle peut être ainsi résumée : cette dernière est une activité précédant et facilitant l'élaboration du plan d'action militaire, au contraire de l'éclairage qui appartient à l'action en cours. On utilise des unités de reconnaissance pour mettre à jour les faiblesses de l'adversaire et déterminer le point où l'on va concentrer la puissance de feu susceptible de provoquer la rupture; les unités d'éclairage, elles, précèdent directement les vecteurs de cette puissance de feu, se contentant en quelque sorte de leur « ouvrir la route ». Il est cependant bien évident que toutes les unités de reconnaissance et d'éclairage participent à l'effort de renseignement pris dans son acception globale.

En cours d'opération, une unité, quelle que soit par ailleurs sa nature, utilisera les différentes catégories de renseignement suivantes : renseignement de combat, renseignement de manœuvre, renseignement d'objectif et renseignement de situation. Selon le TTA 181 — document de base fixant la doctrine en la matière au sein de l'armée de terre —, le renseignement de combat se caractérise comme étant « recueilli et exploité au niveau des unités engagées »; il a donc une durée de validité très éphémère, tout au plus quelques heures. Le renseignement de manœuvre, quant à lui, est « relatif au dispositif, au volume ou aux actions de l'ennemi et [est] nécessaire au chef pour la conduite de sa manœuvre. » C'est, au niveau du chef de guerre, la traduction du classique plan de compte rendu que tout soldat au contact doit être capable de faire : nature, attitude et volume. Le renseignement d'objectif est par essence ponctuel, il concerne la plupart du temps une installation d'infrastructure, une concentration de forces ou un poste de commandement adverses. C'est le type même de renseignement pratiqué par les Equipes d'Observation dans la Profondeur qui, infiltrées dans le dispositif ennemi, transmettent les coordonnées d'un objectif susceptible d'être gratifié de quelques obus. Enfin, le renseignement de situation est officiellement défini comme « ayant pour objet de suivre au jour le jour les événements intéressant la défense et les activités des forces armées avec leurs conséquences à court terme. »

La « zone de responsabilité » est celle à l'intérieur de laquelle le chef d'un niveau hiérarchique considéré est, au moyen des capteurs qui lui sont attribués, responsable de l'acquisition du renseignement. Bien entendu, ledit chef ne gardera pas pour lui seul les informations ainsi obtenues : il devra non seulement et sur leur demande éventuelle les transmettre à ses voisins de niveau hiérarchique équivalent mais aussi en rendre compte à ses supérieurs immédiats ainsi qu'en avertir ses subordonnés. Quant à la « zone d'intérêt », sa définition porte déjà plus à interprétation puisque l'expression désigne la « zone à l'intérieur de laquelle un chef a besoin d'être renseigné sur les facteurs et les développements susceptibles d'affecter l'issue des opérations en cours ou futures. » Quels sont précisément ces « facteurs » et ces « développements » ? Nulle liste à prétention exhaustive ne semble avoir été dressée à ce sujet.

Pour terminer avec ce paragraphe de sémantique pouvant paraître quelque peu rébarbatif, précisons les termes « tactique », « opératif » et « stratégique » qui, parce que trop souvent galvaudés, semblent ne plus avoir de signification précise. Selon le *Dictionary of Military Terms,* le niveau stratégique de guerre est « le niveau (...) auquel une nation ou un groupe de nations détermine ses objectifs de sécurité nationale ou multinationale (...), développe et utilise les ressources nationales pour atteindre ces objectifs. » Bref, le stratégique est avant tout politique. Il ne devient militaire que dans la mesure où l'on se réfère aux états-majors centraux agissant en tant que conseillers techniques directs des instances gouvernementales. Le domaine de l'opérationnel est celui du « niveau de guerre auquel les campagnes et les opérations majeures sont planifiées, conduites et soutenues en vue d'accomplir des objectifs stratégiques dans le cadre d'une zone ou d'un théâtre d'opérations. » Enfin, le niveau tactique est celui de la planification et de la conduite des batailles et des engagements; il a pour acteurs les unités ou les groupements de bas niveaux hiérarchiques. Précisons cependant que ces trois notions ont parfois des acceptions variant quelque peu et ayant parfois tendance à se télescoper. Ainsi, sur la scène internationale, il est évident que l'expression « niveau stratégique » n'aura pas la même signification si l'on prend en compte les intérêts de sécurité nationale respectifs des USA ou du Luxembourg. En outre, les concepts d'emploi font parfois référence à des niveaux intermédiaires : s'agissant de l'Union Soviétique, par exemple, l'ampleur des moyens militaires mis en œuvre ainsi que le déterminisme de la doctrine ont parfois conduit à la distinction des niveaux stratégico-opératif (opérations au niveau « front » regroupant plusieurs armées) et tactico-opérationnel (opérations du niveau corps d'armée). Enfin, la puissance des médias est telle qu'une action tactique n'impliquant qu'un faible potentiel militaire peut, convenablement « montée en épingle », avoir des répercussions politiques et, donc, devenir peu ou prou stratégique.

Les expressions les plus courantes du vocabulaire propre au renseignement étant explicitées, venons-en maintenant à la description du « cycle du renseignement » et de ses quatre phases.

Le cycle du renseignement

Le renseignement n'est ni un but en soi, ni un processus se satisfaisant de l'improvisation. Doté de moyens limités que le taux d'attrition peut encore contribuer à réduire et qui, une fois engagés, peuvent se révéler difficilement réutilisables — c'est notamment le cas des patrouilles profondes dont la récupération en terrain ennemi est, sinon impossible, du moins très difficile — le chef militaire en opérations, aidé en cela par une cellule spécialisée de son état-major, se doit de planifier l'emploi de ses moyens d'acquisition du renseignement de manière à les utiliser le plus judicieusement possible. En règle générale, une formation préparant sa manœuvre reçoit de l'échelon supérieur une première impression sur l'ennemi : il appartient à la cellule « renseignement » d'assimiler ces informations et d'en déduire l'ennemi auquel l'unité d'appartenance va être confrontée. En fonction des connaissances acquises dès le temps de paix ainsi que des caractéristiques du terrain, les officiers « renseignement » s'efforcent alors de déduire non seulement l'objectif poursuivi par l'adversaire mais aussi le déroulement de sa manœuvre. On obtient ainsi une sorte de « photographie » instantanée de l'ennemi accompagnée des images du « film » composant, avec plus ou moins d'approximation, son action prévisible.

Renseigné par l'échelon supérieur, ayant assimilé l'ennemi à son échelon, le chef de guerre doit concevoir sa manœuvre en fonction de la mission reçue. Pour ce faire, il aura tout d'abord besoin d'informations ponctuelles et, de surcroît, devra être constamment renseigné sur le déroulement de la manœuvre ennemie puisque celle-ci est susceptible de gêner sa propre action. Il exprimera donc des besoins en renseignement, complétant ainsi la première phase du cycle, celle justement dite de « l'expression des besoins ».

Cette première phase achevée, il incombe à la cellule « renseignement » de satisfaire les besoins exprimés; les officiers de la cellule devront alors effectuer un travail de planification : c'est l'objet de la deuxième phase, dite « d'orientation de la recherche ». Si les informations recherchées peuvent être acquises dans les limites géographiques de la zone de responsabilité, il reviendra à la cellule « renseignement » de répartir le travail de recherche entre les différents moyens d'acquisition organiques ou rattachés en fonction de leurs capacités de détection et de leur disponibilité.

Viendra ensuite la troisième phase, celle de la « recherche » : ayant reçu leur mission, les échelons de commandement des unités d'acquisition du renseignement vont traduire cette mission en ordres tactiques qui seront transmis aux unités élémentaires chargées du recueil de l'information. Il ne faut cependant pas imaginer que, en attendant les résultats de la recherche, les officiers de la cellule « renseignement » n'ont plus qu'à se tourner les pouces : certaines informations ne peuvent être obtenues qu'auprès des échelons hiérarchiques supérieurs ou des voisins; les officiers traitants devront donc effectuer des demandes en conséquence.

Avant de poursuivre, une parenthèse : s'agissant d'activité de renseignement, il existe une loi intangible qui énonce que l'acquisition et l'exploitation doivent absolument être séparées, ceci afin d'éviter la distorsion subjective des informations. Cette distorsion peut en effet être très facilement induite par une vue incomplète de la situation ou un désir trop hâtif de simplifier un compte-rendu. L'exemple suivant, souvent cité, est très révélateur à ce sujet : un peloton de char se composant de trois véhicules, un observateur cadrant un char dans l'optique de ses jumelles pourra tenir le raisonnement suivant : « Puisque j'ai vu un char et que ce char n'opère certainement pas seul, j'ai probablement affaire à un peloton. Je vais donc rendre compte que je suis au contact avec un peloton de chars ». Raisonnement à priori cohérent pour cet observateur ne surveillant qu'un compartiment du champ de bataille. Cependant, un autre élément effectuant une mission analogue mais ayant pris en compte un secteur voisin pourra détecter quant à lui la présence des deux chars cachés aux yeux du premier observateur; en vertu du même raisonnement, il sera lui aussi fondé à rendre compte de l'observation d'un peloton. Et c'est ainsi que l'apparition de trois chars motivera un compte-rendu signalant la présence de deux pelotons, soit six chars. Pour peu que cette erreur se surajoute à une erreur similaire au niveau de l'exploitation et notre peloton observé deviendra un escadron. Les moyens d'investigation transmettront donc exclusivement des informations brutes à leur propre échelon de commandement et c'est cet échelon et lui seul qui se livrera sur le matériau obtenu à une première synthèse.

L'élaboration de cette synthèse fait précisément l'objet de la quatrième et dernière phase du cycle, celle de « l'exploitation ». Précisons tout de suite que, s'il s'agit bien de la dernière phase, cela ne signifie pas pour autant que l'on en restera là : le cycle est un processus sans fin. Que surgissent de nouvelles interrogations, celles-ci suscitent alors l'émergence de nouveaux besoins qu'il s'agit de satisfaire par une nouvelle orientation de la recherche, donc une nouvelle activation des moyens d'acquisition du renseignement et ainsi de suite... Parfois, il s'agira plus prosaïquement de confirmer périodiquement un renseignement négatif pour que le besoin en renseignement soit satisfait : il peut s'agir de s'assurer que l'ennemi n'emprunte pas certains axes routiers ou ne débouche pas soudainement sur les arrières.

En fait, le « cycle du renseignement » ainsi décrit dépasse largement le cadre trop strict des opérations militaires : moyennant quelques adaptations, il schématise tout aussi bien les actions d'information auxquelles un dirigeant d'entreprise ne manquera pas de s'atteler avant de prendre pied dans un nouveau secteur économique ou de lancer un nouveau produit. C'est du moins l'avis de Bernard Besson et Jean-Claude Possin, qui, dans un ouvrage ayant pour titre *Du renseignement à l'intelligence économique,* écrivirent : « L'intelligence économique n'est pas une hiérarchie, elle est un cycle de questions et de réponses. Ce cycle doit être entretenu, car de sa rotation dépend le fonctionnement du système. » Dans ce livre et pour évoquer le domaine de l'intelligence économique, on retrouve du reste bel et bien un vocabulaire employé dans les milieux du renseignement militaire, voire du renseignement tout court : les mots « analyse », « réseau », « évaluation », « manipulation », « source » ou « mission » y cotoient les expressions « élaborer des synthèses » ou encore « acquérir l'information »...

Mais revenons à l'objet de ce chapitre et intéressons-nous de plus près à la dernière phase de ce « cycle du renseignement ».

L'exploitation

Un général commandant un groupement de forces ne sera pas directement intéressé par le seul fait qu'une patrouille appartenant à l'un de ses éléments d'investigation ait aperçu deux chars au coin d'un bois. Il lui faudra, à son niveau, avoir une vue beaucoup plus large de la situation afin qu'il se fasse une idée synthétique de l'ennemi qu'il lui faudra affronter. C'est le rôle de la fonction « exploitation » qui consiste à synthétiser les multiples informations élémentaires afin de restituer au chef de guerre une vue globale correspondant à son niveau de commandement. Le seul renseignement brut qui sera transmis directement est celui qui aura été défini comme renseignement prioritaire, c'est-à-dire suffisamment significatif pour peser de manière directe sur les opérations en cours ou suffisamment important pour requérir une réaction immédiate. Les renseignements prioritaires les plus usités sont ceux concernant l'observation de vecteurs susceptibles d'emporter des charges de destruction massive (missiles sol-sol), l'observation d'une action de grande envergure dans la troisième dimension (héliportage sur une grande échelle pouvant faire naître une menace directe sur les arrières) ou l'apparition de matériels ayant une signification précise, c'est-à-dire caractéristiques d'un certain niveau d'emploi.

Comment l'observation de multiples faits n'ayant apparemment aucun lien entre eux peut-elle conduire à une vue synthétique de la situation ? Tout d'abord une constatation de simple bon sens : la manœuvre ennemie peut paraître désordonnée à un observateur isolé mais obéit en fait à une logique plus ou moins rigide qu'une connaissance acquise dès le temps de paix a permis d'analyser. Le dispositif ennemi est donc une sorte de puzzle dont la possession de quelques pièces et d'un schéma directeur d'ensemble permet de déduire les positions respectives des pièces encore en vrac. Les pièces possédées représentent les renseignements déjà obtenus tandis que la photo d'ensemble, généralement imprimée sur la boîte du jouet, peut correspondre à des schémas de déploiement que l'on peut dresser d'après la connaissance de la doctrine ennemie et d'après l'analyse préalable du terrain, notamment en ce qui concerne les voies de pénétration imposées par le relief et l'infrastructure routière. Si l'on sait par exemple que les éléments de tête ennemis sont habituellement composés d'une unité d'infanterie motorisée directement appuyée par une unité de chars et soutenue par une unité d'artillerie suivant à quelques kilomètres en arrière, l'observation d'un nombre significatif de véhicules de combat d'infanterie permettra de déduire la position de l'unité blindée et des canons. Le travail de déduction peut même être fortement facilité par l'observation de matériels très caractéristiques. En effet, la présence de quelques chars ne permet pas de tirer des conclusions significatives sur le déploiement des unités adverses : ces engins peuvent appartenir à différentes pièces du puzzle, parfois très éloignées les unes des autres. Il n'en va pas de même pour certains matériels très typés : c'est par exemple le cas des blindés de commandement, des missiles sol-sol, de certaines pièces d'artillerie appartenant à un niveau d'emploi relativement élevé ou encore de matériels spécifiques tels que véhicules de guerre électronique, véhicules porteurs de drones de reconnaissance, équipements radio de liaison troposphérique, etc. Tous ces matériels sont caractérisés par une dotation permettant d'identifier sans conteste le niveau d'une unité et ont, la plupart du temps, une place relativement précise et figée dans le dispositif ennemi. Leur observation permet donc avec une marge d'erreur réduite de reconstituer le schéma d'engagement de l'adversaire. Ce schéma pourra ensuite être confirmé par l'utilisation de moyens d'acquisition diversifiés dont les champs d'action s'interpénètrent et se complètent.

Des moyens militaires plus complémentaires que concurrents

En effet, le profane pourrait imaginer que les différents moyens d'acquisition du renseignement sont concurrents et peuvent rendre grosso modo les mêmes services : rien n'est plus faux. Tout d'abord, chacun d'entre eux ne peut, en fonction de ses caractéristiques techniques propres, agir que dans certaines limites de profondeur. En outre, l'utilisation de chaque type de capteur est intrinsèquement caractérisée par des avantages et des inconvénients qui, à profondeur d'emploi égale, amèneront à privilégier un moyen par rapport à un autre. Par exemple, si un chef de guerre éprouve le besoin d'acquérir le renseignement dans une zone contrôlée par l'ennemi à une centaine de kilomètres de distance, il aura le choix entre différents moyens mis à sa disposition : patrouilles profondes, radar de surveillance terrestre aéroporté, reconnaissance aérienne ou encore drone de reconnaissance. En fonction des circonstances et du type de renseignement recherché, il sera amené à faire un choix.

Une patrouille de reconnaissance profonde est l'instrument rêvé pour qui désire avant tout établir une permanence de recueil du renseignement et ce, en s'affranchissant des aléas de la météo. D'autre part, les équipiers étant entraînés à la survie en zone d'insécurité, l'observation pourra être maintenue pendant un laps de temps très long : pour les parachutistes du 13e RDP, « rester en planque » pendant une quinzaine de jours est chose courante. Permanence et durée sont donc deux avantages des patrouilles profondes; ils en font un moyen privilégié pour l'observation de l'activité sur un objectif limité en surface (terrain d'aviation, base navale, casernements, postes de commandement, etc...). De plus, une patrouille profonde infiltrée en territoire ennemi peut opportunément modifier le cours de sa mission pour prendre en compte un objectif non prévu à l'origine. Troisième avantage, donc : la capacité d'initiative. Quatrième avantage : la furtivité qui permettra par exemple au chef militaire d'être discrètement et parfaitement éclairé sur le déploiement des forces ennemies dès avant le déclenchement « officiel » des hostilités. Enfin, une équipe peut également être caractérisée par sa versatilité. Qu'un objectif d'importance stratégique certaine (missile nucléaire, poste de commandement de haut niveau, VIP, etc.) vienne à se présenter, et la mission de renseignement peut être immédiatement commuée en mission de destruction, sous réserve bien entendu que les armements en possession de l'équipe y soient adaptés. Cette possibilité est cependant à double tranchant : elle obère en effet toute capacité ultérieure de discrétion et rend quasiment impossible la reprise de la mission de renseignement. Mais, bien entendu, les patrouilles de reconnaissance profonde n'ont pas que des avantages. Tout d'abord, elles sont généralement très vulnérables lorsque découvertes : dans ce cas, elles ne peuvent compter que sur des moyens d'autodéfense limités. Ensuite, des nécessités évidentes de discrétion alliées à des impératifs techniques peuvent induire une absence totale de moyens motorisés donc des possibilités de déplacement très réduites, ce qui limite la zone prise en compte. Enfin, la récupération d'une équipe infiltrée en arrière des lignes est généralement très périlleuse : une patrouille ne doit être engagée qu'à bon escient.

Un radar de surveillance terrestre aéroporté du type HORIZON est capable de fournir très rapidement un aperçu de l'activité terrestre ennemie sur une zone très étendue : c'est un formidable outil permettant de distinguer au premier coup d'œil les axes d'effort et d'appréhender l'ensemble du dispositif d'un adversaire. Son environnement informatisé autorise un traitement poussé des informations recueillies et, en particulier, la corrélation des renseignements obtenus avec une cartographie numérisée. Mais, bien qu'un prototype doté de capacités SAR ait été testé récemment, les Cougar HORIZON ne sont pour l'instant efficaces que sur des objectifs mobiles et leur vulnérabilité en limite l'emploi à de brefs « coups de sonde radar ». Une permanence d'observation nécessite donc de posséder un nombre suffisant d'appareils. Bien évidemment, cette nécessité trouve très vite une limite d'ordre budgétaire. Enfin, l'expérience en Bosnie de l'appareil américain JSTARS pourtant nettement plus puissant qu'un Cougar HORIZON montre que l'acuité d'un tel système est obérée dès lors qu'il est employé en terrain montagneux.

Un élément blindé d'investigation est peu discret mais présente un avantage commun avec les patrouilles profondes : la permanence de l'observation. De plus, la protection offerte par le blindage est particulièrement appréciable surtout dans le cadre des crises ayant tendance à multiplier les interventions des forces françaises à l'étranger. Etre impliqué dans ce type d'opération signifie en effet faire preuve de discernement dans l'usage de la force. En conséquence, être protégé évite bien souvent de recourir à l'escalade pour se tirer d'un mauvais pas. Enfin, les progrès rapides enregistrés ces dernières années dans le domaine de l'optronique permettent d'équiper les blindés légers avec des moyens performants de détection : le véhicule de reconnaissance, après avoir longtemps compté avant tout sur sa puissance de feu pour acquérir le renseignement en faisant réagir l'ennemi, s'accommode maintenant de modes d'emploi plus furtifs.

Un avion permet d'aller chercher vite et loin un renseignement fugitif tout en s'affranchissant dans une certaine mesure des conditions météo; mais un appareil de reconnaissance fait un passage sur l'objectif, rarement un second surtout si celui-ci est fortement défendu par des moyens sol-air efficaces. De plus, les avions de reconnaissance coûtent cher à l'achat comme à l'emploi et nécessitent une infrastructure en dur pas toujours disponible; peu nombreux, ils font parfois défaut.

L'expérience du CL-289 en Bosnie montre à l'évidence l'intérêt de posséder ce type de matériel. Schématiquement, les drones possèdent les mêmes qualités et les mêmes défauts que les appareils de reconnaissance; ils sont cependant beaucoup plus tributaires de la météo.

Avantages et inconvénients, donc, mais encore et surtout complémentarité des différents moyens d'acquisition. Complémentarité dans la profondeur lorsqu'il s'agit, pour un niveau hiérarchique donné, de jalonner un adversaire à différents stades de sa progression. Complémentarité également pour prendre en compte un objectif ponctuel plus ou moins fugitif : repéré par un moyen technique apte à couvrir une zone étendue (Hélios), celui-ci pourra en effet voir sa présence confirmée par l'exploitation d'images de reconnaissance aérienne fournies par CL-289 ou par Mirage F1CR. L'activité sur l'objectif ainsi qu'une éventuelle identification des unités, un chiffrage plus précis du volume des forces présentes et une observation de l'attitude de l'ennemi seront par contre du domaine de la recherche du renseignement par une équipe du 13e RDP ou du COS. Complémentarité enfin puisque la modularité expéditionnaire actuellement requise des forces armées françaises nécessite d'avoir à disposition un ensemble de moyens diversifiés aptes à fournir une solution efficace à tout problème posé.

La manœuvre du renseignement au sein de la BRGE

Avant tout, une précision indispensable : il est important de garder à l'esprit que, contrairement à l'idée communément admise, la BRGE n'est nullement subordonnée à la DRM. Les moyens de la brigade appartiennent à l'Armée de Terre et lorsque la Direction du Renseignement Militaire estime devoir leur confier une mission, elle exprime des besoins. C'est la prise en compte de ces besoins par l'autorité de tutelle qui conditionne la mise sous contrôle opérationnel des moyens de la BRGE au profit de la DRM. Il est cependant bien évident qu'une demande respectueuse du formalisme est rarement rejetée pourvu que les moyens soient disponibles.

Cette précaution étant prise, entrons dans le vif du sujet. L'utilisation des capteurs que sont les drones, les patrouilles de reconnaissance profonde ou les stations d'interception radio doit, pour atteindre une efficacité optimum, obéir à un certain nombre de règles d'emploi. Ainsi qu'énoncé dans le chapitre relatif à la DRM, les deux principales attributions opérationnelles de la brigade sont les suivantes : la constitution à la demande d'un — ou de plusieurs — Centre de Mise en œuvre (CMO) recevant la mission d'assurer le contrôle d'un « module » d'acquisition du renseignement au profit d'un commandement désigné ainsi que la fourniture « clé en main » de ce — ou ces — « module(s) » composé(s) à partir des moyens propres aux unités rattachées à la brigade. En l'occurrence, qu'est-ce qu'un « CMO » et quelle est la composition d'un « module » ?

Avant que les stratèges français ne prennent toute la mesure des problèmes posés par les bouleversements géostratégiques de ces dix dernières années, l'utilisation des unités spécialisées d'acquisition du renseignement était régie par une conception rigide de la subordination organisationnelle. Avant tout structurés pour « travailler » au profit de la grande unité auxquels ils étaient organiquement rattachés, les régiments fournissaient des éléments qui, notamment dans le cas d'une intervention extérieure, accomplissaient leurs missions respectives en ordre quelque peu dispersé. Le schéma du contrôle opérationnel était alors le suivant : chaque régiment formait un DL (Détachement de Liaison) dont la fonction était d'assurer l'interface entre le bureau « renseignement » de l'unité d'emploi et les équipes spécialisées déployées sur le terrain. Répartir les besoins en renseignement exprimés par le chef entre les différents capteurs disponibles était une tâche dévolue aux officiers du « B2 », lesquels ne maîtrisaient pas toujours la doctrine d'emploi relative aux différents moyens d'acquisition qu'ils avaient à actionner. Dans le cadre de ce schéma de fonctionnement, la tâche du détachement de liaison était avant tout de traduire sous forme d'ordres opérationnels les besoins attribués et de livrer en retour les renseignements recueillis sous une forme définie par l'autorité d'emploi. Une exigence accrue en matière de coordination, la sophistication sans cesse plus poussée des moyens techniques d'acquisition et la diversité des scénarios d'engagement a considérablement fait vieillir cette doctrine : il fallait faire mieux. A l'heure actuelle, la solution retenue est la suivante : en fonction de la mission impartie, un « module » d'acquisition du renseignement comprenant une proportion variable de moyens techniques est formé et ce module est obligatoirement placé sous le contrôle opérationnel d'un Centre de Mise en œuvre, sorte d'état-major spécifique composé d'officiers appartenant à la BRGE. La manœuvre « renseignement » terrestre est ainsi entièrement planifiée et contrôlée par des spécialistes formés à ce genre de tâche réclamant à l'évidence des savoir-faire spécifiques qu'ils maîtrisent. La coordination est bien entendu meilleure qu'antérieurement et permet en particulier, à travers l'exploitation de la complémentarité des moyens techniques, une meilleure prise en compte de l'ennemi à l'intérieur de la zone de responsabilité. Cette manière de faire est également mieux adaptée à une intervention menée dans un cadre multinational où le CMO, fort de sa connaissance en matière de doctrine d'emploi des moyens qu'il actionne, est à même de traduire les préoccupations d'un commandement éventuellement multinational en termes intelligibles par tout spécialiste français. Certaines mauvaises langues vont jusqu'à affirmer que le CMO fonctionnerait dans ce cas précis comme une sorte de filtre permettant de sélectionner les informations pouvant être divulguées aux alliés... Quant au bureau « renseignement » de l'échelon d'emploi, il reçoit en provenance du CMO les synthèses censées répondre aux besoins globaux qu'il a exprimés. Si nécessaire, le « B2 » peut avoir recours aux services de la DRM, contacter ses voisins pour des demandes ponctuelles ou animer la recherche effectuée par des moyens aériens pouvant éventuellement être mis à sa disposition.

Un « module » n'a pas de composition prédéterminée au niveau de la BRGE, précision apportée en ces termes par un officier appartenant à l'état-major de la brigade : « C'est très difficile à notre niveau car chaque intervention a ses spécificités et, puisque nous contrîlons quatre régiments actuellement et bientôt cinq voire six, cela nous amènerait à envisager un trop grand nombre de cas de figure. Par contre, nous avons une politique systématique d'entraînement conjoint et les régiments, eux, ont défini des modules. Lorsque la mise sur pied d'un module de brigade nous est demandé, il nous suffit donc de requérir un des modules qu'ils ont prédéfinis à leur niveau. » Ajoutons à ces propos que la constitution de modules de circonstance au niveau de la brigade est grandement facilité par l'adoption d'un système C^4I orienté « renseignement » commun à toutes les unités organiquement rattachées à la BRGE. Compatible avec toute la panoplie des moyens techniques d'acquisition, ce système se révèle comme l'atout majeur permettant à un CMO d'accomplir sa tâche de coordination.

URH, EED et EOP

Il y a quelques années, certaines divisions de l'armée de terre avaient éprouvé le besoin de créer des Unités de Recherche Humaine (URH) afin de disposer en propre d'une capacité d'acquisition du renseignement au moyen de patrouilles profondes. Actuellement, la plus médiatisée de ces formations est sans conteste l'URH 27. Son existence a en particulier été mentionnée dans un article présentant l'utilisation de parapentes qui, selon un officier supérieur ayant servi dans un Bataillon Alpin, n'est qu'anecdotique car trop tributaire des conditions météo très changeantes en terrain montagneux. Quoi qu'il en soit, l'URH 27 est encore, à l'heure où ces lignes sont écrites, une structure d'accueil regroupant les « sections de renseignement » des différents bataillons ainsi que les Equipes d'Observation dans la Profondeur du 93e Régiment d'Artillerie de Montagne. Selon l'officier ayant commandé l'URH 27, ces équipes « constituent, en situation de guerre, des groupes de renseignement sur les arrières de l'ennemi, et, en situation de crise, des équipes de recherche humaine. Enfin, elles fournissent des équipes d'appui au franchissement en montagne au profit des unités spécialisées. » Plus loin, il est précisé que « les équipes de l'URH 27 peuvent acquérir le renseignement dans les conditions météo les plus dures et acheminer ce renseignement à grande distance par transmission rapide chiffrée. » Du fait de la spécificité du terrain, ces équipes disposeraient en effet de moyens radio leur permettant d'accomplir leur mission bien au-delà de la ligne des contacts ce qui est inhabituel s'agissant d'un moyen de reconnaissance organique de division. Il apparaît enfin que les EOP du 93e RAM ont la double qualification.

La 27e Division d'Infanterie de Montagne n'était cependant pas la seule à avoir formé une URH ; c'est en effet également le cas des 9e DIMa, 4e DAM et 11e DP. En ce qui concerne la 9e Division d'Infanterie de Marine, une URH avait en particulier été créée au sein du 2e RIMa et de son détachement d'assistance opérationnelle (DAO), d'un volume de l'ordre de la section. Subdivisé en trois équipes, celui-ci a une double mission. Il est apte à fournir des cadres expérimentés susceptibles d'être envoyés en mission à l'étranger pour y accomplir des tâches d'assistance opérationnelle. Il peut également fournir des équipes de renseignement dans la profondeur utilisables aussi bien isolément qu'en cas d'engagement de la division tous moyens réunis. La 4e Division Aéro Mobile avait sous ses ordres également un régiment d'infanterie qui, il n'y a pas si longtemps encore, comprenait une Compagnie Légère de Renseignement (CLR). Celle-ci était apte à renseigner en arrière des lignes ennemies et, dotée de matériels légers, avait adopté l'héliportage comme moyen préférentiel de mise en place. Le cas de la 11e Division Parachutiste est encore plus caractéristique puisque chaque régiment qui lui était rattaché possède un élément qualifié en chute opérationnelle ; tout d'abord désignés sous l'acronyme CRAP (Commando de Recherche et d'Action dans la Profondeur), ils devinrent plus récemment des CP (Commandos Parachutistes). Ils peuvent soit agir au profit de leur régiment d'appartenance, soit être regroupés en un GCP (Groupement de Commandos Parachutistes) pour voir leur engagement planifié à un niveau division, avant permanent, et maintenant circonstanciel. Accessoirement, le GCP appartient à ce qu'il est convenu d'appeler le « deuxième cercle » du Commandement des Opérations Spéciales (COS) et peut se voir confier des missions ponctuelles au profit de celui-ci.

Nombreuses sont les divisions à posséder un Escadron d'Eclairage Divisionnaire (EED). C'est notamment le cas des 6e DLB (EED 6 à Valence) et 27e DIM (EED 27 au Valdahon). Ce type d'unité riche d'environ 155 hommes ne manque pas d'atouts : le remplacement des Jeeps et P4 par 35 VBL lui procure un degré de protection appréciable tout en lui conférant une certaine discrétion. La présence de 3 radars RASIT et de 3 caméras thermiques MIRA lui assure des capacités de détection non négligeables. Enfin, 6 postes de tir pour missiles antichar Milan lui donnent un « punch » suffisant pour obliger l'ennemi à dévoiler ses intentions. Dans le futur, ce genre d'unité devrait encore gagner en puissance de feu avec le montage de mitrailleuses lourdes ou de lance-grenades automatiques sur les VBL, tandis que l'emport de moyens optroniques modernisés améliorera ses possibilités d'acquisition du renseignement.

La réorganisation de l'armée de terre entraîne à court terme la disparition de l'échelon « division » au profit de la constitution d'un système de quatre « réservoirs de forces ». Chacun d'entre eux est spécialisé et fournit au fur et à mesure les moyens dont on estime avoir besoin en fonction de la mission impartie : les EED et URH n'y subsisteront pas sous la forme qu'on leur connaît actuellement. Les brigades devraient en effet se voir affecter les moyens « renseignement » suivants : un Escadron d'Eclairage et d'Investigation (EEI) ou une Compagnie de Recherche Humaine (CRH) suivant le type de la brigade, un système de drone à très courte portée et des radars de surveillance du sol de type RASIT. En outre, il est d'ores et déjà prévu que certaines brigades puissent se voir affecter en renfort, au besoin, une Compagnie de Reconnaissance Electronique et de Combat de l'Avant (CRECA) provenant du 54e RT. Les bataillons (ou régiments) organiques des brigades ne seront pas démunis : il est envisagé de les doter d'une unité de renseignement du volume de la section notamment équipé d'un senseur bimode radar millimétrique/caméra thermique. Au niveau division — non organique mais ponctuellement créé pour engerber plusieurs brigades en fonction des besoins —, les moyens proviendront soit des brigades, soit de la BRGE. Si l'on tient compte de la maquette retenue pour l'armée de terre, on irait donc vers la formation de 6 Escadrons d'Eclairage et d'Investigation (2 brigades blindées, 2 brigades mécanisées et 2 brigades légères blindées) ainsi que de 2 Compagnies de Recherche Humaine (2 brigades d'infanterie). Sans oublier, bien entendu, la Brigade Franco-Allemande dont on ne sait si elle conservera sa structure actuelle.

Les EOP sont un cas à part. En effet, les assimiler à des patrouilles de reconnaissance profonde style « 13e RDP » en raison d'une certaine similitude des procédures d'emploi serait pour le moins hâtif. Servant au sein des régiments d'artillerie, les Equipes d'Observation dans la Profondeur ont été formées en vue de fournir du renseignement d'objectif et non du renseignement tactique. En cela, la finalité des EOP est analogue à celle des RATAC ou autres AMX-10 VOA. Les EOP ne sont donc pas des commandos rattachés aux régiments d'artillerie, mais des artilleurs utilisant les techniques commando pour faire de l'observation. Chaque régiment de canons tractés, d'automoteurs ou de lance-roquettes multiples dispose ainsi d'équipes, capables de s'infiltrer jusqu'à 20 kilomètres en avant des lignes de contact afin d'y prendre en compte un compartiment de terrain et signaler l'irruption de l'ennemi. Disposant d'optiques à intensification de lumière, de télémètres laser et de postes radio, les EOP peuvent ainsi signaler les objectifs susceptibles d'être pris en compte, observer les tirs et transmettre des ordres de correction.

L'aptitude au renseignement des unités du COS

Le Commandement des Opérations Spéciales n'exerce aucun contrôle hiérarchique sur quelque unité que ce soit. En ce sens, l'expression « unité du COS » est impropre; elle est cependant commode lorsqu'il s'agit de désigner les formations militaires hautement spécialisées capables d'accomplir ce qu'il est convenu d'appeler des « opérations spéciales ».

Le cas du 1er Régiment Parachutiste d'Infanterie de Marine est à ce titre caractéristique. En effet et ainsi qu'il a été précisé au chapitre traitant de la DRM, le régiment était, au milieu de la décennie 80, organisé en trois compagnies destinées à jouer le rôle d'URCA (Unité de Recherche de Corps d'Armée). En cas de guerre, il devait donc éclater, chaque URCA rejoignant sa grande unité d'emploi pour y être utilisée en tant qu'unité de patrouilles profondes, susceptibles cependant de se muer à la demande en autant d'équipes de destruction. Il y avait donc une certaine analogie entre la doctrine d'emploi du 1er RPIMa et les missions que les *spetsnaz* soviétiques étaient censés accomplir au détriment des PC et moyens nucléaires occidentaux dans le cadre du « complexe reconnaissance-destruction ». Aujourd'hui encore, la filière propre au régiment est désignée sous l'acronyme RAPAS (Recherche AéroPortée/Action Spécialisée) ce qui, en clair, signifie que les équipes du régiment sont théoriquement capables d'accomplir des missions analogues à celles dévolues au 13e Régiment de Dragons Parachutistes. La même remarque est, dans une certaine mesure, valable pour les chuteurs du GCP (Groupement de Commandos Parachutistes). Celui-ci appartient en effet au « deuxième cercle » des unités du COS ce qui signifie que, même si ce cas de figure n'est pas le plus probable, l'emploi d'équipes appartenant au Groupement par l'état-major de planification installé à Taverny est envisageable. Or, quel genre de spécialistes appartiennent au GCP ? Ceux qui, il n'y a pas si longtemps étaient dénommés CRAP (Commandos de Recherche et d'Action dans la Profondeur). Ici encore, on retrouve le mot « recherche » qui, dans le vocabulaire militaire francophone, signifie en fait « recherche du renseignement ». Bref, à examiner de près les capacités des unités spéciales, on se rend vite compte que renseigner est une mission qu'elles savent accomplir. Du reste, il n'échappe à aucun observateur averti qu'action spéciale et renseignement sont intimement liés : qui songerait à effectuer un coup de main sans avoir auparavant établi un dossier d'objectif exhaustif ? Qui prétendrait intervenir dans un contexte de guerre civile sans avoir parfaitement assimilé les tenants et les aboutissants de la situation à affronter ? Quel détachement de forces spéciales agissant au cœur d'une crise en évolution constante n'aurait pas le réflexe d'en informer en temps quasi-réel son autorité d'emploi ? Les « unités du COS » possèdent donc une capacité de renseignement intrinsèque et l'oublier serait faire preuve d'une méconnaissance flagrante du sujet traité.

L'infoguerre

Les paragraphes précédents sont surtout relatifs aux opérations de guerre que l'on pourrait qualifier de « classiques » dans le sens où elles concernent principalement les actions de combat opposant deux forces armées. Or, ce scénario réducteur est en passe de voler en éclats en raison de l'émergence d'un concept à la fois plus global et très différent généralement dénommé « infoguerre ». De quoi s'agit-il ? Défrichant le domaine dans le cadre du Centre d'Etude et de Prospective de l'EMAT, le lieutenant-colonel Faucon établit une distinction entre « guerre de l'information » et « opérations d'information », la première expression ne concernant qu'une partie des actions que la deuxième expression désigne. Le même officier définit en outre les « opérations d'information » comme « ayant pour but d'assurer la cohérence et l'efficacité des actions de toute nature engagées par les forces sur des champs d'opération physiques et immatériels. » Voilà en quoi le concept d'infoguerre présente un caractère plus global : il régit non seulement les combats opposant physiquement deux forces armées mais se mène aussi dans l'infosphère, domaine non palpable relatif à la circulation de l'information. Plus qu'un discours, un exemple précis — donc obligatoirement réducteur — va permettre d'exposer intuitivement les implications stratégiques de cette révolution.

Imaginons un scénario de crise impliquant l'intervention d'un contingent de maintien de la paix sur un théâtre d'opérations où les forces expéditionnaires se verraient aux prises avec des belligérants soutenus par une puissance étrangère technologiquement développée. Si celle-ci possède une capacité d'imagerie spatiale, rien ne l'empêche d'apporter un soutien « renseignement » aux factions qu'elle aide. Doit-on pour autant considérer cet état comme ennemi et intenter contre lui des opérations de guerre ? Bien évidemment non. Compliquons un peu le scénario : et si les images proviennent d'une entreprise commerciale proposant des produits présentant une qualité militaire ? Cette supposition n'est pas du domaine de l'imaginaire : certaines informations font en effet état d'une résolution inférieure au mètre pour des images disponibles sur le marché. Là aussi, il est difficilement concevable de mener une opération physiquement agressive à l'encontre d'une société commerciale surtout si elle appartient à un pays tiers non impliqué officiellement dans la crise. Il semble que, pour contrer ce genre d'intrusion, des tactiques spécifiques aux « opérations d'information » puissent être efficaces. A ce titre, on peut faire remarquer que, si les concepts relatifs à l'infoguerre avaient été développés plus tôt, le sabotage du *Rainbow Warrior* n'aurait pas eu lieu d'être. Du reste et sans aller jusqu'aux scénarios imaginés plus haut, des opérations d'information typiques peuvent tout simplement être mises en œuvre par un gouvernement désirant infléchir une vision des événements présentée de manière jugée non satisfaisante par les médias.

L'EMAT a donc, en collaboration avec les Britanniques, initié une réflexion de fond visant à formaliser les concepts relatifs à ce qu'il est convenu d'appeler la « guerre de l'information ». Il s'agit notamment, à la demande de l'échelon politique, de reculer le moment où les forces doivent recourir à l'action armée et ce, en privilégiant des « stratégies indirectes dans lesquelles, sans être absente, la force armée ne joue pas un rôle premier ». Après avoir souligné que la guerre de l'information amenait une explosion des limites géographiques, l'officier du CEP a précisé que son service avait rejeté une approche trop cartésienne du problème, ayant au contraire adopté une méthode systémique amenant à distinguer six niveaux d'opérations qui, croisés avec quatre dimensions principales, amènent à définir 51 objectifs précis que des opérations de guerre de l'information sont susceptibles d'atteindre. Par exemple, l'objectif énoncé par « perturber ou leurrer les systèmes C^3I de l'adversaire » prend place dans la dimension « systèmes de commandement et d'information » au regard du niveau « garantir les effets de sa propre action ».

Dans le domaine particulier des opérations psychologiques comprises comme étant une sous-catégorie des « opérations d'information », il semble que le Commandement des Opérations Spéciales (COS) soit en pointe du processus de réflexion initié en France. Les premières conclusions des travaux en cours font ressortir le rôle primordial des troupes au sol : elles semblent constituer le meilleur vecteur car étant en contact direct avec la population. Ce n'est bien évidemment pas le cas des marins ou des aviateurs.

Sauf à tenir des propos trop théoriques pour avoir leur place dans cet ouvrage, il est difficile d'être plus exhaustif s'agissant d'un domaine qui commence, en France, tout juste à susciter un débat doctrinal de fond. Il est cependant bien évident que, pour se situer dans une dimension où la connaissance règne sans partage, les opérations d'information seront indubitablement liées aux techniques et tactiques actuellement appliquées dans les différents domaines relatifs au renseignement. En guise de conclusion, il est intéressant de constater que ces opérations d'information trouvent dans le réseau Internet un champ d'application à leur mesure. Le « Web » a du reste suscité un tel engouement dans les armées françaises que les états-majors ont éprouvé le besoin, début 1998, d'en clarifier les règles d'emploi en édictant des circulaires fixant les conditions d'accès. Ne serait-ce pas là, au moins implicitement, une des toutes premières applications de la doctrine française relative aux opérations d'information ?

CHAPITRE 9

L'INTELLIGENCE ÉCONOMIQUE A LA FRANÇAISE

Qu'est-ce que l'intelligence économique ?

Bernard Besson et Jean-Claude Possin la définissent ainsi : « [c']est un outil capable de détecter des menaces et des opportunités de toute nature sans un contexte de concurrence exacerbé. » Rendu public en 1994, le rapport du groupe « Intelligence économique et stratégie des entreprises » présidé par Henri Martre proposa quant à lui une définition plus administrative et plus formelle : « L'intelligence économique peut être définie comme l'ensemble des actions coordonnées de recherche, de traitement et de distribution en vue de son exploitation, de l'information utile aux acteurs économiques. (...) La notion d'intelligence économique implique le dépassement des actions partielles désignées par les vocables de documentation, de veille (...), de protection du patrimoine concurrentiel, d'influence », définition à la suite de quoi les auteurs du rapport, en vue d'étayer leur propos, s'appuyèrent sur une typologie définie selon une double gradation relative à l'accessibilité et à la rareté de l'information. Pourquoi avoir adopté l'expression « intelligence économique » au détriment, par exemple de la locution « renseignement concurrentiel » nettement plus explicite ? Tout d'abord parce que cette notion, nullement nouvelle au demeurant — l'histoire regorge d'exemples démontrant que la situation de concurrence a de toute éternité engendré un besoin d'être informé —, a tout d'abord été formalisée par les pays anglo-saxons dans le vocabulaire desquels « renseignement » se dit « intelligence ». L'adoption de cette expression s'est trouvée d'autant plus facilitée en France que notre pays semble avoir envers les substantifs « renseignement » et « espionnage » des pudeurs de vierge effarouchée.

Ceci étant défini, imaginer que le concept de « guerre économique » est strictement limité à un conflit n'impliquant que des concurrents commerciaux privés à l'exclusion de tout acteur gouvernemental institutionnel serait faire un contresens flagrant. C'est notamment ce qu'ont voulu souligner Jean Pichot-Duclos et Christian Harbulot qui, rédigeant un article publié en avril 1995 dans les colonnes de la revue *Enjeux Atlantique* et s'agissant de l'attitude des Etats-Unis, écrivirent : « Depuis l'entrée en fonction du président Clinton, le département d'Etat aide activement les entreprises américaines dans leur conquête de parts de marché à l'étranger. Ce soutien est devenu la priorité numéro un de la politique extérieure des Etats-Unis. (...) L'intervention du Président Clinton dans le contrat civil obtenu par la société Boeing en Arabie Saoudite à l'automne 94, souligne le degré de mobilisation du pouvoir politique américain en faveur de son économie nationale. » Encore les deux auteurs prirent-ils soin de préciser : « Nous avons davantage à apprendre aujourd'hui du Japon, de l'Allemagne ou des puissances émergentes asiatiques que des Etats-Unis. » L'intelligence économique ne peut donc se situer que dans un contexte de lutte internationale impliquant non seulement les entreprises mais aussi certains organismes étatiques et, en particulier, les services de renseignement.

Administration publique et intelligence économique : qui fait quoi ?

Au sein de son pôle d'activité « Economie et Défense », le Secrétariat Général de la Défense Nationale dispose d'un bureau « Compétitivité et sécurité économique » dont on pourrait croire qu'il joue au niveau national un rôle d'instance de direction des différentes actions menées dans le domaine de l'intelligence économique. Cette vision des choses ne correspond pas à la réalité. Là comme ailleurs, le SGDN prépare les arbitrages et assure une mission de veille. En effet, et selon la prose officielle, les attributions du bureau sont de « Coordonner les expériences pilotes de sensibilisation et de formation des entreprises en régions; assurer le secrétariat du comité pour la compétitivité et la sécurité économique présidé par le Premier ministre ou, par délégation, par le ministre de l'Economie et des Finances; animer le groupe de pilotage interministériel pour l'intelligence économique. » Voilà en ce qui concerne l'aspect coordination. Quant à la fonction de veille, elle consiste principalement à « Animer une réflexion interministérielle sur les sujets suivants : amélioration de l'information technologique et concurrentielle des entreprises, aide aux entreprises pour protéger leur savoir-faire, développement des stratégies d'influence utiles à nos entreprises, surveillance des actions étrangères d'intelligence économique. » Il semble que le SGDN n'ait pas été tout à fait étranger à l'émergence du concept français d'intelligence économique; c'est du moins le point de vue que soutient l'amiral Moulin, secrétaire général adjoint à la Défense Nationale, lorsqu'il confie : « En fait, la notion a été introduite en France de manière institutionnelle par le Comité Interministériel du Renseignement, et ceci a malheureusement initié une sorte de rapprochement néfaste entre l'intelligence économique et le renseignement économique; or, les deux concepts sont certes complémentaires mais bel et bien distincts. Il ne doit pas y avoir de confusion à ce sujet : l'intelligence économique est l'affaire du secteur privé et le renseignement économique est l'apanage des services secrets. Aujourd'hui, on peut observer que le cordon ombilical a été coupé et c'est tant mieux car cette évolution permet aux chefs d'entreprise d'évoquer ouvertement et aussi souvent que bon leur semble l'intelligence économique sans pour autant être voués aux gémonies. »

Cependant, tout un chacun peut observer que le Comité pour la Compétitivité et la Sécurité Economique (CCSE) — dont le SGDN est chargé du secrétariat — semble actuellement se complaire dans un état de léthargie augurant mal de son avenir : dans les sphères de la haute administration, l'oubli est souvent l'antichambre de la dissolution. Cet organe avait été créé le 1er avril 1995 par un décret du président de la République et placé sous l'autorité du premier ministre d'alors, Edouard Balladur. Composé de sept membres, il avait pour ambition de remédier à la carence française en matière d'intelligence économique particulièrement mise en lumière par le rapport Martre qui affirme notamment : « l'état de la pratique de l'intelligence économique en France (...) est à la fois encourageant et inquiétant, à la fois à la pointe du développement de l'information et ancré dans des rémanences culturelles fortes », constat inclus dans un texte distinguant immédiatement après ce que les auteurs croient être la cause principale des lacunes constatées : « Hormis de rares exceptions, l'absence de culture écrite et donc de mémorisation des pratiques aboutit, par des ruptures dans leur transfert, à une atrophie des savoirs en intelligence économique. » En d'autres termes, l'industrie française était en panne de systématisation et seule une impulsion étatique fédératrice semblait pouvoir renverser la tendance : c'est cet élan-là que le CCSE était censé donner. Très vite cependant, le Comité quitta l'orbite du premier ministre pour tomber dans celle du ministre de l'Economie, des Finances et du Plan, Jean Arthuis. Suite à cela, le CCSE se fit discret, au point de voir une publication spécialisée affirmer que le comité était devenu une « institution qui à l'évidence courait après son second souffle ». La fin de l'année 1996 fut cependant vécue comme un nouveau départ qui heurta de front tant le directeur de cabinet de Matignon que le secrétaire général de la Présidence. Depuis, le changement de majorité a initié une redistribution des priorités gouvernementales et semble avoir relégué aux oubliettes un comité déjà moribond.

Cela ne signifie pas pour autant que l'intelligence économique ait été délaissée par l'ensemble des institutions gouvernementales françaises, bien au contraire. L'Institut des Hautes Etudes de Défense Nationale s'est par exemple attaché à intégrer l'intelligence économique dans sa sphère d'activités, en particulier par le biais de l'organisation, en juillet 1995 et en février 1996, d'un forum public ainsi que d'un séminaire réservé aux préfets. Ces deux événements virent des personnalités telles que Philippe Parant, alors directeur de la DST, Rémy Pautrat, alors secrétaire général adjoint de la Défense Nationale ou encore le général Bruno Elie, directeur de la Direction du Renseignement Militaire jusqu'en janvier 1998, intervenir à la tribune. Dans le cadre d'un programme ambitieux visant à faire passer les parts de marché des exportations d'armements françaises à 15 % du flux mondial, la Délégation Générale pour l'Armement a quant à elle créé au sein de sa Direction de la Coopération et des affaires Industrielles (DCI) un bureau de l'information économique et stratégique. L'ambition de ce bureau est, dans un premier temps, de mieux exploiter les bases de données du CEDOCAR et, à terme, de mettre en place un véritable système d'échange des informations impliquant non seulement les grands groupes français de l'armement mais aussi les PME travaillant dans le même secteur. L'exemple de ces initiatives apparaissant pour le moins dispersées ne doit cependant pas jouer le rôle de l'arbre cachant la forêt : à l'heure où ces lignes sont écrites, l'Etat n'a pas encore clarifié de quelle façon il entendait exercer les responsabilités qui sont les siennes dans le domaine de l'intelligence économique et ne semble pas vouloir prendre position sur ce point dans un proche avenir. Actuellement, les principaux interlocuteurs des entreprises en la matière sont donc avant tout les Chambres de Commerce et d'Industrie.

Le retard français en matière d'intelligence économique est-il un mythe ou une réalité ? Si l'on se réfère aux idées trop complaisamment reçues sur la question et si l'on considère l'énormité des moyens dévolus par les gouvernements japonais, américain ou allemand à ce que l'on pourrait désigner sous l'expression « intelligence économique d'Etat », on ne peut qu'être saisi d'un certain vertige et considérer ce retard comme un fait acquis. L'amiral Moulin se montre quant à lui plus circonspect et évoque pour appuyer ses propos le poids économique de la France dans le monde : « On ne peut que mettre en garde contre une certaine forme de vertige et d'autodénigrement. Je vous rappelle que la France est si je me souviens bien le 4e exportateur mondial tous secteurs confondus et le 2e exportateur mondial dans le seul secteur des services. Croyez-vous vraiment qu'on peut se hisser à ce niveau si l'on ne pratique pas une forme efficace d'intelligence économique ? Certes, il est des nations où les institutions publiques apparaissent beaucoup plus impliquées mais à mon sens et en ce qui nous concerne, la question de fond est la suivante : les entreprises pratiquent l'intelligence économique à partir de l'information accessible, l'Etat a les moyens d'en acquérir lui aussi mais celle-ci n'est pas nécessairement de même nature, comment faire pour que les entreprises puissent accéder à l'ensemble de ces informations ? Eviter de créer une structure ou un organisme surnuméraire me semble être un élément de réponse fondamental ; en fait, il s'agit bien et plutôt de fédérer ainsi que de coordonner les initiatives des uns et des autres. » A quelques nuances près, on retrouve le même point de vue sous la plume de Francis Demay. « Nous souffrons, dit-on, d'un déficit culturel dans ce domaine. C'est sûrement vrai. Mais pour avoir rencontré beaucoup de partenaires étrangers, certaines qualités propres aux Français sont appréciées. (...) L'Etat doit retrouver sa neutralité car il n'a pas vocation à agir dans le secteur marchand. Il dispose de puissants moyens de recherche et de traitement de l'information à travers plusieurs ministères dont certains ont la possibilité d'employer des moyens spéciaux. » Lorsque l'on se réfère aux pratiques en vigueur à l'étranger, on peut se demander si plaider en la matière pour la neutralité d'Etat n'est pas un vœu pieux teinté d'un zeste de naïveté...

La DGSE : partenaire indispensable ou trublion ?

La question peut en effet paraître incongrue à première vue mais n'en a pas moins son importance. En utilisant d'autres termes, on pourrait la formuler ainsi : la DGSE — et plus généralement « la communauté française du renseignement » — doit-elle systématiquement mettre ses moyens spécialisés à la disposition d'une politique volontariste d'aide aux entreprises dans un contexte général de guerre économique ? Répondre par la négative semble être réagir de manière totalement inadaptée à la virulence de l'environnement concurrentiel dans lequel les entreprises françaises se débattent. C'est également confiner la DGSE dans un rôle quelque peu suranné d'acquisition du renseignement militaro-stratégico-diplomatique du reste de plus en plus influencé par les lois du marché économique international. Quant à apporter une réponse affirmative, c'est prendre le risque d'être confronté à des arbitrages délicats. En effet, s'il va de soi qu'il est de la responsabilité de la DGSE de renseigner le gouvernement français dans le cas particulier des négociations commerciales d'Etat à Etat, tout se gâte lorsque des sociétés industrielles nationalisées ou privées se disputent un contrat. Si plusieurs entreprises privées hexagonales sont en lice face à des concurrents étrangers dans le cadre d'un appel d'offre spécifique, sur quels critères doit se baser la décision de livrer les informations obtenues à telle société plutôt qu'à une autre ? Doit-on adopter un principe strictement égalitaire même si les décideurs ont l'intime conviction qu'une entreprise est mieux placée pour l'emporter ? Il est un autre cas de figure encore plus embarrassant et Francis Demay le résuma en ces termes dans les colonnes de la publication spécialisée Veille : « Un état actionnaire peut être tenté de réserver des renseignements au bénéfice des entreprises qu'il contrôle; or l'Etat, c'est nous, et toutes les sociétés sont en droit d'attendre un traitement équitable, sous réserve que les intérêts supérieurs (sécurité, défense, diplomatie) de la nation soient préservés. » Ce point de vue pose le problème suivant : si une entreprise privée est en situation de concurrence avec une entreprise nationalisée, doit-on privilégier cette dernière ? Voilà quelques questions épineuses qui appellent, sinon le vote d'une législation contraignante, au moins le respect d'un certain nombre de règles de conduite dont la formalisation donnera probablement de fortes migraines à quelques technocrates parisiens. Car il semble bien que la DGSE soit engagée dans un processus — irréversible ? — d'implication croissante dans le jeu économique grâce aux moyens d'investigation qui lui sont propres. Mais ces moyens, justement, quels sont-ils ?

Le premier d'entre eux est l'ancien « Service 7 » rebaptisé depuis « Service X » — entre autres appellations — dont Peter Schweizer décrivit ainsi les missions et les méthodes : « le Service 7 a pour mission d'assurer des opérations d'espionnage tant à l'intérieur qu'à l'extérieur des frontières françaises. (...) Il place sous surveillance les chefs d'entreprise, cadres et banquiers occidentaux qui passent par la France ». Ce paragraphe, dont on doit sans doute l'aspect caricatural à l'orientation ouvertement pro-américaine de l'ouvrage dont il est extrait, n'est pas à prendre au pied de la lettre mais n'en révèle pas moins un certain nombre de modes d'actions utilisés actuellement par le Service X. Plus ancien, l'ouvrage de Philippe Bernert est entièrement consacré à « L'extraordinaire histoire du colonel Le Roy-Finville et de ses clandestins »; il semble avoir le mérite d'une objectivité plus crédible, du moins si l'on excepte la partie relative aux causes de l'exclusion du colonel en question. On y apprend par exemple que ce service clandestin avait réussi la performance rare de dérober un réacteur d'avion de ligne Tupolev pour le compte des Américains, intéressés par le fait que « les appareils soviétiques volent sans problème à de très basses températures ». Cet exploit donna à l'auteur l'occasion de mettre dans la bouche du chef du Service 7 cette remarque qui apparaît comme le contrepoint, prémonitoire et modérateur, des propos au vitriol contenus dans l'ouvrage de Peter Schweizer : « En voyant la prodigieuse masse d'éléments et d'informations me passer sous le nez pour prendre le chemin de Washington, je découvre à quel point les services U.S. s'orientent vers l'espionnage industriel. En réalistes, en pragmatiques, ils n'éprouvent pas le moindre scrupule à essayer de se procurer, par notre entremise, les secrets de fabrication des autres. » Ce jugement a au moins le mérite de prouver s'il en était besoin que des domaines existent où l'on ferait mieux une fois pour toutes d'éviter d'accuser son prochain de tous les maux...

La DGSE possède dans son arsenal un autre moyen d'investigation pouvant lui permettre d'aider ponctuellement les entreprises : ses stations SIGINT. Il ne s'agit évidemment plus exclusivement de laisser traîner les antennes des navires-espions à proximité des bases et centres d'essais d'un adversaire désigné. Il faut au contraire être à l'écoute vingt-quatre heures sur vingt-quatre des flux d'informations transitant par les satellites jouant le rôle de relais pour les réseaux de télécommunications, voire de pirater les conversations échangées par l'intermédiaire des téléphones cellulaires extrêmement indiscrets et dont l'usage tend à se généraliser. Or, il a été révélé et confirmé qu'en une occasion au moins, une information interceptée par les « grandes oreilles » de la Piscine, transmise en temps voulu, a directement profité à l'industrie française. Dans ce cas précis, Volkswagen et Renault se trouvaient en situation de concurrence dans le cadre d'un appel d'offre visant à l'installation d'une usine d'automobiles en Argentine. Une station ROEM intercepta à la même époque une conversation entre le négociateur de la firme allemande travaillant sur place et le siège social implanté à Wolfsburg en RFA. Celle-ci était fort intéressante puisque les instructions transmises au négociateur mentionnaient en particulier le prix en-dessous duquel Volkswagen refusait de descendre quitte à perdre le marché. Ce renseignement précis permit aux responsables de Renault de conclure un accord en proposant un devis légèrement inférieur. Ainsi que le précisèrent suavement Jean Guisnel et Bernard Violet, « Il semble que la DGSE ait ensuite reçu une chaleureuse lettre de félicitations », lesquelles félicitations ont très certainement encouragé les analystes de la DGSE à persévérer dans cette voie. Rédigé par Jay Peterzell, un article publié dans un magazine anglo-saxon précisait en effet : « Parallèlement à l'infiltration des compagnies américaines, [les services français] ont l'habitude d'intercepter les messages électroniques envoyés par les sociétés étrangères. » Et le même paragraphe de mettre dans la bouche de Robert Courtney — présenté comme ayant exercé des responsabilités dans le domaine de la sécurité chez IBM avant de mener des activités de conseil en la matière — les paroles suivantes : « Il n'y a aucun doute qu'ils ont espionné les communications transatlantiques d'IBM et en ont fait profiter Bull pendant des années. »

La jungle des sociétés commerciales spécialisées

Les entreprises faisant commerce de l'intelligence économique sont nombreuses, diversifiées, parfois complémentaires, souvent concurrentes. Elles récusent ou respectent une déontologie de bon aloi et leurs dirigeants ont sur la question des vues divergentes, voire carrément opposées. Bref, elles composent une véritable jungle où le pire côtoie le meilleur et où il semble difficile de s'y retrouver. Il n'existe pas de texte législatif régissant leurs activités mais ce vide juridique devrait — du moins en ce qui concerne les sociétés dites d'investigation — être comblé par une loi en gestation qui pourrait obliger les professionnels à l'obtention préalable d'une licence. D'ici-là, tout un chacun peut proclamer sur la place publique ses capacités réelles ou supposées en matière d'intelligence concurrentielle et en faire commerce.

Compulser « L'Annuaire Européen Des Professionnels De l'Intelligence Economique » édité par la Société d'Intelligence Economique et Concurrentielle Appliquée (SIECA) est à cet égard édifiant. Dans les pages de ce manuel qui se veut exhaustif mais fait cependant l'impasse sur quelques sociétés ayant refusé d'y figurer, on trouve pêle-mêle des entreprises telles que Actualink (intelligence économique, veille technologique et concurrentielle, accompagnement à la mise en place de systèmes de veille, formation à la recherche d'informations sur bases de données Internet, études technico-économiques), Algoe Management (conseil en management organisé autour de pôles d'activités tels que le management de projets industriels ou la gestion des ressources humaines), CADIC (mise en œuvre de solutions informatiques dans le domaine de la gestion électronique de documents) ou encore « Conduite et Management du Changement » (conseil en stratégie et conduite du changement, conception et mise en œuvre de démarches et d'outils d'appropriation du changement dans les grandes organisations). Si l'on ajoute que les sociétés citées voisinent dans l'annuaire avec des centres tels que le CEDOCAR (organisme rattaché à la DGA et surtout reconnu pour ses activités dans le domaine documentaire) ou l'AFP, on ne peut que retirer une idée assez floue du concept d'intelligence économique. Bernard Besson et Jean-Claude Possin distinguent quant à eux six catégories de prestataires au service des entreprises : les détectives privés, les sociétés de renseignement commercial, les cabinets d'audit et de veille technologique, les sociétés d'intelligence économique, les intermédiaires ainsi que les sociétés de lobbying. Les mêmes auteurs précisent cependant : « Le monde des sociétés d'intelligence économique est disparate » et, prudence étant mère de sûreté, ils évitent de donner des organismes commerciaux ainsi désignés une définition formelle, préférant laisser le soin au lecteur d'en dégager sa propre conception en lui présentant des exemples jugés représentatifs. Ceci leur permet d'affirmer en guise de conclusion : « Ces sociétés apportent à leurs clients diverses prestations rattachées au concept d'intelligence économique. » Sans doute les puristes jugeront-ils que cette manière d'analyser le problème n'est pas la meilleure; force est cependant de reconnaître que, face à une telle diversité et à la rapidité d'évolution du secteur concerné, c'est la seule envisageable. L'auteur du présent ouvrage usera donc du même procédé en présentant quatre sociétés spécialisées et un organisme de documentation scientifique au fil des lignes composant les quatre paragraphes qui suivent.

Miallot & Associés : l'intelligence économique à forte valeur ajoutée

Selon Bernard Besson et Jean-Claude Possin, « La sous-traitance en matière d'intelligence économique porte généralement sur les points suivants : la surveillance de la concurrence (...), les accès aux marchés nouveaux (...), les affaires financières et boursières (...), les menaces et les opportunités ». Créé en 1990 et présent sur l'ensemble de ces prestations, le cabinet Miallot & Associés a des compétences ainsi définies par Pierre Miallot lui-même : « L'expression généraliste « intelligence économique » regroupe quantité de métiers très différents tels que la veille, le conseil en organisation de cellule de veille, le courtage en base de données, les études ad hoc... La plupart des intervenants en ce domaine n'apportent qu'une faible valeur ajoutée à leurs produits; notre culture et notre approche du métier font la différence. Nous avons un positionnement élitiste et nous sommes leader du marché français d'intelligence économique à forte valeur ajoutée. Nous fournissons à des états-majors de grands groupes internationaux d'origine française des analyses stratégiques sur des secteurs très sensibles comme les télécommunications, le nucléaire, l'aéronautique, l'agro-alimentaire, la distribution, l'énergie... Selon les problématiques de notre clientèle, notre mission peut être par exemple d'anticiper les menaces et de déterminer les angles d'attaque potentiels afin de conseiller une solution spécifique. Nous apportons, aussi, une assistance à l'obtention de grands contrats en préconisant des actions adaptées à l'environnement après avoir analysé le jeu des acteurs et les risques liés à la pénétration des marchés. »

Pour ce faire, une quinzaine d'analystes de haut niveau, la majorité étant bilingues voire trilingues, travaillent au siège parisien du cabinet. Si le besoin s'en fait sentir, ces spécialistes peuvent compter sur la collaboration ponctuelle d'un réseau d'experts indépendants identifiés qui sont à leur tour capables d'actionner leurs propres relais provoquant ainsi un effet « boule de neige ». Les analystes sont recrutés à la sortie des grandes écoles et sont soumis, avant d'être considérés comme opérationnels, à une formation interne d'une année au cours de laquelle ils font l'apprentissage des méthodes d'analyse propres au cabinet. Dans le cadre des travaux qu'ils réalisent, ces analystes peuvent être amenés à consulter près de 6000 sources différentes accessibles à partir de serveurs télématiques internationaux. Ils sont aidés en cela par des outils informatiques de recherche automatique. Bien entendu, Internet fait partie de leur champ d'investigation mais, ainsi que le précise Pierre Miallot, « ce n'est qu'un outil parmi d'autres et il convient de ne pas lui donner une importance excessive ». D'une durée variant de 1 à 4 mois en fonction de la complexité présentée par la problématique, une étude peut impliquer une action de recherche sur le terrain. Ainsi, chaque analyste du cabinet effectue dans l'année de multiples déplacements en France et à l'étranger. A la fin 1997, le chiffre d'affaires du cabinet Miallot & Associés pour l'année en cours était estimé à 15 millions de francs. En fonction de leur importance, les études sont facturées entre 250000 et 1 million de francs; lorsque l'on s'étonne d'un tel niveau de prix alors que certains de ses concurrents annoncent des tarifs sensiblement moins élevés, la réponse de Pierre Miallot ne se fait pas attendre : « Je vous concède que nous avons délibérément adopté, ainsi que je l'ai déjà dit, un positionnement haut de gamme : nous travaillons essentiellement avec les plus grosses entreprises françaises auprès desquelles nous obtenons un taux de récurrence très satisfaisant. Nos interlocuteurs ne sont pas philanthropes, nos solutions leur ont fait gagner de l'argent et des parts de marché. Avant de nous engager, nous nous entourons de toutes les précautions nécessaires : chaque étude de faisabilité dure entre quinze jours et trois semaines. Le document de proposition d'action représente un investissement car il se doit d'être complet et précis aux yeux des dirigeants. En fait, notre taux de refus est très bas. » Lorsque l'on évoque plus généralement la place des services de renseignement en France, le ton de Pierre Miallot se fait intéressé : « Je crois qu'il faut absolument éviter les ambiguïtés. Les mieux placés pour aider les entreprises françaises au quotidien lorsque celles-ci se battent pour conquérir des parts de marché, pour s'implanter à l'étranger, pour fusionner ou déclencher des OPA, ce sont les sociétés de conseil. Ce n'est pas à priori la mission des services secrets, hors cas exceptionnel relevant d'enjeux considérés comme stratégiques et vitaux pour notre pays. En effet, leur mission consiste, d'après moi, à défendre dans le cadre du « Plan National de Renseignement » davantage l'intérêt général que l'intérêt particulier. Nous intervenons dans un cadre légal et même si nous opérons à un niveau stratégique dans la compétition économique internationale, même si notre démarche analytique nous permet de partir d'une information ouverte pour parvenir à des conclusions présentant un caractère confidentiel, il y a un point au-delà duquel notre déontologie nous interdit d'aller. Entre l'ensemble des services de l'Etat et nous, il devrait y avoir complémentarité plus que concurrence : aux entreprises conseil l'analyse et la recommandation stratégique, industrielle et technologique, aux services de l'Etat le soin d'aller au-delà pour apporter d'autres types d'informations utiles aux entreprises dans un contexte concurrentiel exacerbé. Dans ce domaine, la France avait accumulé un retard qu'elle tend à combler aujourd'hui. Par le passé, nos entreprises ont été trop longtemps naïves. Il faut maintenant mettre les bouchées doubles, favoriser l'émergence d'un marché français de l'intelligence économique et trouver si possible des synergies entre nos capacités d'analyse, celles de nos clients et les aptitudes des services spéciaux à aller rechercher le renseignement économique par d'autres moyens, ce qui je le répète, ne rentre pas dans notre champ de compétence. »

Egregor, une agence privée de contre-espionnage économique

Chez Egregor, autre société spécialisée, on privilégie avant tout ce que l'on appelle le « parler vrai ». Ici, au sein de l'entreprise se définissant comme « l'agence privée de contre-espionnage économique », pas de langue de bois, on a au contraire l'habitude d'appeler un chat un chat. Cette volonté clairement affichée va jusqu'à récuser l'expression « intelligence économique » en la qualifiant de « phénomène de mode » pour lui préférer la locution « renseignement concurrentiel ». Du reste, ainsi que le précise son directeur Pierre Massée, « Les services officiels concernés n'ont élevé aucune objection quant à l'utilisation de l'expression « contre-espionnage économique » et elle n'est que l'exact reflet d'une réalité dont il serait bon une fois pour toutes de bannir une certaine hypocrisie qui, pour être de bon ton, n'en est pas moins surannée. Après tout, pourquoi parler de « guerre économique » si c'est pour ensuite se voiler la face et récuser des mots tels que « renseignement », « contre-espionnage » et « investigation » ? Nous, nous disons ce que nous faisons et faisons ce que nous disons : nous sommes probablement les seuls sur la place à remettre systématiquement aux clients qui viennent nous voir un certain nombre de fiches récapitulant les objectifs poursuivis ainsi que le programme d'action envisagé. Lorsque le client sort d'ici, il sait ce qu'on veut lui vendre et peut ainsi prendre sa décision en connaissance de cause. » Précisément, quels sont les services proposés par Egregor ? Cela va de la mise en place d'une cellule de renseignement au contre-espionnage économique en passant par le renseignement opérationnel ou concurrentiel, les enquêtes, le contrôle pré-recrutement ou l'audit de contre-espionnage. Dans le cas du renseignement concurrentiel par exemple, les objectifs proposés au client sont de « fournir une synthèse donnant à la Direction une vision claire et complète d'un concurrent » en rappelant l'historique de son implantation sur un créneau économique, en exposant son organisation, en énumérant ses partenaires, en présentant ses dirigeants, sa stratégie concurrentielle et, enfin, en donnant un aperçu de ses projets ainsi que de ses produits. Les sources utilisées sont principalement la presse spécialisée, les diverses études déjà disponibles, les analyses financières, les publications scientifiques et les bases de données accessibles au public. Peuvent s'y ajouter l'exploitation de sources informelles : spécialistes, fournisseurs, experts ou réseaux relationnels. En effet, le directeur de l'agence ne cache pas effectuer avant tout de l'investigation, substantif auquel il donne un sens large. Quant aux limites adoptées par les fins limiers d'Egregor, elle est claire : « La loi. Nous faisons tout ce qui est autorisé et considérons que tout ce qui n'est pas explicitement interdit est autorisé. » Or, il serait vain d'espérer prendre les enquêteurs d'Egregor en défaut : la loi, ils connaissent. En sus des quatre permanents de l'entreprise — soient trois cadres et une secrétaire alors que jusqu'en 1997, Pierre Massée et son associé étaient les seuls employés à temps complet —, la force d'Egregor est de compter sur un « premier cercle » d'anciens ayant fait leurs preuves au sein des services spécialisés et pouvant justifier d'un cursus les mettant très au fait des dispositions législatives s'appliquant à leur domaine professionnel. Profil préférentiel : 55 ans, en retraite, une vingtaine d'années d'expérience dans un service de renseignement gouvernemental, expert dans les techniques d'investigation et apportant un carnet d'adresses bien rempli. Les postulants acceptés sont alors intégrés au « premier cercle » et peuvent au besoin, en fonction de leurs connaissances spécifiques, se voir confier une mission ponctuelle matérialisée par la signature d'un contrat en bonne et due forme. Quant à Pierre Massée lui-même, il a acquis son expérience de l'investigation en prenant la direction des opérations de SECRETS, entreprise fondée par le très controversé capitaine Barril qu'il quitta sur un désaccord d'ordre professionnel pour créer la société d'investigation IRIS Analyses en collaboration avec un ancien commissaire de la DST. Par rapport aux « géants » de l'investigation, Egregor est cependant de taille modeste puisque étant passée d'un chiffre d'affaires d'environ 1 million de francs l'année de sa création en 1994 à 1,2 million de francs en 1997. Lorsque l'on fait remarquer à Pierre Massée le caractère limité de cette progression, la réponse fuse : « Je l'ai voulu ainsi. Pour moi, le plus important était avant tout de construire une base solide en refusant la croissance à tout va. Maintenant que cela est acquis, le recrutement de deux cadres supplémentaires me permet d'espérer un chiffre d'affaires de 2,5 millions de francs en 1998. Et puis vous savez, la volonté affichée de ne pas donner suite aux sociétés me demandant des investigations risquant de nuire aux intérêts français m'a fait perdre des clients ! » En effet, une phrase inscrite en caractères gras sur la plaquette d'Egregor est catégorique à ce sujet : « [les professionnels d'Egregor] s'engagent à ne jamais intervenir dans des opérations au profit d'un groupe étranger quand cette demande risque de nuire aux intérêts français. » Un détail est révélateur de l'état d'esprit style

« Egregor »; le titre du feuillet incluant cet avertissement est le suivant : « Protéger le patrimoine économique français dans un contexte turbulent. » Il voisine avec une devise en forme de credo : « Le Renseignement est la première ligne de défense de l'Entreprise », laquelle devise donne décidément la mesure d'une agence qui veut situer son action dans un contexte reconnu de « guerre économique ».

SIECA et INFORAMA International : la complémentarité

SIECA (Société d'Intelligence Economique et Concurrentielle Appliquée) et INFORAMA International sont deux entreprises commerciales financièrement très proches l'une de l'autre et dont les compétences respectives se complètent : alors que SIECA intervient principalement dans les domaines de la formation et de la publication, INFORAMA International réalise essentiellement des études de dossiers et développe des systèmes de recherche de l'information.

Selon Francis Demay, ancien officier de l'armée de terre ayant effectué sa carrière au sein de différents organismes et actuellement responsable de la formation chez SIECA, le principal des activités de la société se situe au niveau de l'enseignement. C'est la raison pour laquelle SIECA a formé une structure dénommée « Académie de l'Intelligence Economique » qui propose aux stagiaires des programmes dont le contenu est ainsi résumé dans une plaquette de présentation : « S'initier à l'intelligence économique (IEC) et à sa mission dans l'entreprise (...). Acquérir les bases du métier : méthodes et procédures rigoureuses et éprouvées, s'appuyant sur le cycle du renseignement. Se perfectionner aux différents outils et produits de l'IEC, en fonction des objectifs et impératifs de l'entreprise. » Le contenu de cet enseignement s'appuie sur une conception de l'intelligence économique qui souligne en particulier que celle-ci « vise à élargir et renforcer la liberté d'action du chef d'entreprise » en soutenant les processus de décision et d'orientation, en appuyant la préparation et la conduite des projets ainsi qu'en participant à la défense des intérêts majeurs. Ce faisant, Francis Demay prend soin de souligner le caractère légaliste de l'intelligence économique. Contrairement à ce qui est communément admis chez Egregor, l'expression « contre-espionnage » provoque au siège parisien de SIECA, un sourire entendu accompagné de ce jugement à l'emporte-pièce : « il n'y a que deux organismes en France à pratiquer légalement le contre-espionnage et je vous laisse deviner lesquels ! Du reste, nous considérons que l'expression est contre-productive dans le sens où elle a une connotation trop péjorative. Dans le langage populaire français, l'espionnage, c'est la barbouze et nous n'en sommes pas ! »

La deuxième facette des activités de SIECA consiste à éditer des publications au nombre desquelles un « Annuaire Européen Des Professionnels De l'Intelligence Economique », fiches signalétiques récapitulant pour chaque entreprise ses coordonnées, diverses informations générales telles que son chiffre d'affaires ou l'identité de ses dirigeants ainsi qu'une description sommaire de ses activités. SIECA s'est également fait connaître en publiant un « Guide du participant à une manifestation » dont l'objet est en particulier d'inculquer aux cadres commerciaux l'art et la manière de préparer leur participation à une exposition professionnelle ; ce guide propose ainsi toute une démarche visant à planifier le recueil d'informations et l'établissement de contacts dans une optique générale d'intelligence économique. Enfin, Francis Demay prépare un manuel d'intelligence économique à l'usage des entreprises.

SIECA est aussi la société qui organisa la manifestation « Intelligence Economique et Compétitivité ayant eu lieu à Paris en novembre 1996. Chapeautée par un comité de patronage réunissant quelques noms prestigieux au nombre desquels l'amiral Lacoste ou encore Henri Martre, cette manifestation vit se succéder deux jours durant des conférences ayant par exemple pour thèmes « Systèmes d'information, réseaux et outils de recherche intelligente », « Counter-intelligence and American business » ou encore « Sécurité économique et Contre-intelligence ».

INFORAMA International, quant à elle, développe notamment le logiciel « Aperto Libro » composé des modules « NOEMIC » et « WinCite » constituant à eux deux un « système client/serveur (INTRANET) d'informations d'entreprise pour l'acquisition de l'information, l'exploitation des connaissances, la production et la diffusion du renseignement au sein de l'entreprise. » Mais INFORAMA International n'est pas que cela : la société propose également « le conseil, l'ingénierie et les services en intelligence économique pour l'accroissement de la compétitivité ». Elle s'appuie pour ce faire sur un réseau mondial composé de 70 collaborateurs répartis dans 28 pays et baptisé « INFORAMA International Intelligence Production Network (3IPN) ». De plus, la société a ouvert au sein du Centre International de Communication Avancée à Sophia-Antipolis un organisme dénommé « International Center for Applied economic Intelligence (ICAPI) » en charge de la recherche appliquée dans le domaine. INFORAMA International a donc les capacités de maintenir une veille permanente non seulement sur les changements, les situations, les positionnements et les risques mais également sur les techniques adaptées au domaine de l'intelligence économique. L'occupation de ce domaine spécifique par les deux sociétés du couple SIECA/INFORAMA International est ainsi réalisée de manière complémentaire et concerne en particulier la formation, l'acquisition du renseignement, le développement de logiciels d'exploitation, l'organisation d'événements ainsi que la recherche prospective s'agissant des outils et des méthodes.

De telles sociétés ont souvent recours à des centres spécialisés dans la mise à disposition de sources documentaires : quels services offrent ces organismes ? Mieux qu'un discours *ex cathedra,* une visite guidée de l'Institut de l'Information Scientifique et Technique (INIST) fournit une réponse illustrée à cette question.

L'INIST : plongée dans un océan de documentation scientifique

C'est en 1970 que fut créé à Paris au sein du CNRS le Centre de Documentation Scientifique et Technique (CDST). En 1984, Laurent Fabius prit la décision de décentraliser l'organisme. La Lorraine fut choisie et c'est en 1986 que la première pierre fut posée à Vandœuvre, près de Nancy. En 1988, le CDST emménagea dans ses nouveaux locaux et fut pour la circonstance rebaptisé Institut de l'Information Scientifique et Technique (INIST). Selon des informations disponibles sur le site Internet de l'organisme, celui-ci « a pour mission de collecter, traiter et diffuser les résultats de la recherche scientifique et technique. » Pour ce faire, l'INIST a constitué un fonds documentaire conséquent et a créé deux bases de données bibliographiques.

Les quelques chiffres qui suivent, datant de la fin de l'année 1996, permettent d'apprécier l'importance du fonds documentaire. Celui-ci comprend notamment 23 034 périodiques, les abonnements étant au nombre de 9 207 (contre 10 679 en 1995); il est du reste précisé que « Ces documents proviennent du monde entier avec un intérêt particulier pour les pays à la pointe de la recherche ou qui font autorité dans leur domaine. » En ce qui concerne les rapports scientifiques, 56 000 documents sont stockés à l'INIST, la majorité d'entre eux étant des « rapports français provenant d'organismes de recherche publics ou privés. » En outre, 60 000 comptes rendus de congrès sont disponibles et, enfin, 100 000 thèses françaises sont accessibles. Avant de poursuivre, faisons remarquer que la brochure présentant l'institut n'hésite pas à faire référence ce qu'elle nomme la « littérature grise », expression désignant habituellement une documentation qui, sans être classifiée, n'en est pas moins distribuée de manière confidentielle. De plus et en ce qui concerne les rapports scientifiques, l'INIST prétend à l'exhaustivité quant à l'archivage des travaux édités par certains organismes tels que l'ADEME (Agence De l'Environnement et de la Maîtrise de l'Energie).

La base de données bibliographique PASCAL comprend environ 12 millions de références, en particulier dans les domaines suivants (le nombre de références est indiqué entre parenthèses) : médecine, pharmacologie et psychologie (1 million); sciences de l'ingénieur et sciences physiques (950000); biologie (850000); environnement et sciences de l'univers (400000); chimie et parachimie (300000); agriculture, agro-alimentaire et forêt (200000). Multidisciplinaire, PASCAL est également multilingue : les documents analysés sont rédigés en français (10 %), anglais (74 %), russe (7 %), allemand (6 %), le reliquat (3 %) étant notamment partagé entre l'espagnol, l'italien et le japonais. En ce qui concerne les délais de prise en compte des références bibliographiques, il est donné pour deux mois au maximum entre la réception du document et la saisie des informations dans la base. Pour faciliter la compréhension du sujet, l'INIST a entrepris depuis 1994 un programme visant à insérer des biographies d'auteurs; 75 % des références en seraient pourvues. La base de données FRANCIS est le pendant de PASCAL pour les sciences humaines, sociales et économiques. On y trouve en particulier des références relatives aux domaines suivants : administration, archéologie, éducation, ethnologie, géographie, linguistique, religion ou encore sociologie. PASCAL comme FRANCIS peuvent être interrogées par l'intermédiaire de serveurs commerciaux ou d'un Minitel, sont accessibles par Internet et leur contenu fait l'objet de l'édition périodique de CD-ROM utilisables sous DOS ou Windows au moyen d'un logiciel adapté.

En 1996, 400 spécialistes de la documentation travaillaient à l'INIST, analysant le contenu des documents reçus, gérant 34 kilomètres de rayonnage, recevant 3000 demandes par jour et fournissant 700000 copies par an. La même année, les 10000 utilisateurs des services de l'INIST se répartissaient comme suit : 30 % appartenaient à l'enseignement supérieur, 27 % travaillaient en entreprise, 16 % étaient des organismes de recherche et les 27 % restants se répartissaient notamment entre les particuliers, les hôpitaux et les bibliothèques publiques; 77 % étaient français.

ANNEXES

Abréviations utilisées dans l'ouvrage

AGATHA	« Air Ground Antijam Transmission from Helicopter or Aircraft » (sous-système HORIZON)
ALAT	Aviation Légère de l'Armée de Terre
ALT	Avion Léger Télépiloté
ANAIS	ANAlyse et Interprétation des Signaux (CGE/44e RT)
ASE	Agence Spatiale Européenne (voir également ESA)
ASTOR	« Airborne STand-Off Radar » (programme de radar de surveillance du sol aéroporté britannique)
BAM	Brigade AéroMobile
BDA	« Bomb Damage Assessment » : évaluation des dommages après bombardement
BEP	Bureau des Etudes Prospectives (DRM)
BIA	Bataillon d'Infanterie Alpine
BQI	Bulletin Quotidien d'Information (SGDN)
BQR	Bulletin Quotidien de Renseignement
BRGE	Brigade de Renseignement et de Guerre Electronique
BROMURE	Brouilleurs MUlti-REseaux (54e RT)
BRRI	Bureau Renseignement/Relations Internationales (EMAT, dissous)
BTGE	Bataillon Tactique de Guerre Electronique (54e RT)
C3I	« Command, Control, Communications and Intelligence »
C4I	« Command, Control, Communications, Computers and Intelligence »
CA	Corps d'Armée

CAECA	Compagnie d'Appui Electronique de Corps d'Armée
CASSIC	Commandement Air des Systèmes de Surveillance et de Communication
CCL	Compagnie de Commandement et de Logistique
CD	Confidentiel-Défense
CDAOA	Commandement de la Défense Aérienne et des Opérations Aériennes
CDST	Centre de Documentation Scientifique et Technique
CEA	Commissariat à l'Energie Atomique
CEA	Centre d'Enseignement de l'Allemand de la Gendarmerie des FFA (dissous)
CEAM	Centre d'Expériences Aériennes Militaires
CEDOCAR	CEntre de DOCumentation de l'ARmement
CEGS	Centre d'Entraînement à la Guerre Spéciale (DGSE)
CEHD	Centre d'Etude d'Histoire de la Défense
CEIS	Centre d'Exploitation de l'Imagerie Satellitaire (Hélios/UEO)
CEP	Centre d'Etude et de Prospective (organisme de l'EMAT)
CEPIA	Centre Expérimental de Photo-Interprétation des Armées (ETCA)
CERM	Centre d'Exploitation du Renseignement Militaire (EMA, dissous)
CERP	Centre d'Entraînement des Réservistes Parachutistes (DGSE)
CESD	Centre d'Etudes Scientifiques de Défense
CF3I	Centre de Formation et d'Interprétation Interarmées de l'Imagerie (rattaché à la DRM)
CFAT	Commandement de la Force d'Action Terrestre
CFIR	Centre de Formation Interarmées du Renseignement (dissous)
CFR	Centre de Formation au Renseignement (Police Nationale)
CFRE	Centre de Fusion du Renseignement Electronique (54e EET)
CGE	Centre de Guerre Electronique (44e RT/54e ERA)
CIEEMG	Commission Interministérielle pour l'Etude des Exportations de Matériels de Guerre

CIGE	Centre d'Instruction de Guerre Electronique (54e EET)
CINC	Centre d'Instruction des Nageurs de Combat (DGSE, dissous)
CIREM	Centre d'Information sur les Rayonnements ElectroMagnétiques (rattaché à la DRM)
CIRIP	Centre d'Instruction du Renseignement et d'Interprétation Photographique (dissous)
CIT	Centre Interministériel de Traduction
CLEEM	Centre de Langues et d'Etudes Etrangères Militaires (dissous)
CLR	Compagnie Légère de Renseignement (1er RI, dissoute)
CMO	Centre de Mise en Œuvre (BRGE)
CMP	Centre de Maintien à Poste (Hélios)
CNCIS	Commission Nationale de Contrôle des Interceptions de Sécurité
CNEC	Centre National d'Entraînement Commando
CNES	Centre National d'Etudes Spatiales
CNIL	Commission Nationale Informatique et Libertés
COG	Centre Opérationnel de Gendarmerie
COMINT	« COMmunication INTelligence » : renseignement par interception des communications radio intelligibles
COS	Commandement des Opérations Spéciales
CP	Commando Parachutiste
CPEOM	Centre Parachutiste d'Entraînement aux Opérations Maritimes
CPES	Centre Parachutiste d'Entraînement Spécialisé
CPHE	Centre Principal Hélios Espagnol
CPIS	Centre Parachutiste d'Instruction Spécialisée
CPHF	Centre Principal Hélios Français
CPHI	Centre Principal Hélios Italien
CRA	Centre de Renseignement Avancé (1re Armée, dissous)
CRAE	Compagnie de Renseignement et d'Appui Electronique (54e RT)
CRAP	Commando de Recherche et d'Action dans la Profondeur (maintenant CP)

CRECA	Compagnie de Reconnaissance Electronique et de Combat de l'Avant (54e RT)
CRH	Compagnie de Recherche Humaine
CRI	Centre de Réception d'Images (Hélios)
CSDN	Commission du Secret de Défense Nationale
CT	Conteneur Technique (reconnaissance aérienne)
DAM	Division AéroMobile
DAO	Détachement d'Assistance Opérationnelle
DASA	Daimler-Benz AeroSpace AG
DCRG	Direction Centrale des Renseignements Généraux
DESS	Diplôme d'Etudes Supérieures Spécialisées
DGA	Délégation Générale pour l'Armement
DGER	Direction Générale des Etudes et Recherches (transformée en SDECE)
DGGN	Direction Générale de la Gendarmerie Nationale
DGSE	Direction Générale de la Sécurité Extérieure
DIM	Division d'Infanterie de Montagne
DIMa	Division d'Infanterie de Marine
Div	Division
DL	Détachement de Liaison
DLB	Division Légère Blindée
DLEME	Division Langues et Etudes Militaires Etrangères (EIREL)
DP	Division Parachutiste
DPSD	Direction de la Protection et de la Sécurité de la Défense
DR	Diffusion Restreinte
DR	Directeur du Renseignement (DGSE)
DRE	Division Relations Extérieures (EMA)
DRM	Direction du Renseignement Militaire
DRMI	Division Renseignement Militaire Interarmées (EIREL)
DRO	Division du Renseignement Opérationnel (EIREL)
DRTa	Division Renseignement Tactique (EIREL)
DSM	Direction de la Sécurité Militaire (transformée en DPSD)
DSPS	Département de Sûreté et de Protection du Secret (CEA)

DST	Direction de la Surveillance du Territoire
DTER	Division Technique d'Exploitation du Renseignement (EIREL)
DVQS	Drone à Vol Quasi-Stationnaire (Aérospatiale)
EDS	Direction de l'Evaluation et de la Documentation Stratégique (SGDN, dissoute)
EE	Escadrille Electronique (54ᵉ EET)
EED	Escadron d'Eclairage Divisionnaire
EEI	Escadron d'Eclairage et d'Investigation (ex-EED)
EEM	Escadron Electronique Mobile (54ᵉ ERA)
EERE	Escadrille Electronique de Recueil et d'Exploitation (54ᵉ EET)
EES	Escadron Electronique Sol (54ᵉ EET)
EET	Escadre Electronique Tactique
EHOR	Escadrille HORizon
EHR	Escadrille d'Hélicoptères de Reconnaissance
EIREL	Ecole Interarmées du Renseignement et des Etudes Linguistiques (rattachée à la DRM)
EIRGE	Escadron d'Instruction au Renseignement et à la Guerre Electronique (54ᵉ ERA)
ELEBORE	Ensemble de Localisation, d'Ecoute et de Brouillage des Ondes Radioélectriques Ennemies (44ᵉ RT)
ELINT	« ELectronic INTelligence » : renseignement par interception des signaux radar
ELODEE	Ensemble de LOcalisation par Densité des Emissions Ennemies (sous-système SGEA)
ELR	Escadron Léger de Recherche (RBRR)
EMA	Etat-Major des Armées
EMAA	Etat-Major de l'Armée de l'Air
EMAT	Etat-Major de l'Armée de Terre
EMERAUDE	Ensemble Mobile d'Ecoute et de Recherche AUtomatique des Emissions (sous-système SGEA)
EMILIE	Ensemble Mobile d'Interception et de Localisation Informatisé des Emissions (44ᵉ RT)
EMM	Etat-Major de la Marine
EOP	Equipes d'Observation dans la Profondeur (régiments d'artillerie)
EPIGN	Escadron Parachutiste d'Intervention de la Gendarmerie Nationale

ER	Escadre de Reconnaissance
ER	Escadron de Reconnaissance
ERA	Escadre de Renseignement Air
ERB	Escadron de Recherche Blindé (RBRR)
ERS	Escadron de Reconnaissance Stratégique
ERS	« Environmental Radar Satellite »
ESA	« European Space Agency » (voir également ASE)
ESERA	Escadron de Soutien et d'Entraînement au Renseignement Air (54e ERA)
ESGE	Escadron Spécialisé de Guerre Electronique (54e ERA)
ESI	« European Satellite Industries »
ETCA	Etablissement Technique Central de l'Armement
FAC	Force Aérienne de Combat
FAP	Force Aérienne de Projection
FAR	Force d'Action Rapide (dissoute)
FASP	Fédération Autonome des Syndicats de Police
FATac	Force Aérienne Tactique (devenue FAC)
FLIR	« Forward Looking InfraRed » (système de vision nocturne utilisant l'infrarouge thermique)
FORPRONU	FORce de PRotection de l'ONU
GCHQ	« Government Communications HeadQuarters » (SIGINT britannique)
GCP	Groupement de Commandos Parachutistes
GCR	Groupement de Contrôles Radioélectriques (DGSE)
GER	Groupe d'Enquête et de Recherche (RG)
GERMaS	Groupe d'Entretien et de Réparation des Matériels Spécialisés (54e ERA)
GFO	Groupe de Forces Ouest (équivalent à GFSA, dissous)
GFSA	Groupe de Forces Soviétiques en Allemagne (équivalent à GFO, dissous)
GIC	Groupement Interministériel de Contrôle (écoutes téléphoniques)
GIE	Groupement d'Intérêt Economique
GIGN	Groupe d'Intervention de la Gendarmerie Nationale

GPS	« Global Positioning System » (système de positionnement terrestre par satellites)
GPS	Groupe Permanent de Situation (SGDN, dissous)
GSIGN	Groupement de Sécurité et d'Intervention de la Gendarmerie Nationale
GSPR	Groupe de Sécurité de la Présidence de la République
GSTAD	Groupe de Surveillance des Traitements Automatisés de Données (DPSD)
HAGV	Haute Altitude, Grande Vitesse (catégorie de drones)
HALE	« High Altitude, Long Endurance » (catégorie de drones)
HET	Hélicoptère ELINT Technique (54e EET)
HF	« High Frequency » : haute fréquence
HORIZON	Hélicoptère d'Observation Radar et d'Investigation sur ZONe
HRV	Haute Résolution Visible (sous-système SPOT-1)
HRVIR	Haute Résolution dans le Visible et l'InfraRouge (sous-système SPOT-4)
HUMINT	« Human Intelligence » : renseignement de source humaine (patrouilles profondes, interrogation des prisonniers de guerre, clandestins, etc...)
IAI	« Israel Aircraft Industries »
IAO	Interprétation Assistée par Ordinateur (imagerie)
IERS	Institut d'Etudes et de Recherches pour la Sécurité
IFOR	« Implementation FORce » (force de maintien de la paix en Bosnie)
IGS	Inspection Générale des Services (« police des polices »)
IHEDN	Institut des Hautes Etudes de Défense Nationale (rattaché au SGDN)
IHESI	Institut des Hautes Etudes de la Sécurité Intérieure
INIST	Institut de l'Information Scientifique et Technique
IPB	« Intelligence Preparation of the Battlefield » : préparation « renseignement » du champ de bataille
JSTARS	« Joint Surveillance Target Attack Radar System » (radar de surveillance du sol aéroporté américain)

JTUAV	« Joint Tactical UAV » (drone tactique interarmées américain)
JVN	Jumelles de Vision Nocturne (intensification de lumière résiduelle)
KZO	« Kleinfluggerät fur ZielOrtung » (acronyme allemand désignant le Brevel)
MART	Mini-Avion de Reconnaissance Télépiloté
MASINT	« Measurement And Signature INTelligence » (renseignement concernant les paramètres de trajectoire des missiles)
MBB	Messerschmitt-Blkow-Bölohm (société industrielle allemande)
MI5	« Military Intelligence n° 5 » (contre-espionnage britannique)
MI6	« Military Intelligence n° 6 » (service de renseignement extérieur britannique, voir également SIS)
MISTIGRI	« Mobile Integrated Surveillance of Tactical Informations Gathered by Remote Informants » (sous-système HORIZON)
NG	Nouvelle Génération
NP	Non Protégé (mention de non-classification d'un document)
NRO	« National Reconnaissance Office » (organisme américain de reconnaissance par imagerie)
OCAPI	Outil Conversationnel d'Aide à la Photo-Interprétation (logiciel PIAO de FLEXIMAGE)
ONU	Organisation des Nations Unies
ORCHIDEE	Observatoire Radar Cohérent Héliporté d'Investigation Des Eléments Ennemis (devenu HORIZON)
ORCT	Officier « Renseignement » de Corps de Troupe
PAT	Plongeur de l'Armée de Terre
PIAO	Photo-Interprétation Assistée par Ordinateur
PIVER	Programmation et Interprétation des Vols d'Engins de Reconnaissance (système d'exploitation du drone CL-289)
PLR	Peloton Léger de Recherche (RBRR)
PNR	Plan National de Renseignement

PRB	Préparation Renseignement du champ de Bataille (voir également IPB)
PRB	Peloton de Recherche Blindé (RBRR)
PSIG	Peloton de Surveillance et d'Intervention de la Gendarmerie
PSIRP	Poste Sécurité Industrielle en Région Parisienne (DPSD)
QRSO	Qualification « Renseignement » Sous-Officier
RA	Régiment d'Artillerie
RA	Recherche Aéroportée (13e RDP)
RAM	Régiment d'Artillerie de Montagne
RAMa	Régiment d'Artillerie de Marine
RAPAS	Recherche AéroPortée/Action Spécialisée (filière 1er RPIMa)
RAPHAEL	RAdar de PHotographie Aérienne ELectrique
RASIT	RAdar de Surveillance des InTervalles
RATAC	RAdar de Tir pour l'Artillerie de Campagne
RATIS	Recherche, Analyse et Traitement des Informations sur les Systèmes (logiciel Aérospatiale)
RBRR	Régiment Blindé de Recherche du Renseignement (BRGE)
RDP	Régiment de Dragons Parachutistes
REFORGER	« REinforcement of FORces in GERmany »
REI	Régiment Etranger d'Infanterie
RG	Renseignements Généraux
RGPP	Renseignements Généraux de la Préfecture de Police de Paris
RH	Régiment de Hussards
RHP	Régiment de Hussards Parachutistes
ROEM	Renseignement d'Origine ElectroMagnétique (équivalent français de l'acronyme SIGINT)
ROS	Renseignement d'Origine Spatiale
RPC	Régiment Parachutiste de Choc
RPV	« Remotely Piloted Vehicle » : véhicule télépiloté (drone)
RRA	Régiment de Recherche et d'Acquisition
RRA	Régiment de Renseignement Aéromobile
RRCA	Régiment de Reconnaissance de Corps d'Armée

RT	Régiment de Transmissions
SA	Service Action (DGSE)
SAMRO	SAtellite Militaire de Reconnaissance Optique
SAR	« Synthetic Aperture Radar » : radar à ouverture synthétique
SARA	Station Aérotransportable de Reconnaissance Aérienne
SARIGUE	Système Aéroporté de Recueil d'Informations de GUerre Electronique
SAS	« Special Air Service »
SD	Secret-Défense
SDECE	Service de Documentation Extérieure et de Contre-Espionnage (transformé en DGSE)
SEDI	Section d'Etude de Documentation et d'Images (dissoute)
SER	Surface Equivalente Radar
SER	Section d'Eclairage Régimentaire
SGEA	Système de Guerre Electronique de l'Avant
SHF	« Super High Frenquency » : super haute fréquence
SIECA	Société d'Intelligence Economique et Concurrentielle Appliquée
SIG	Système d'Information Géographique (logiciel de PIAO OCAPI)
SIGINT	« SIGnal INTelligence » (regroupement du COMINT et de l'ELINT, équivalent de l'acronyme français ROEM)
SIPG	Section d'Interrogation des Prisonniers de Guerre
SIS	« Secret Intelligence Service » (service de renseignement extérieur britannique, voir également MI6)
SPOT	Système Probatoire d'Observation de la Terre
SRI	Section de Recherche de l'Information (URI)
SSM	Service de Sécurité Militaire (dissous)
STAIR	Système Tactique d'Acquisition et d'Identification de Radars (54e RT)
START	Système Tactique Automatisé de Reconnaissance Technique (54e RT)
STAT	Section Technique de l'Armée de Terre
STS	Direction Scientifique et des Transferts Sensibles (SGDN, dissoute)

SVR	« Sloujba Vnechoi Razvedki » (service de renseignement extérieur russe)
TAIGA	Traitement Automatique de l'Information Géopolitique d'Actualité
TRACFIN	TRaitement et Action contre les Circuits FINanciers clandestins
TSD	Très Secret-Défense
TSE	Sous-direction Techniques Sensibles et Exportations (SGDN, dissoute)
UAV	« Unmanned Aerial Vehicle » : engin aérien sans pilote (drone)
UCLAT	Unité de Coordination de la Lutte AntiTerroriste
UEO	Union de l'Europe Occidentale
UHF	« Ultra High Frequency » : ultra haute fréquence
UIP	Unité d'Interprétation Photographique (EIREL, dissoute)
UNIR	UNité d'Interception et de Recherche (CGE/44e RT)
URCA	Unité de Recherche de Corps d'Armée
URH	Unité de Recherche Humaine
URI	Unité de Recherche de l'Information (BRGE, tout d'abord dénommée URIEx pour désigner son caractère expérimental)
VAB	Véhicule de l'Avant Blindé
VBL	Véhicule Blindé Léger
VHF	« Very High Frequency » : très haute fréquence
VLRA	Véhicule Léger de Reconnaissance et d'Appui
VOA	Véhicule d'Observation de l'Artillerie
VST	Sous-direction Veille Scientifique et Technologique (SGDN, dissoute)
ZI	Zone d'Intérêt
ZR	Zone de Responsabilité
ZS	Zone Sensible

Organismes participant à la mise en œuvre du satellite Hélios-1

Organisme	Implantation	Responsabilités
Centre de Maintien à Poste (CMP)	Toulouse (France)	Contrôle du satellite durant toute sa durée de vie.
Centre de Réception d'Images Espagnol (CRIE)	Maspalomas (Canaries)	Réception des images, transmission vers le CPHE.
Centre de Réception d'Images Français (CRIF)	Munchouse (France)	Réception des images, transmission vers le CPHF.
Centre de Réception d'Images Italien (CRII)	Lecce (Italie)	Réception des images, transmission vers le CPHI.
Centre d'Exploitation de l'Imagerie Satellitaire (CEIS)	Torrejon (Espagne)	Exploitation de l'imagerie au profit de l'Union de l'Europe Occidentale à laquelle les trois pays ont convenu de fournir de l'imagerie Hélios.
Centre National d'Etudes Spatiales (CNES)	Toulouse (France)	Mise à poste sur l'orbite choisie.
Centre Principal Hélios Espagnol (CPHE)	Torrejon (Espagne)	Exploitation de l'imagerie pour l'Espagne.
Centre Principal Hélios Français 10.348 (CPHF 10.348)	Creil (France)	Exploitation de l'imagerie pour la France.
Centre Principal Hélios Italien (CPHI)	Pratica di Mare (Italie)	Exploitation de l'imagerie pour l'Italie.
Station de télécommande	Aussaguel (France)	Dépend du CMP.
Station de télécommande	Kourou (Guyane)	Idem.
Station de télécommande	Iles Kerguelen	Idem.
Station de télécommande	Hareteebeshoeck (Afrique du Sud)	Idem.

FICHES TECHNIQUES

Le radar de surveillance du sol RASIT

Depuis la commercialisation des premiers modèles de la série, le RASIT (RAdar de Surveillance des InTervalles) a été vendu à plus de 700 exemplaires dans une vingtaine de pays. Ce succès s'explique avant tout par sa compacité, sa facilité d'emploi — un seul opérateur peut en assurer le service après une formation sommaire — sa rusticité et ses capacités de fonctionnement indépendamment des aléas de la météo. Le RASIT-B peut être utilisé selon deux modes : surveillance sur toute la portée du radar ou par zone d'une profondeur de 2,5 km restant en deçà de la portée maximale. Le RASIT-E peut quant à lui fonctionner en modes « panoramique » ou « surveillance de secteur » sur les profondeurs 0-20 km, 10-30 km ou 20-40 km. Ce même RASIT-E est non seulement capable de détecter des objectifs mais également d'en effectuer la désignation et la poursuite. Il possède en outre des capacités de trajectographie. Certains modèles, notamment le RASIT-EE, peuvent être utilisés pour des tâches de conduite de tir au profit de l'artillerie : placés dans des conditions favorables, ils détectent le point d'impact d'un obus de 155 mm à 35 km de distance ou l'explosion d'un projectile de mortier de 60 mm à 14 km.

Dernier-né de la série, le RASIT-G est un radar Doppler travaillant en bande X. Il peut soit assurer une surveillance tous azimuts, soit prendre en compte un secteur angulaire déterminé. Déportable sur une distance pouvant atteindre 1 000 mètres, la console d'exploitation du RASIT-G regroupe l'ensemble des équipements de visualisation, de commande, de contrôle et de traitement du signal. Un système de cartographie numérisée est disponible en option et le RASIT-G peut être couplé à des systèmes optroniques permettant l'identification diurne et/ou nocturne des cibles les plus proches. A l'instar du RASIT-EE, le modèle G est utilisable comme écartomètre au profit de l'artillerie par simple ajout de trois cartes électroniques enfichables.

Caractéristiques du RASIT 3190B (chiffres entre parenthèses : 3190E) :

Fréquence de travail	bande I
Puissance de crête	2 kW
Portée	homme marchant : 18 km (18 à 23 km) véhicule : plus de 30 km (25 à 40 km) hélicoptère : 15 à 25 km (15 à 40 km)
Précision	0,01 radian en azimut, 10 mètres en distance
Poids	90 kg (85 kg)

Le radar de trajectographie COBRA

Actuellement en phase finale d'essais, le radar de trajectographie COBRA (COunter Battery RAdar) est un système développé par le consortium international Euro-Art basé à Munich et regroupant les industriels Siemens AG (RFA), Thomson-CSF (France), Racal (GB) auxquels s'est joint Lockheed-Martin (USA) et destiné à équiper les forces armées française, britannique et allemande. A l'origine, la fiche-programme précisait qu'il s'agissait de réduire le ratio entre systèmes d'artillerie soviétiques et occidentaux de 7 : 1 à 3 ou 4 : 1 après deux jours de combat. Le COBRA peut repérer 40 batteries ou 320 pièces d'artillerie en moins de 2 minutes ; son angle d'ouverture est de 90° en azimut et l'antenne active est orientable sur 270°. La portée maximale est de 40 km et les mobiles pouvant être repérés incluent projectiles de mortier, obus d'artillerie ainsi que roquettes. Sa simplicité d'emploi est telle qu'il peut être servi par un seul opérateur logé dans une cabine à l'épreuve des projectiles d'armes légères, de l'impulsion électromagnétique consécutive à une explosion nucléaire et des menaces NBC. Le radar a en outre été doté de capacités de contre-contre-mesures électroniques très sophistiquées. Le système est monté sur un camion tactique MAN 8 X 8 pour l'Allemagne et TRM-10 000 pour la France. Tous deux sont aérotransportables par C-130 Hercules ou C-160 Transall. La mise en batterie du COBRA ne requiert que cinq minutes et son retrait deux seulement. Les trois pays européens du consortium souhaitent acquérir 30 à 40 exemplaires tandis que le marché potentiel à l'exportation — Moyen-Orient, sud-est asiatique et autres nations européennes, en particulier l'Italie — avoisinerait les 50 systèmes.

Le radar RAPHAEL-TH

Le système RAPHAEL-TH (RAdar de PHotographie Aérienne ELectrique-Transmissions Hertziennes) est en service depuis 1985. Il est principalement composé d'un radar à balayage latéral relié par faisceau hertzien à une station au sol : la retransmission des informations en temps réel est ainsi possible jusqu'à 450 kilomètres de distance. Travaillant en bande X avec compression des impulsions et agilité de fréquence, le RAPHAEL-TH serait capable de dresser une carte détaillée d'une zone d'environ 25 000 km^2 avec une résolution avoisinant les 3 mètres. Monté sous le fuselage d'un Mirage F1CR volant à 7 600 mètres d'altitude et 750 km/h, le radar est capable de prendre en compte une bande de terrain de 40 sur 60 kilomètres de côté. Si l'avion porteur se trouve en-dehors de la portée autorisée pour une transmission en temps réel, les informations sont stockées et retransmises dès que possible. Le RAPHAEL-TH est régulièrement emporté par les Mirage F1CR français et au moins un client étranger l'utiliserait à partir de Mirage 2000.

La Station Aérotransportable de Reconnaissance Aérienne (SARA)

Les facilités offertes par la station SARA sont les suivantes :

— Fonction « Aide au commandement » : la console de direction des vols permet la réception et l'analyse des ordres transmis, la rédaction de l'ordre de vol, la gestion des pilotes et aéronefs et, plus généralement, la surveillance de la zone d'opération (météo, situation tactique, gestion de l'espace aérien). Elle autorise en outre le suivi du déroulement de la mission et ce, en temps réel.

— Fonction « Préparation de la mission » : c'est plus particulièrement le rôle de la console CINNA (« Console Interactive Numérisée de Navigation Aérienne »). Cet équipement permet de visualiser instantanément la situation tactique des menaces (CATA ou « CAdre TActique » constamment remis à jour par l'officier « renseignement »), la position de l'objectif ainsi que les prévisions météo. Toutes ces informations peuvent être visualisées sur une cartographie numérisée disponible au 1/500 000e, au 1/100 000e ou au 1/50 000e. En outre, la console CINNA calcule automatiquement le profil de vol concernant la mission et incluant notamment les caps à suivre, les niveaux de consommation ou les heures de passage sur les « points tournants ». Enfin, CINNA procure les différents documents nécessaires, en particulier le plan de vol et les paramètres. Ceux-ci sont enregistrés sur une cassette dénommée MIP (« Module d'Insertion de Paramètres ») directement enfichable dans le calculateur de navigation de l'appareil.

— Fonction « Exécution et exploitation de la mission » : si la distance entre l'appareil et la station de réception le permet, l'imagerie infrarouge peut être transmise en temps réel; à défaut, elle est stockée sur magnétoscope et retransmise dès que l'avion revient en portée de récepteur. L'ensemble des informations est alors retranscrit sur film par un transcripteur laser Super PRIAM.

— Fonction « Interprétation de la mission » : elle est remplie par la table d'examen automatique FILOU et la console d'interprétation d'images aériennes SIRIUS. L'opérateur dispose de deux écrans de visualisation permettant une comparaison des informations reçues avec une image de référence. Le compte-rendu d'interprétation est rédigé en complétant les rubriques d'un cadre préformaté par dialogue homme-machine; il est automatiquement transmis sous une forme définie (télex, « image-preuve » ou bande magnétique). L'interprétation peut être « rapide » ou « détaillée », le premier de ces deux modes autorisant une alerte précoce concernant certaines informations jugées « critiques ». Dans le second cas, il peut être procédé à un traitement de l'image (corrections géométriques par exemple).

Le Système de Guerre Electronique de l'Avant (SGEA)

Le SGEA a été conçu par Thomson-CSF. Il est principalement composé des sous-systèmes ELODEE (« Ensemble de Localisation par Densité des Emissions Ennemies ») et EMERAUDE (« Ensemble Mobile d'Ecoute et de Recherche Automatique Des Emissions »). Ceux-ci sont renforcés par des moyens d'analyse technique et mis en œuvre par un Centre de Direction et d'Exploitation de la Guerre Electronique (CDEGE). Ce dernier assure l'interface avec l'employeur, les liaisons étant assurées par l'intermédiaire du réseau RITA (« Réseau Intégré de Transmissions Automatiques »). Lors de la mise en fonction, ELODEE localise à priori les émetteurs sans se préoccuper d'en assurer l'écoute et ce, en parcourant l'ensemble du spectre électromagnétique dont la prise en compte a été décidée. Cette première opération permet l'affichage sur écran de visualisation d'un diagramme où chaque point représente un émetteur ennemi localisé ; sur simple demande de l'opérateur, les caractéristiques techniques de chaque émetteur repéré peuvent alors être rapidement obtenues. La distribution spatiale des points matérialisant les systèmes rayonnants est déjà très parlante et son exploitation permet aux analystes du CDEGE de restituer une première évaluation du dispositif ennemi. ELODEE peut prendre en compte un carré de 50 × 50 km à l'intérieur d'une fenêtre plus étendue dont les dimensions exactes sont classifiées. Le relais est alors passé à EMERAUDE dont la tâche est d'identifier les réseaux impliqués. Un ensemble EMERAUDE est en principe composé de quatre stations d'écoute, d'une Station d'Interception et d'Analyse Technique (SIAT, prenant en compte les transmissions de données) et d'une Station d'Ecoute des Faisceaux Hertziens (SEFH). Animée par des linguistes qualifiés, chaque station se voit attribuer des fréquences à suivre en fonctions des instructions reçues du CDEGE. Quant au résultat, il est décrit en ces termes : « A l'aide des informations complémentaires obtenues par les écoutes, l'ordre de bataille électronique de l'adversaire est peu à peu reconstruit pour laisser place en fin de processus à une véritable carte de situation tactique, exploitable directement par l'état-major, auquel elle est adressée par l'intermédiaire du système d'information de commandement (SIC) ».

Le MART Mk II

Le MART (Mini-Avion de Reconnaissance Télépiloté) a été conçu pour répondre à un besoin de l'Armée de Terre concernant un engin simple à opérer, rapidement disponible et capable d'aller chercher le renseignement à une cinquantaine de kilomètres en avant des lignes de contact. Suite à une évaluation des systèmes disponibles à l'époque, la STAT formula les spécifications techniques en 1985. Trois industriels — Alpilles S.A., Thomson-CSF ainsi que le britannique Target and Surveillance Systems Ltd — s'associèrent pour développer un engin y répondant; ils furent rejoints en 1988 par la COFRAS. Depuis 1991, les droits commerciaux concernant la production de l'engin ont été repris par ALTEC Industries S.A. Dès le départ, le MART fut conçu pour pouvoir fournir le renseignement en temps réel à l'échelon division et plus particulièrement pour procurer des objectifs à l'artillerie longue portée. Le Mk II peut emporter au choix un système GPS ou un ensemble de radiotriangulation Trident; il est équipé d'une caméra panoramique et peut en outre recevoir une autre caméra diurne ou nocturne utilisant les technologies IL ou IR. Les informations sont transmises par émetteur UHF. Le vol du MART est en principe programmé mais le pilotage peut être repris à tout moment par un opérateur. Le lancement de l'appareil s'effectue sur rampe par catapulte à Sandows et le mode de récupération utilise un parachute. En cas d'urgence, le poser du MART sur le ventre est possible. Le système se compose normalement d'une remorque de lancement emportant trois engins, d'un véhicule lourd de contrôle technique, d'un véhicule lourd emportant un shelter de contrôle tactique, d'un générateur remorqué et d'un véhicule léger emportant les opérateurs. Un système simplifié a été proposé à l'exportation tandis qu'un modèle amélioré baptisé Super MART a été présenté par ALTEC Industries S.A. lors du salon d'armements EuroSatory 1996. Le MART Mk II a notamment été mis en œuvre par la section spécialisée du 8e Régiment d'Artillerie lors de la guerre du Golfe.

Caractéristiques (données constructeur) :

Longueur	3,32 mètres
Envergure	3,4 mètres
Poids au décollage	110 kg
Charge utile	25 kg
Motorisation	un moteur 2 cylindres, 2 temps développant 25 chevaux
Vitesse maximale	220 km/h
Vitesse opérationnelle	100 à 120 km/h
Autonomie maximale	4 heures
Altitude maximale	3000 mètres
Altitude d'emploi	entre 300 et 1000 mètres
Rayon d'action	50 km à 300 mètres/sol ou 100 km à 1000 mètres/sol

Le radar de trajectographie Cymbeline

Le Cymbeline est avant tout un radar de trajectographie utilisable pour déterminer la localisation des batteries de mortiers à partir du repérage d'un projectile sur trajectoire. Cependant, des tests ont montré que le système avait une certaine efficacité sur les obus d'artillerie. Depuis les premières livraisons à l'armée de terre britannique en 1973, le radar n'a cessé de faire l'objet d'améliorations successives; il est en particulier maintenant capable de fonctionner dans un environnement de contre-mesures électroniques intenses. Conçu et réalisé par Thorn EMI Electronics Ltd, devenu entre-temps Racal-Thorn Defence, il peut être monté soit sur une remorque (Cymbeline Mk 1 pouvant être tracté par un véhicule de la gamme Land-Rover), soit sur un châssis chenillé (Cymbeline Mk 2 sur FV-432 dans le cas de l'armée britannique). L'angle d'ouverture du scanner utilisé par le radar Cymbeline (versions Mk 1 et Mk 2) est de 40° mais l'ensemble du réflecteur peut effectuer une rotation de 180° en 15 secondes. Commercialisée ultérieurement, la version Mk 3 tractée a un angle d'ouverture de 60° tandis que la portée a été augmentée pour atteindre 30 km. Différentes versions du Cymbeline ont été vendues à plus de 320 exemplaires; 18 pays dont l'Australie, la France, l'Irak, la Nouvelle-Zélande et l'Afrique du Sud se sont en effet portés acquéreurs du système. Récemment, Racal-Thorn Defence a signé un contrat de 6,4 millions de dollars pour la modernisation de 12 radars Cymbeline égyptiens.

Caractéristiques (versions Mk 1 et Mk 2) :

Fréquence de travail	bandes I/J
Puissance de crête	100 kW
Portée minimale	1 000 mètres
Portée maximale	20 000 mètres
Poids	390 kg

Le FOX AT1

Le FOX AT1 est un drone multi-missions produit par la société CAC SYSTEMES. Il a notamment été acquis par l'ONU pour utilisation en ex-Yougoslavie. L'AT1 peut être lancé sur rampe soit par un dispositif hydraulique, soit par un système de propulsion utilisant des Sandows; il est récupérable par parachute. Il peut emporter une large gamme d'équipements en fonction de la mission : caméra CCD couleur panoramique et caméra roulis compensé, FLIR, caméra IR ou caméra à intensification de lumière. Plus récemment, un conteneur profilé largable a été adapté au FOX AT1, celui-ci pouvant en emporter quatre sous les ailes. Ces conteneurs peuvent renfermer des charges utiles de différents types : senseurs acoustiques, senseurs mesurant la contamination NBC d'une zone ou brouilleurs de guerre électronique. Le pilotage du FOX AT1 s'effectue en automatique par ordres restreints et sa navigation est autonome par programmation; le drone est doté d'un GPS différentiel assurant sa localisation. Les transmissions de données entre le drone et la station au sol peuvent, en fonction des spécifications du client, être assurées en mode classique ou protégé; quant aux liaisons radio entre la station et l'échelon d'emploi, elles sont sur demande adaptables à l'utilisation des systèmes PR4G, INMARSAT ou tout autre équipement en service. Le FOX AT1 peut soit être intégré au système FOX MLCS soit être livré en version modulaire. Le FOX MLCS rassemble l'ensemble des éléments nécessaires au fonctionnement et à l'exploitation d'un drone de la gamme FOX sur un seul véhicule tout terrain 6 × 6 de classe Mercedes Unimog. L'ensemble est aérotransportable par un seul appareil C-160 Transall ou C-130 Hercules; 2 à 3 opérateurs suffisent à en assurer l'exploitation.

Caractéristiques (données constructeur) :

Envergure	3,60 mètres
Longueur	2,75 mètres
Poids à vide	60 kg
Poids au décollage	90 kg
Charge utile	15 kg
Motorisation	un moteur Limbach de 22 CV
Vitesse	90 à 180 km/h
Altitude d'emploi	30 à 3000 mètres
Autonomie	90 minutes (extensible)
Rayon d'action	100 kilomètres
Portée HF	50 kilomètres (extensible)

Le Brevel

Développé dans le cadre d'une coopération internationale entre STN Atlas Elektronik et Matra, le Brevel répond au besoin d'un drone léger et bon marché adapté à la recherche des objectifs au profit de l'artillerie du niveau division. Lancé par fusée d'accélération, il est récupéré par un système de parachute; ses évolutions sont préprogrammées. Doté d'une caméra bimode utilisable de jour comme de nuit, il peut acquérir les objectifs fixes ou mobiles et les suivre de manière automatique même en effectuant des évolutions évasives pour contrer une menace surgissant de manière inopinée. Le dispositif optronique est stabilisé sur trois axes, permettant ainsi l'obtention d'une image toujours stable dans toutes les conditions de vol. L'ensemble du système Brevel est conçu pour être emporté par cinq véhicules 4 × 4 remplissant les tâches suivantes : commandement, porte-antenne, lancement, récupération et remise en état avec maintenance 2e échelon. Le véhicule de commandement est optimisé pour assurer la préparation de la mission, la surveillance du drone en vol, l'interprétation des résultats ainsi que l'interface entre le système et l'échelon d'emploi. Le véhicule de commandement est relié au véhicule porte-antenne par fibre optique; cette séparation alliée à l'emploi d'une telle technologie pour la liaison réduit la vulnérabilité du système.

Caractéristiques :

Longueur	2,26 mètres
Envergure	3,40 mètres
Hauteur	0,91 mètre
Poids maximal au décollage	150 kg
Motorisation	bicylindre à plat
Vitesse maximale	220 km/h
Vitesse de croisière	120 km/h
Altitude opérationnelle	1500 à 2500 mètres
Plafond	4000 mètres
Rayon d'action	120 km
Endurance	6 heures

Le Hunter

Le Hunter a effectué son premier vol en Israël le 30 septembre 1990. Il se présente comme un drone bipoutre bimoteur en tandem de dimensions moyennes. Il décolle sur 200 mètres si nécessaire au moyen de fusées d'assistance ; il a été conçu dès l'origine pour être utilisé dans un environnement maritime et a notamment été testé à bord de l'USS *Essex* en 1993. Pour atterrir, le Hunter utilise une crosse et un brin d'arrêt mais un dispositif d'urgence permet de le récupérer par parachute. Le drone peut emporter différents types de senseurs stabilisés dont un FLIR. Les données acquises sont retransmises en temps réel, si besoin est par l'intermédiaire d'un relais pouvant être un autre drone : des essais en ce sens ont été couronnés de succès dès 1991. Au niveau corps d'armée ou division, un système Hunter comprend deux « Ground Control Stations (GCS) » assurant la conduite de la mission, une « Mission Planning Station (MPS) », deux « Remote Video Terminals (RVT) » déportés par rapport aux deux GCS, deux « Ground Data link communication and Tracking systems (GDT) » ainsi que les équipements de lancement, de récupération et de soutien technique. Au niveau brigade ou bataillon, la GCS est remplacée par une « Downsized Ground Control Station (DGCS) ».

Caractéristiques (données constructeur) :

Longueur	6,9 mètres
Envergure	8,9 mètres
Poids à vide	532 kg
Poids maximal au décollage	727 kg
Poids maximal de la charge utile	114 kg
Motorisation	2 moteurs Moto Guzzi (2 X 68 chevaux)
Endurance	8 à 12 heures
Rayon d'action (sans relais/avec relais)	125 km/200 km
Vitesse maximale	204 km/h
Vitesse de croisière	111 à 148 km/h
Plafond	4575 mètres

Le Mirage IVP

Le Mirage IVP est une évolution directe du bombardier stratégique Mirage IVA dont la première prise d'alerte opérationnelle remonte au 1er octobre 1964. Par rapport à ce dernier, le Mirage IVP a bénéficié d'une remise à niveau du système de navigation et d'attaque qui comprend désormais les éléments suivants :

— un système de navigation autonome à deux centrales inertielles;

— deux systèmes indépendants assurant le recalage de la navigation : un radar ARCANA (« Appareil de Recalage de Cartographie et d'Aide à la Navigation Aveugle ») et un DOA (« Dispositif Optique Asservi »);

— un altimètre;

— un système de contre-mesures amélioré.

Pouvant emporter les systèmes OMERA 35, OMERA 36, Wild RC8F et Super Cyclope, le Mirage IVP est un appareil capable d'effectuer des missions lointaines de reconnaissance photographique à toutes les altitudes ainsi que des relevés infrarouges à basse altitude; il est ravitaillable en vol. Les Mirage IVP devraient rester en service opérationnel au sein de l'Escadron de Reconnaissance Stratégique 1/91 « Gascogne » jusqu'en 2005.

Caractéristiques :

Longueur	23,3 mètres
Envergure	11,8 mètres
Hauteur	5,65 mètres
Poids à vide	14,5 tonnes
Poids maximal	33 tonnes
Motorisation	2 SNECMA Atar de 6 700 kg de poussée unitaire
Plafond opérationnel	16800 mètres
Rayon d'action	4000 km

Le Mirage F1CR

Le Mirage F1CR a été développé pour assurer le remplacement des Mirage IIIR/RD. Il est équipé d'un système de navigation Sagem Ulysse 47, d'un calculateur digital ESD et d'un radar Cyrano IVMR adapté aux fonctions air-sol. Doté d'une perche de ravitaillement en vol, il est parfois référencé Mirage F1CR-200 par analogie au Mirage F1C-200 équipé du même appendice. Le premier vol d'un prototype F1CR remonte au 20 novembre 1981 et le premier avion de série vola le 10 novembre 1982; en juillet 1983, l'Escadron de Reconnaissance 2/33 « Savoie » fut déclaré opérationnel sur F1CR. L'appareil peut emporter les capteurs suivants :

Dénomination	Type	Altitude d'utilisation	Caractéristiques
OMERA 33	Caméra optique	600 à 1500 mètres.	Prises de vues verticales, N&B ou couleur; Focale : 150 mm; Contenance : environ 370 vues.
OMERA 40	Caméra optique	150 à 900 mètres.	Panoramique, N&B ou couleur; Focale : 75 mm; Champ : 180°; Contenance : 400 à 800 vues N&B; Délais : 45 minutes après atterrissage.
RP 35P	Pod photo	Haute.	Deux focales de 600 mm.
RAPHAEL-TH	Radar SLAR	Haute et moyenne.	Résolution : 3 à 6 mètres suivant mode; Portée maximale : 100 km; Les informations peuvent être transmises en temps réel jusqu'à 450 km de distance.
ASTAC (Analyseur Superhétérodyne TACtique)	Pod ELINT		Longueur : 4,1 mètres; Poids : 400 kg; Portée : 80 km à 360 mètres d'altitude; Fréquences de travail : 0,5 à 5 GHz.
Super Cyclope	Capteur infrarouge	A partir de 150 mètres.	Champ : 121°; Délais : 15 minutes; Monté à demeure sur le F1CR; Les informations peuvent être transmises en temps réel jusqu'à 350 km de distance en direction d'une station SARA.
Presto	Pod optronique		En cours de définition.

Caractéristiques (version F1C) :

Longueur	15,3 mètres
Envergure	8,4 mètres
Hauteur	4,5 mètres
Poids à vide	7,4 tonnes
Poids maximal au décollage	16,2 tonnes
Motorisation	un turboréacteur SNECMA Atar 9K50
Vitesse maximale	Mach 2,2
Plafond opérationnel	20000 mètres

Le C-160G Transall Gabriel

Le programme Transall Gabriel a été initié en 1981. Il visait à assurer le remplacement des Nord 2501 Gabriel dont jusqu'à huit exemplaires ont été en service simultanément. Pour la réalisation de ce programme, deux cellules furent prélevées sur une série de 25 Transall NG destinés à l'Armée de l'Air, les deux C-160G ayant été commandés en 1983 et 1984. Les équipements ELINT et COMINT ont été conçus et réalisés par Thomson-CSF et comprennent notamment un système ASTAC. Celui-ci est spécialisé ELINT, il est donné pour assurer « la détection, l'identification et la localisation des radars dans un environnement d'émissions électromagnétiques intenses hautement mobiles et capables d'évasion de fréquence ». Sous forme de « pod », le système ASTAC peut être monté sur Mirage F1CR et a, dans cette configuration, été acheté par la Force Aérienne d'Autodéfense japonaise pour l'équipement de ses Phantom/Kai RF-4EJ. En sus des matériels SIGINT embarqués, le Gabriel est doté d'une caméra panoramique OMERA 51. Par rapport à son devancier, le Transall Gabriel présente en particulier l'avantage d'être ravitaillable en vol.

Caractéristiques :

Mission	recueil ROEM
Cellule	C-160 NG
Date de mise en service	3 janvier 1989 (C-160G 01) et 3 juillet 1989 (C-160G 02)
Envergure	40 mètres
Longueur	33,61 mètres
Hauteur	11,65 mètres
Poids maximum au décollage	51 tonnes
Motorisation	2 turbopropulseurs Rolls Royce Tyne 22
Puissance unitaire	5665 chevaux
Plafond opérationnel	8000 mètres
Altitude de patrouille	7000 mètres
Vitesse maximale	515 km/h
Equipage	2 pilotes, 1 navigateur, 1 mécanicien, 10 opérateurs SIGINT

SPOT-1

Le programme SPOT-1 (Système Probatoire d'Observation de la Terre) a été lancé par le gouvernement français en 1978. Il a été réalisé avec les participations de la Suède et de la Belgique. La maîtrise d'œuvre fut attribuée au CNES (Centre National d'Etudes Spatiales) qui assure les fonctions d'opérateur du satellite tandis que les produits sont commercialisés par la société SPOT Image. Les clichés sont livrés au choix dans les échelles 1/100 000, 1/200 000 ou 1/400 000. Selon SPOT Image, ils peuvent sur demande subir préalablement quatre types de traitement : 1A (« Egalisation de la réponse des détecteurs; pas de rectification géométrique »); 1B (« Corrections radiométriques complètes, corrections géométriques inhérentes au système d'acquisition »); 2 (« Corrections radiométriques, corrections géométriques par points d'appui, dans une projection cartographique donnée »); S (« Rectification permettant la superposition à une scène de référence »). La principale caractéristique technique de SPOT-1 est d'être doté de deux systèmes optiques HRV (Haute Résolution Visible) comprenant un miroir orientable permettant le basculement de l'axe de visée sur 27° par rapport à la verticale. Ceci permet par exemple, au cours d'un cycle orbital, d'effectuer des prises de vue d'une même région à sept reprises sur l'Equateur ou onze fois si elle est située à 45° de latitude; cette région peut donc être respectivement survolée tous les 3,7 ou 2,4 jours. Ce système d'orientation des prises de vue permet également, en superposant deux clichés pris sous des angles différents, d'utiliser les techniques stéréoscopiques autorisant la perception du relief et la détermination de l'altitude.

Caractéristiques de SPOT 1 (données SPOT Image) :

Orbite	circulaire à 832 km d'altitude, inclinaison à 98,7 degrés
Cycle orbital	26 jours
Largeur de la trace au sol	60 km pour chaque système
Résolution	10 mètres en mode panchromatique 20 mètres en mode multispectral (possibilité de descendre respectivement à 5 et 10 mètres par superposition d'images)
Précision de localisation	1 500 mètres en visée verticale

Hélios-1

Hélios-1 est un satellite d'observation optique. Il est très largement dérivé de l'engin civil SPOT-4 et ce, afin d'en limiter les coûts. La genèse du programme remonte au début des années 80, époque à laquelle il fut imaginé de produire une version militaire de SPOT dénommée SAMRO (Satellite Militaire de Reconnaissance Optique); le projet fut mis en sommeil puis réactivé en 1986 pour donner naissance à Hélios-1. Réalisé par Matra Marconi Space qui assure la maîtrise d'œuvre du programme, Hélios-1 est principalement composé d'une plate-forme, d'une case à équipements ainsi que d'un ensemble de prise de vues, ce dernier étant conçu par Aérospatiale. Le rôle de la plate-forme est de fournir l'énergie et d'assurer le maintien du satellite sur orbite; elle supporte les panneaux solaires, les tuyères de manœuvre ainsi que les réservoirs de carburant et de comburant. La case à équipements renferme notamment les enregistreurs magnétiques : la transmission de l'imagerie numérisée n'est en effet possible que lorsque le satellite se trouve dans un rayon de 2000 km autour d'un centre de réception; le débit atteint alors 50 Mbits/seconde. Il existe très peu d'informations concernant la charge utile militaire réalisant les prises de vues; tout juste sait-on qu'elle utilise des détecteurs à transfert de charge (CCD) et qu'elle intègre des composants fournis par Aérospatiale, Alenia, Casa, Reosc, Sextant et Sodern. L'angle de visée latérale peut varier de 0 à 50°; cette caractéristique permet notamment au satellite d'avoir accès à 70 % de la surface du globe terrestre dans les 24 heures.

Caractéristiques (données collectées) :

Orbite	basse, polaire, héliosynchrone
Altitude de mise sur orbite	677 km
Altitude d'emploi	entre 400 et 800 km
Détecteurs	type CCD à pas de 7 µm
Résolution (estimée)	0,5 à 1 m dans le visible
Poids	2,501 tonnes
Puissance du générateur solaire	2,2 kW
Durée de vie nominale	5 ans

Le système CL-289/PIVER

Le CL-289 est une évolution du CL-89 dont il reprend l'architecture générale. Il est entré en service à la fin de l'année 1990 dans les forces armées allemandes et deux ans plus tard au sein de l'artillerie française. Lancé par accélérateur à poudre et récupérable par parachute — pour plus de précautions, deux airbags se gonflent avant l'atterrissage du corps de l'engin —, le CL-289 utilise le mode de vol préprogrammé : il peut ainsi évoluer sur 400 kilomètres d'une trajectoire incluant jusqu'à 180 changements de cap. Selon l'altitude de vol, la zone couverte peut atteindre 100 × 1,8 kilomètre ; de jour, la caméra optique autorise les performances suivantes : identification à 300 mètres d'altitude, classification à 600 mètres et détection à 900 mètres. De nuit, l'analyseur infrarouge passif Corsaire permet la classification à 300 mètres et la détection à 600 mètres. Les 100 kilomètres de zone couverte ne sont pas obligatoirement contigus : dix à quinze zones distinctes peuvent être déterminées et programmées. Les informations recueillies en infrarouge peuvent être transmises en temps réel à destination d'une station RIV/VIR (« Réception d'Images en Vol/Visualisation et Interprétation Rapide »), segment « exploitation » du système PIVER (« Programmation et Interprétation des Vols d'Engins de Reconnaissance »). Outre la station RIV/VIR compatible avec le capteur infrarouge Super Cyclope monté sur le Mirage F1CR, le système PIVER se compose d'un véhicule PROG (programmation de mission), d'un véhicule DEV (développement des films) et d'un véhicule LIR (« Localisation et Interprétation Rapide »), ces deux derniers assurant le traitement des images en temps différé. A chaque unité élémentaire CL-289 est en outre rattaché un Détachement de Liaison et d'Exploitation (DLE) ; celui-ci est positionné auprès du PC régimentaire et sa mission est de transmettre les ordres à la batterie ainsi que d'en recevoir les rapports d'exploitation. Dans le cas d'une interprétation en temps différé, les renseignements détaillés sont disponibles dans un délai de deux heures après le retour du drone; quant au reconditionnement d'un CL-289 pour une deuxième mission, il nécessite quatre heures.

Dans un avenir proche, il se pourrait que les capacités du CL-289 soient notablement améliorées par l'emport d'un radar SAR de petites dimensions développé conjointement par DASA Dornier et Thomson-CSF. Dénommé SWORD (« System for all-Weather Observation by Radar on Drone »), cet équipement miniaturisé — son antenne ne mesure que 60 cm et son poids ne dépasse pas 30 kg — a volé pour la première fois sur CL-289 à la fin de l'année 1997 après avoir été soumis à une campagne d'essais à bord d'un C-160 Transall. Le radar SWORD autoriserait un traitement des informations en temps quasi réel, celles-ci pouvant conduire à la restitution d'une cartographie radar en 3 à 4 minutes seulement. Du reste, Thomson-CSF et DASA Dornier ne sont pas les seuls à investir ce marché : dès 1994, Dassault Electronique avait en particulier proposé à l'Armée française d'essayer un système équivalent au SWORD et dénommé Madras sur un drone Crécerelle. Parallèlement à la possibilité d'embarquer un radar SWORD, le CL-289 pourrait dans l'avenir utiliser un récepteur GPS.

Caractéristiques du CL-289 :

Envergure	1,32 mètre
Longueur	3,52 mètres sans l'accélérateur de décollage
Diamètre maximal	0,38 mètre
Poids au décollage	295 kg
Charge utile	34 kg
Vitesse de croisière	740 km/h
Altitude d'emploi	entre 150 et 900 mètres
Rayon d'action	200 km

Le Cougar HORIZON

Le Cougar HORIZON est un système de surveillance aéroportée du champ de bataille au moyen d'un radar Doppler monté sous hélicoptère. Il a été conçu sur la base d'une coopération entre la DGA (direction du programme), Eurocopter (architecte industriel), Thomson-CSF Applications Radar (conception du radar Doppler) et Dassault Electronique (système de transmission de données et station au sol). Efficace uniquement sur des cibles mobiles, le radar de type MTI (« Moving Target Indicator ») a une portée de 150 kilomètres et peut assurer le balayage d'une zone de 20 000 km^2 en moins de 30 secondes. A titre d'exemple, le système a déjà prouvé qu'il était capable de produire une carte du trafic routier civil parisien en moins de 20 secondes. Le radar peut également détecter les hélicoptères volant à basse altitude et associe automatiquement chacun des 4 000 mobiles pris en compte à son vecteur vitesse ; ses capacités permettent une discrimination entre hélicoptères, engins chenillés et véhicules à roues. L'aéronef porteur est un Cougar AS 532 UL pouvant être aérotransporté par Transall ; dans ce cas, la mise en condition de transport du Cougar HORIZON requiert une dizaine d'heures pour le démontage et le chargement puis six heures pour le déchargement suivies de douze heures supplémentaires pour les opérations de remontage et de test avant emploi. Montée sur Véhicule Léger de Reconnaissance et d'Appui (VLRA), la station au sol est également aérotransportable et peut assurer le suivi de plusieurs missions en simultané ; la transmission des informations s'effectue en temps réel. L'exploitation des données peut, en mode dégradé, être directement effectuée à bord de l'hélicoptère ; dans ce cas, les synthèses sont transmises au sol par voie protégée. Pour pallier la relative vulnérabilité de la plate-forme, une tactique spécifique d'emploi a été imaginée : l'hélicoptère effectue une approche accélérée (300 km/h) à basse altitude pour monter rapidement jusqu'à 3 000 mètres et ce, 50 km en arrière des lignes de contact. L'opérateur donne alors un « coup de sonde radar » pendant une douzaine de minutes avant que le Cougar ne chute en autorotation pour s'éloigner à basse altitude et à haute vitesse. Une manœuvre analogue est alors réalisée un peu plus loin. L'utilisation de plusieurs Cougar HORIZON agissant de même permet de maintenir une observation sur 100 km dans la profondeur du dispositif ennemi tout en réduisant le temps d'exposition des hélicoptères.

Caractéristiques de la plate-forme héliportée (données constructeur) :

Type	AS 532 UL
Motorisation	2 turbines de 1 877 chevaux chacune
Poids maximal au décollage	9 tonnes
Charge utile	4,5 tonnes
Vitesse de croisière	270 km/h
Vitesse opérationnelle	180 km/h
Taux ascensionnel	10 m/s
Altitude d'emploi	3 000 à 4 000 mètres
Endurance	4 heures
Distance de convoyage	1 000 km

Caractéristiques du radar (données constructeur) :

Fréquence de travail	bande X
Portée	150 à 200 km suivant météo
Résolution	40 mètres en distance, 2 m/s en vitesse

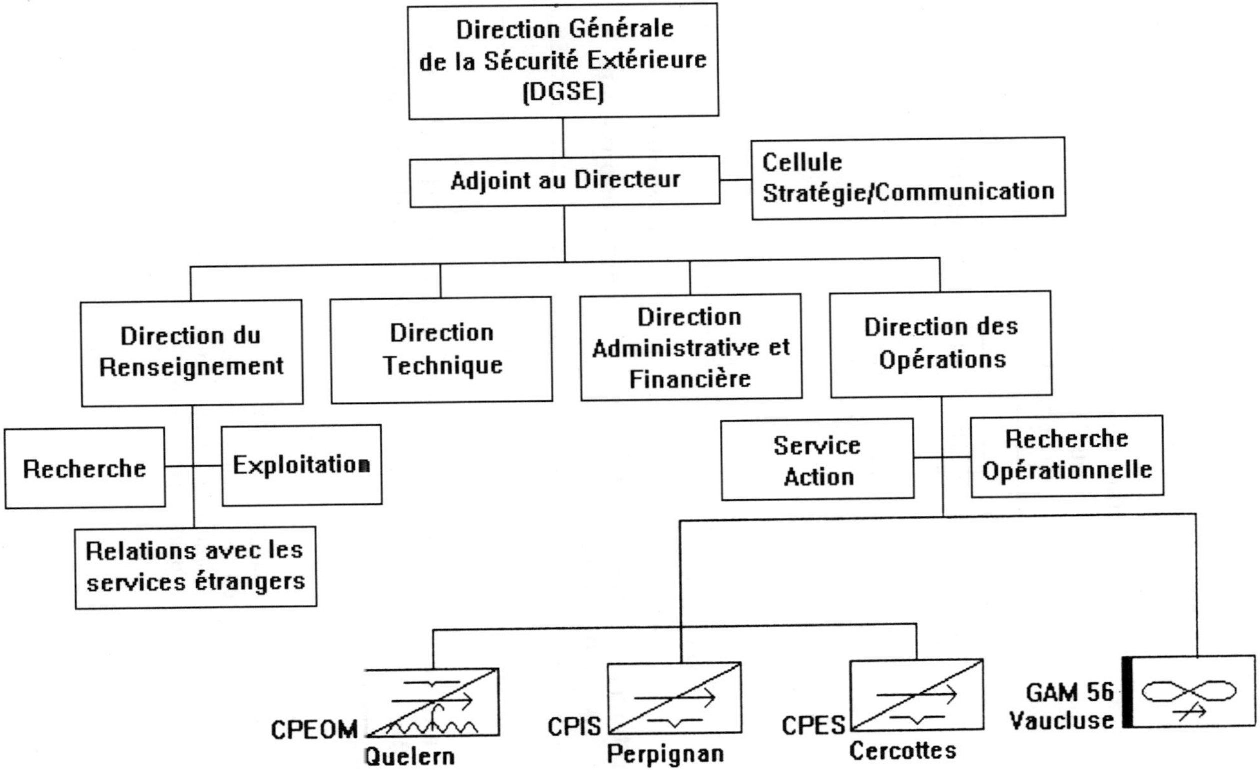

Organigramme de la Direction Générale de la Sécurité Extérieure (DGSE). Noter la présence du Service Action au sein de la Direction des Opérations : il y a été rattaché en 1989 par Claude Silberzahn après que celui-ci ait décidé de le séparer de la Direction du Renseignement. Les trois « centres » ont succédé au 11e RPC à la dissolution de celui-ci le 30 juin 1993. Il est intéressant de noter que les cadres d'active et de réserve sont affectés pour administration au 44e Régiment d'Infanterie.

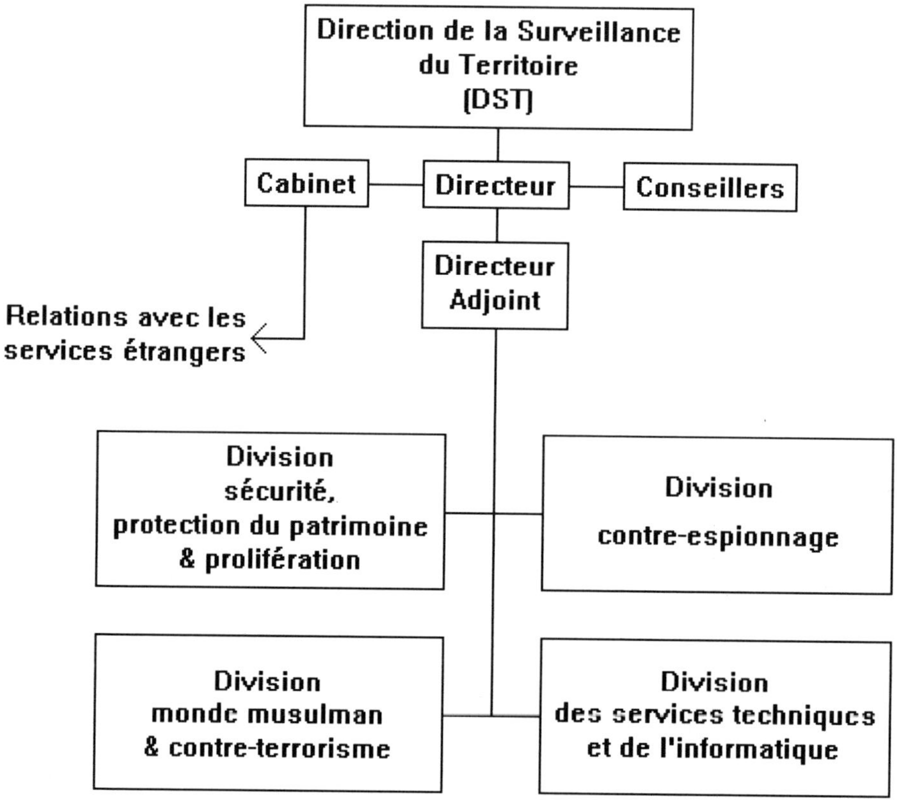

Organigramme probable de la Direction de la Surveillance du Territoire (DST). S'agissant de cet organisme qui est probablement parmi les plus discrets, il est difficile d'être catégorique quant à ses structures internes. Le schéma proposé ici a été constitué grâce à des informations fournies par la Direction.

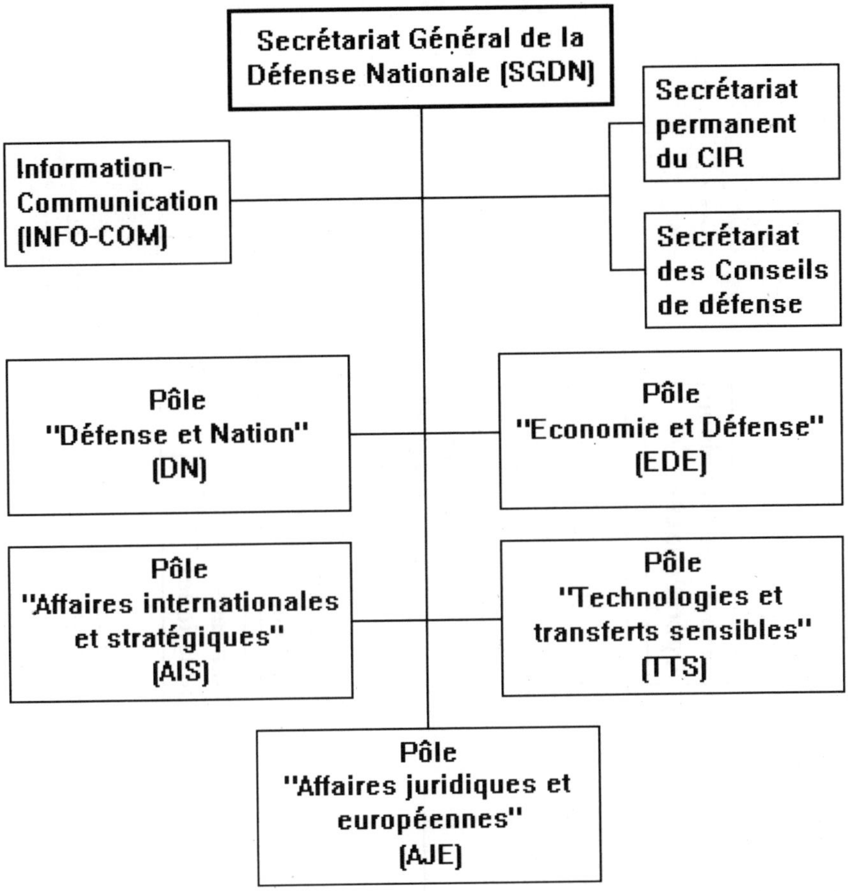

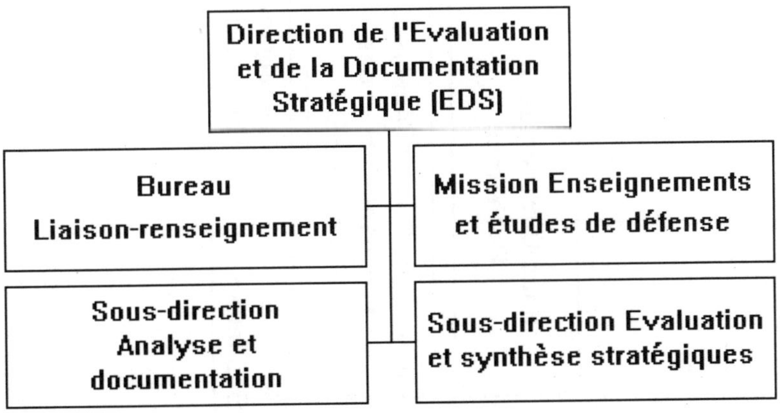

Après deux réorganisations successives, le Secrétariat Général de la Défense Nationale (SGDN) s'est recentré sur ses missions de coordination interministérielle en matière de défense. La « Direction de l'Evaluation et de la Documentation Stratégique (EDS) » qui assurait la rédaction de synthèses géostratégiques a disparu et la « Direction Scientifique et des Transferts Sensibles (STS) » a été transformée en « pôle Technologie et Transferts Sensibles ».

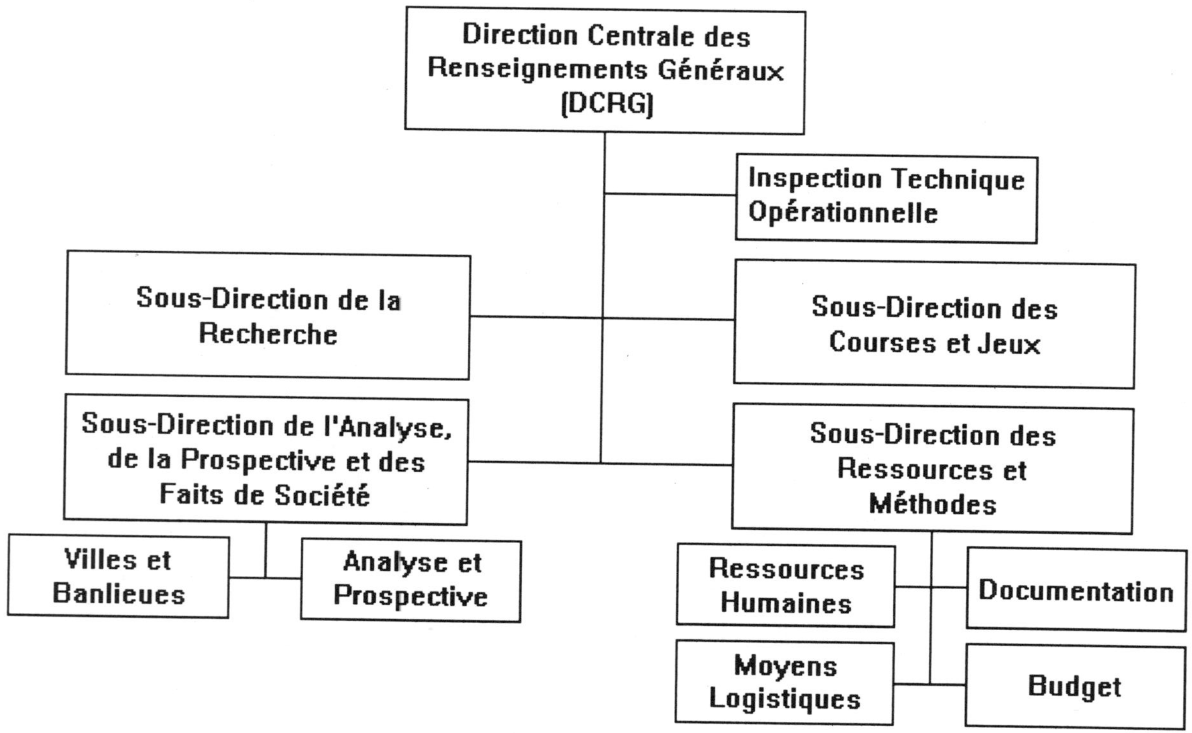

Organigramme probable de la Direction Centrale des Renseignements Généraux (DCRG) réalisé à partir d'informations provenant de diverses sources. S'agissant d'un organisme s'adaptant sans cesse aux évolutions de la société française – des informations récentes font état de la présence d'une section « violences urbaines » ainsi que d'une cellule « Rave » au sein de la Direction – tout schéma ne peut avoir d'autre valeur qu'indicative.

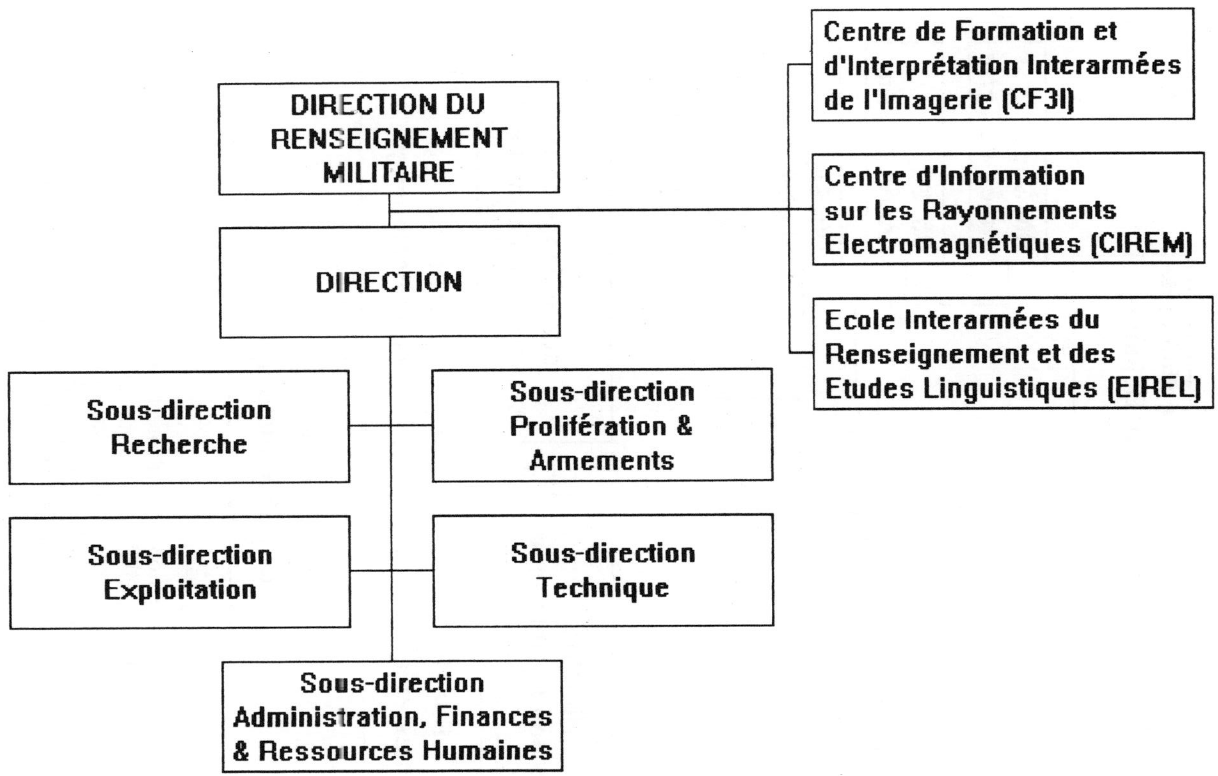

L'organigramme de la Direction du Renseignement Militaire (DRM) fait apparaître l'existence de cinq sous-directions et de trois organismes rattachés. De ces trois derniers, seule l'Ecole Interarmées du Renseignement et des Etudes Linguistiques (EIREL) est située en dehors de la région parisienne puisque implantée à Strasbourg. Les services centraux de la DRM, le CF3I et le CIREM se partagent entre la capitale et la Base Aérienne 110 située à Creil.

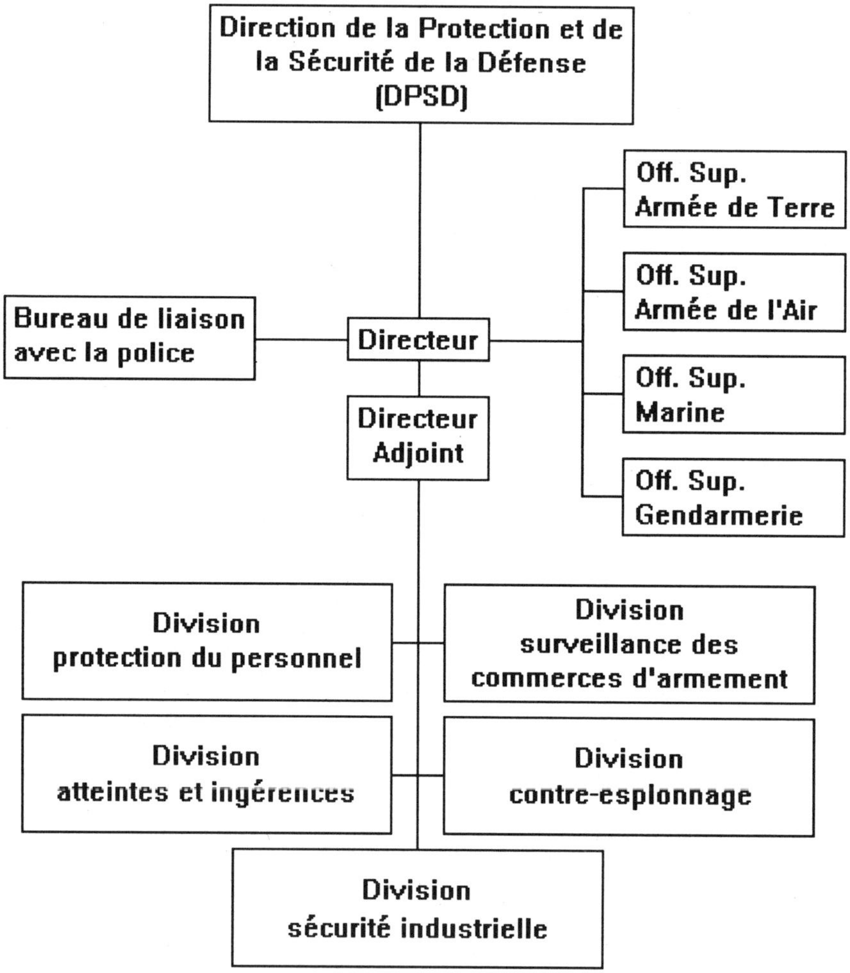

Outre cinq divisions, la Direction de la Protection et de la Sécurité de la Défense (DPSD) comprend cinq cellules de liaison avec les trois armées, la gendarmerie et les services de police. La Direction entretient en outre sur l'ensemble du territoire français un « maillage » adapté, en volume comme en dispersion, à l'implantation des organismes dépendant du ministère de la Défense.

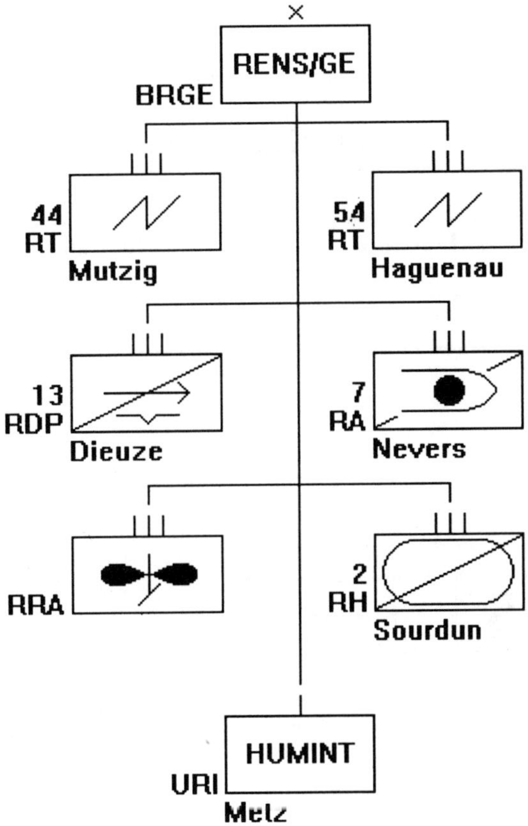

Organigramme de la Brigade de Renseignement et de Guerre Electronique (BRGE). Le rattachement du 2e Régiment de Hussards sous forme de « Régiment Blindé de Recherche du Renseignement (RBRR) » devrait être officialisé prochainement. Quant au « Régiment de Renseignement Aéromobile (RRA) », il est ici indiqué comme appartenant à la brigade mais, à l'heure où ces lignes sont écrites, deux solutions sont en cours d'évaluation : l'appartenance du régiment à la BRGE ou son rattachement pour emploi, l'unité devant dans ce cas appartenir à la Brigade Aéromobile. Noter la présence de l'URI (« Unité de Recherche de l'Information »).

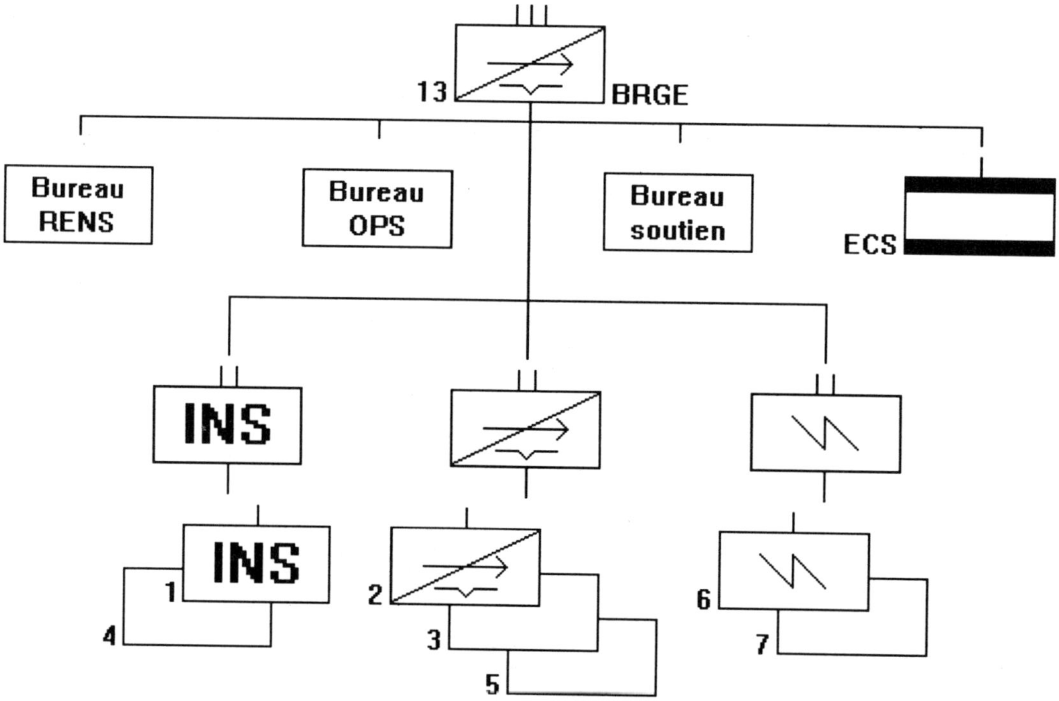

A l'instar des autres unités à vocation renseignement, le 13e Régiment de Dragons Parachutistes (13e RDP) a dû s'adapter pour « coller » au plus près à l'évolution des missions qui lui ont été confiées. En conséquence, sa structure a été assez profondément modifiée et il s'est initié à de nouveaux modes d'action. L'organigramme présenté ici a été dressé en fonction des dernières informations disponibles mais n'est donné qu'à titre indicatif : l'unité fait actuellement l'objet d'un processus continuel de transformation consécutif aux mesures de professionnalisation des armées.

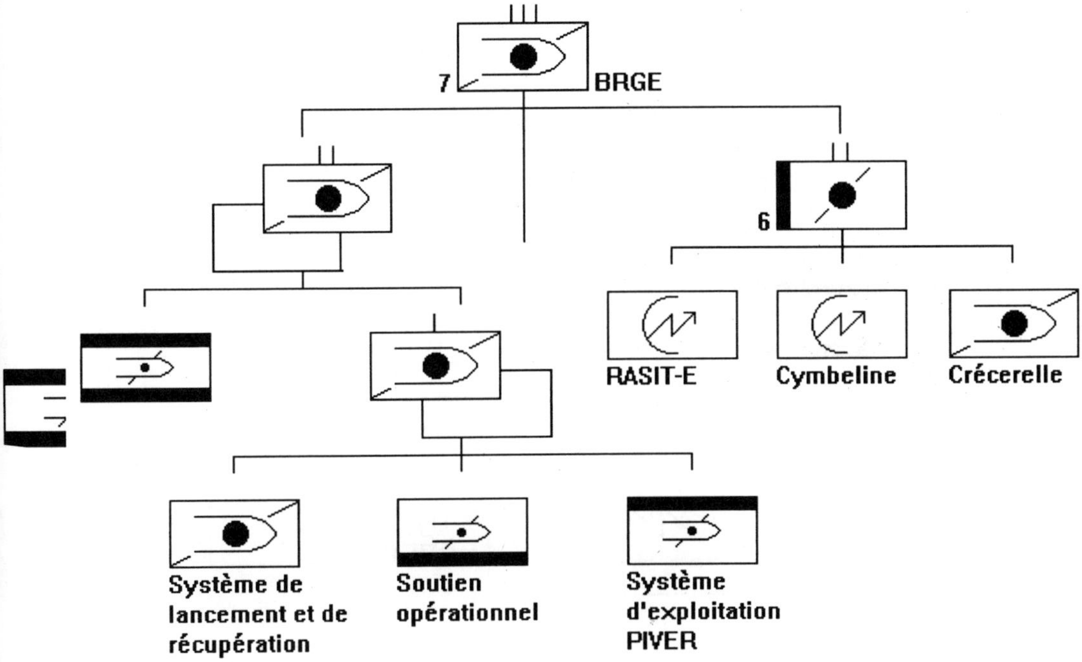

Organigramme du 7e Régiment d'Artillerie. Noter la présence du 6e Groupe ayant hérité des moyens du 6e Régiment d'Artillerie après la dissolution de celui-ci. A moyenne échéance, les radars de trajectographie d'origine britannique Cymbeline devraient être remplacés par des COBRA actuellement en phase finale de développement. Par contre, les Crécerelle dont le remplacement par des Brevel avait été prévu en 1998 devraient rester en service au moins jusqu'en 2005.

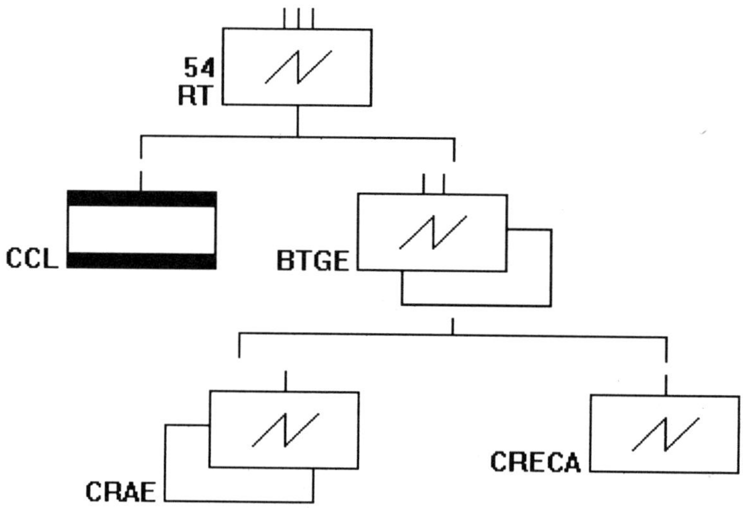

Organigramme du 54ᵉ Régiment de Transmissions. Les moyens du régiment sont regroupés en deux BTGE (« Bataillon Tactique de Guerre Electronique ») comprenant chacun une CRECA (« Compagnie de Reconnaissance Electronique et de Combat de l'Avant ») et deux CRAE (« Compagnie de Renseignement et d'Appui Electronique »). Les CRAE mettent en œuvre le SGEA tandis que les CRECA sont dotées de brouilleurs ainsi que de systèmes STAIR et START. Là encore, l'organigramme du régiment évolue rapidement.

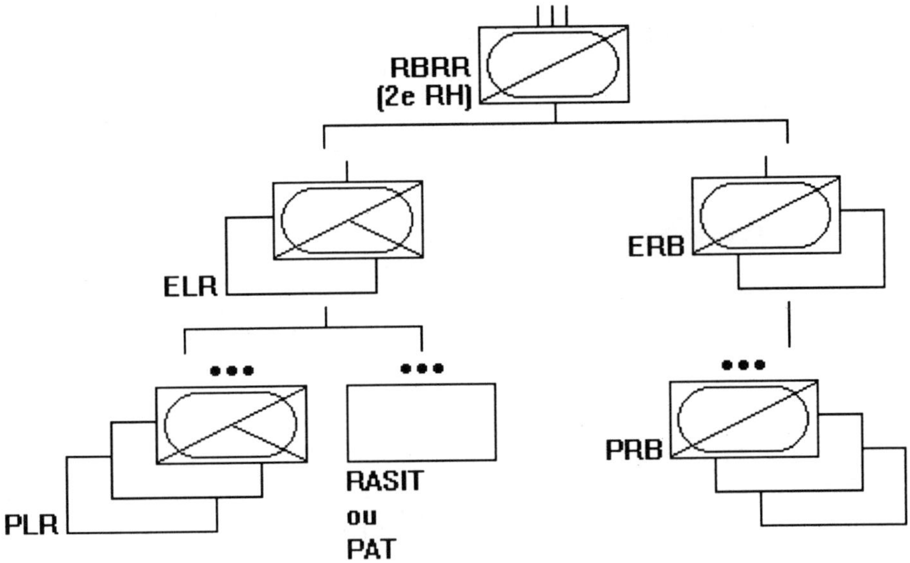

Depuis 1998, les études prospectives avaient défini pour le « Régiment Blindé de Recherche du Renseignement (RBRR) » la structure indiquée ici. L'unité devrait donc à terme comprendre deux ELR (« Escadron Léger de Recherche ») et deux ERB (« Escadron de Recherche Blindé »). Les pelotons devraient être subdivisés en quatre « capteurs », chacun d'entre eux étant composé de 2 VBL (peloton PLR) soit de 2 AMX-10RC (peloton PRB). A Metz, on prend cependant soin de préciser que cette structure n'est absolument pas figée et est au contraire susceptible de subir des évolutions suite aux expérimentations en cours.

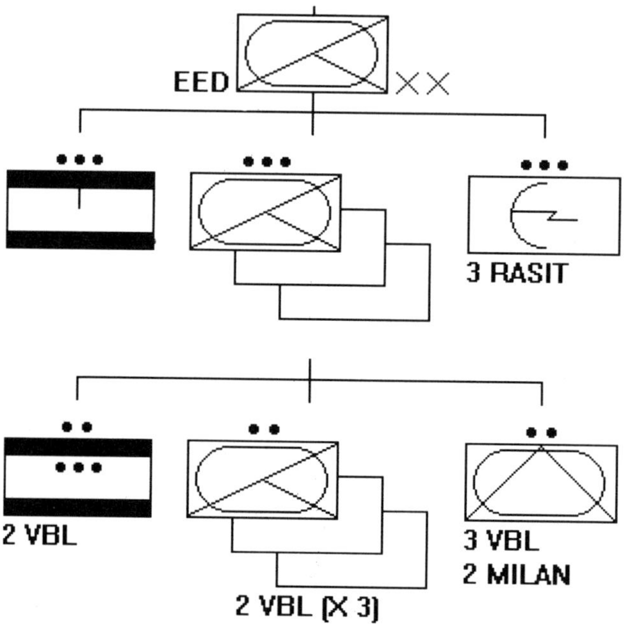

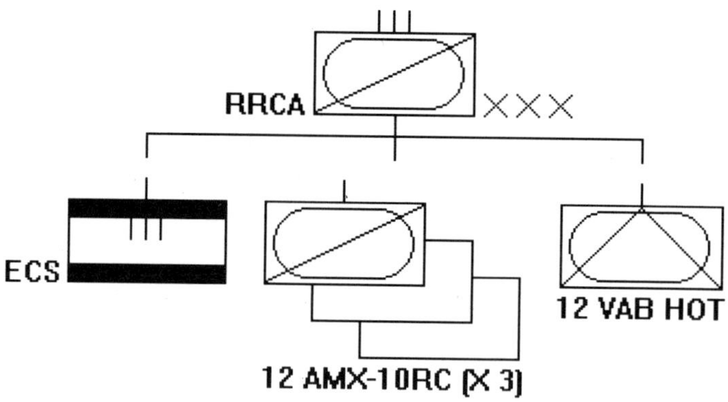

Escadron d'Eclairage Divisionnaire et Régiment de Reconnaissance de Corps d'Armée.

Les structures de ces deux unités illustrent parfaitement la conception française de la reconnaissance à l'époque de la guerre froide : mélange de discrétion et de puissance de feu au niveau division, puissance de feu pure au niveau Corps d'Armée puisque le RRCA était avant tout un instrument usant de sa « force de frappe » pour obliger l'ennemi à se découvrir.

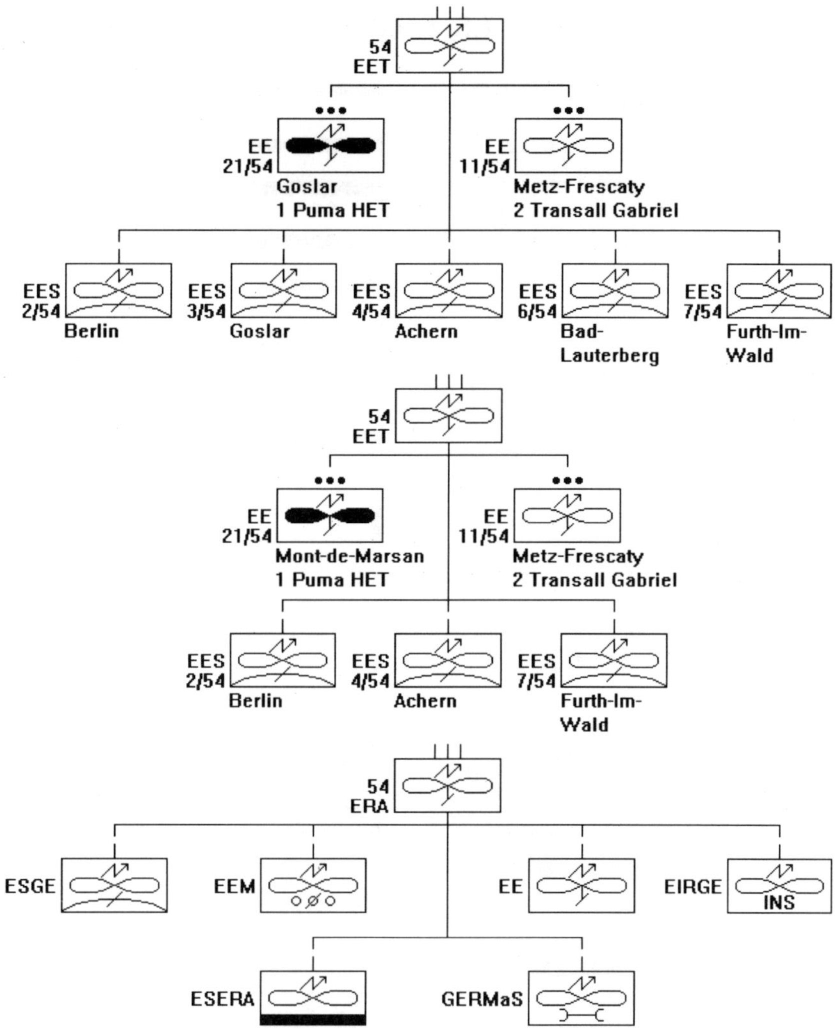

Le processus de transformation de la 54e Escadre Electronique Tactique en 54e Escadre de Renseignement Air est ici illustré en trois organigrammes représentant les moyens opérationnels des deux unités successives.
En haut, la 54e EET à la fin des années 80 : la quasi-totalité des capteurs, en particulier ceux appartenaant aux cinq EES (« Escadron Electronique Sol »), sont basés sur le territoire de la République Fédérale d'Allemagne, l'EE 11/54 (« Escadrille Electronique 11/54 ») faisant seule exception.
Au mois d'octobre 1993 (organigramme du milieu), deux EES ont été dissous tandis qur l'EE 21/54 a vu son Puma HET (« Hélicoptère ELINT Technique ») rapatrié et mis à la disposition du Centre d'Essais en Vol (CEV) de Mont-de-Marsan.
L'organigramme actuel de la 54e Escadre de Renseignement Air (en bas) fait enfin apparaître une unité subdivisée en six escadrons tous basés à Metz-Frescaty à l'exception de l'ESGE armant le Centre de Guerre Electronique situé à Mutzig. Noter que, pour des raisons de clarté, seuls apparaissent dans les deux premiers organigrammes les escadrons et escadrilles ayant directement assuré la mise en œuvre des capteurs.

LEGENDES DES SIGNES TACTIQUES

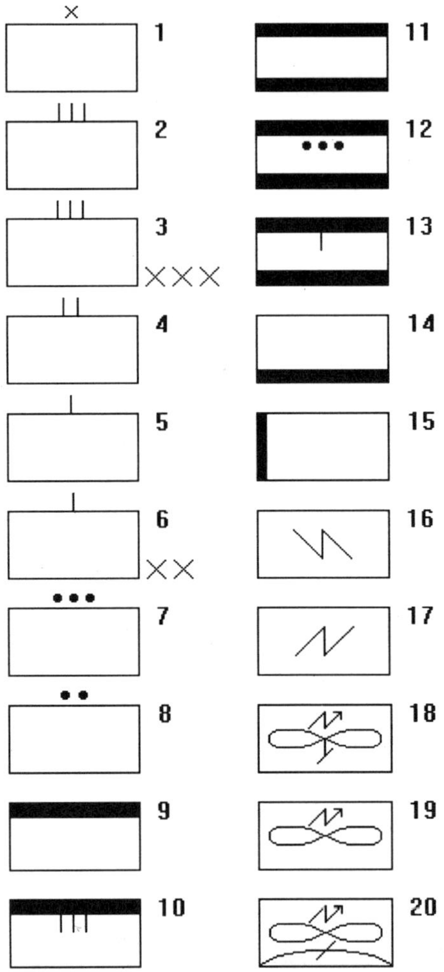

1 Brigade
2 Régiment (Armée de Terre) ou escadre (Armée de l'Air)
3 Régiment organique de corps d'armée
4 Bataillon (infanterie), groupe d'escadrons (cavalerie) ou groupe (artillerie)
5 Armée de Terre : compagnie (infanterie), escadron (cavalerie) ou batterie (artillerie). Armée de l'Air : escadron
6 Escadron organique de division
7 Armée de Terre : section (infanterie) ou peloton (cavalerie). Armée de l'Air : escadrille
8 Groupe (infanterie)
9 Unité de commandement
10 Unité de commandement d'un régiment (Armée de Terre) ou d'une escadre (Armée de l'Air)
11 Unité de commandement et de soutien
12 Armée de Terre : unité de commandement et de soutien d'une section (infanterie) ou d'un peloton (cavalerie). Armée de l'air : unité de commandement et de soutien d'une escadrille
13 Armée de Terre : unité de commandement et de soutien d'une compagnie (infanterie), d'un escadron (cavalerie) ou d'une batterie (artillerie). Armée de l'Air : unité de commandement et de soutien d'un escadron
14 Unité de soutien
15 Unité mixte
16 Unité de transmissions
17 Unité de guerre électronique
18 Unité SIGINT de l'Armée de l'Air
19 Unité de guerre électronique de l'Armée de l'Air
20 Unité SIGINT terrestre appartenant à l'Armée de l'Air

LEGENDES DES SIGNES TACTIQUES

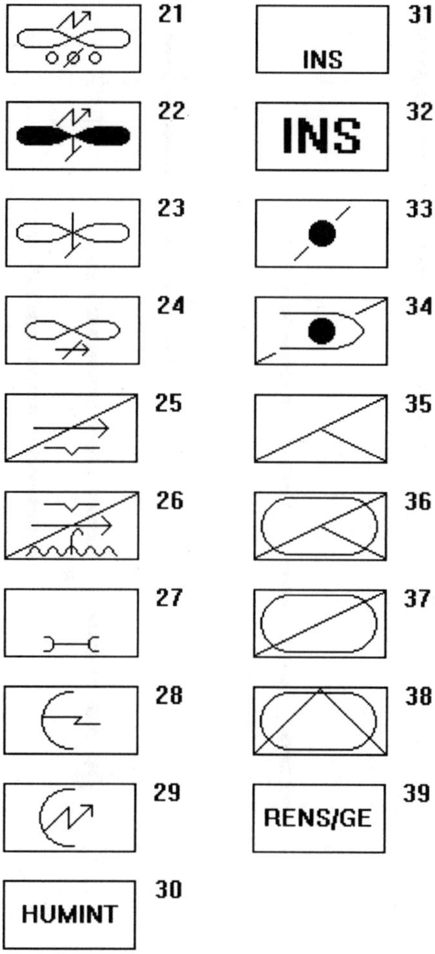

21 Unité SIGINT terrestre mobile appartenant à l'Armée de l'Air
22 Unité SIGINT héliportée
23 Unité de reconnaissance de l'Armée de l'Air
24 Unité d'opérations spéciales et/ou clandestines de l'Armée de l'Air
25 Unité de forces spéciales et/ou clandestines de l'Armée de Terre
26 Unité de nageurs de combat
27 Unité de soutien technique
28 Unité dotée de radars de surveillance du sol
29 Idem
30 Unité de renseignement de source humaine
31 Unité d'instruction
32 Idem
33 Unité de reconnaissance appartenant à l'artillerie
34 Unité de drones d'artillerie
35 Unité de reconnaissance sur véhicules légers
36 Unité de reconnaissance sur véhicules blindés légers
37 Unité de chars légers de reconnaissance
38 Unité antichar sur véhicules blindés
39 Unité de renseignement et de guerre électronique

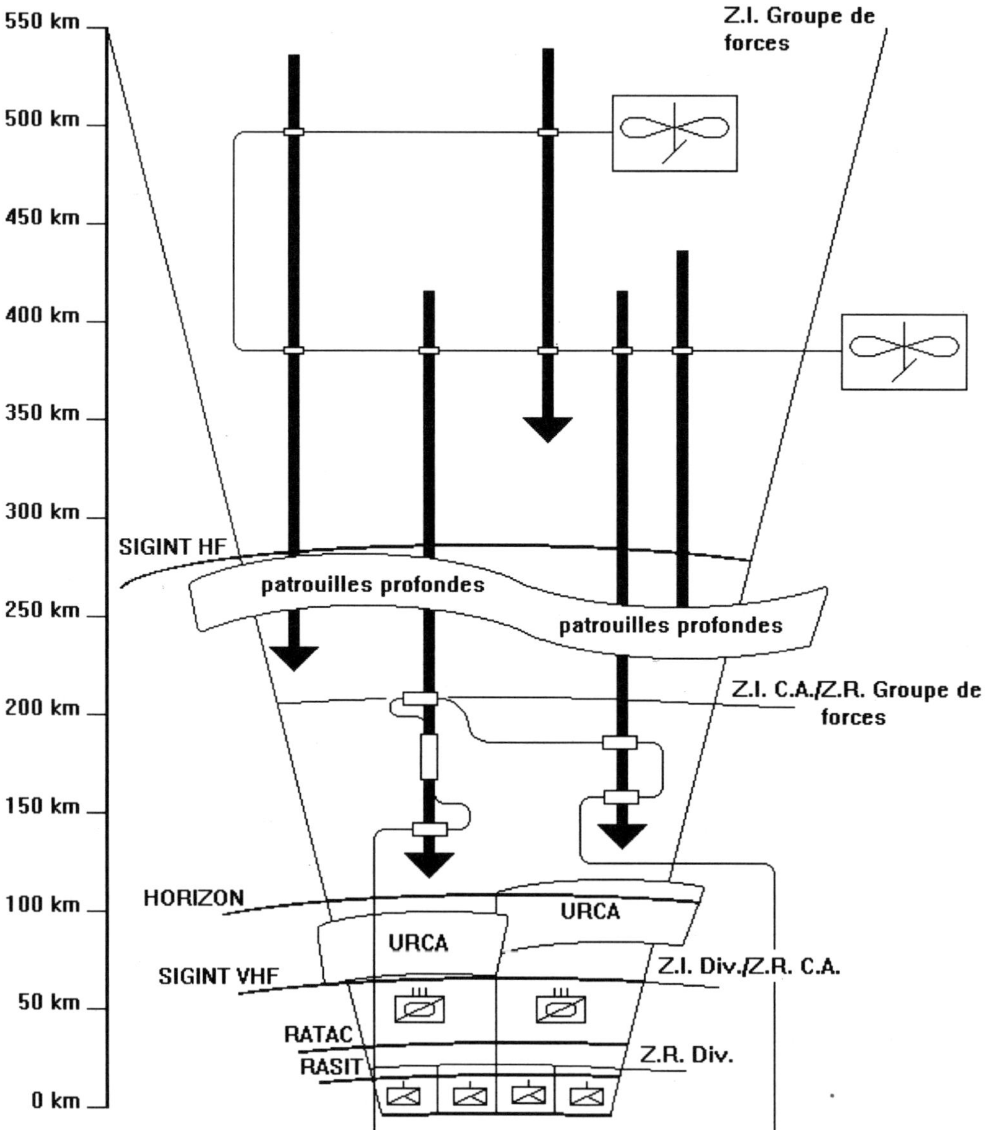

Exemple d'imbrication des moyens d'acquisition du renseignement dans la profondeur pour un groupe de forces du niveau armée comprenant deux corps d'armée à deux divisions chacun. Ce schéma illustre la complémentarité des drones, avions de reconnaissance, patrouilles profondes, URCA, radars, interceptions SIGINT, régiments de reconnaissance et escadrons d'éclairage divisionnaire notamment lorsqu'il s'agit de jalonner un adversaire fortement blindé cherchant le combat de rencontre. Lors d'un conflit de moindre intensité, les mêmes moyens seraient cependant susceptibles d'être utilisés « à la carte ».

SOURCES DOCUMENTAIRES

BIBLIOGRAPHIE

Ouvrages généraux

« Dossier e... comme espionnage » Alain MOREAU - Editions Alain MOREAU - Paris, 1978.

« L'espionnage et le contre-espionnage » Jean-Pierre ALEM - Collection « Que sais-je ? » - Presses Universitaires de France - Paris, 1980.

« L'espionnage de A à Z » Ronald PAYNE et Christopher DOBSON - Londreys - Paris, 1985.

« Secret d'Etat - La France du secret, les secrets de la France » Pierre PÉAN - Librairie Arthème Fayard - 1986.

« Le KGB en France » Thierry WOLTON - Editions Grasset & Fasquelle - Paris, 1986.

« L'espionnage : histoire, méthodes » Jean-Pierre ALEM - Editions Lavauzelle - 1987.

« Services secrets - Le pouvoir et les services de renseignement sous François Mitterrand » Jean GUISNEL et Bernard VIOLET - Collection « La Découverte Enquêtes » - Editions La Découverte - Paris, 1988.

« G.R.U. - Le plus secret des services soviétiques 1918-1988 » Pierre De VILLEMAREST - Editions Stock - Paris, 1988.

« Les nouveaux espions - Le pillage technologique des USA par leurs alliés » Peter SCHWEIZER - Editions Grasset & Fasquelle - Paris, 1993.

« Les maîtres espions - Histoire mondiale du renseignement - Tome 2 : de la guerre froide à nos jours » Roger FALIGOT et Rémi KAUFFER - Editions Robert Laffont et Gérard de Villiers - Paris, 1994.

« Guerres dans le cyberespace » Jean GUISNEL - Collection « La Découverte Enquêtes » - Editions La Découverte - Paris, 1995.

« Les nouveaux défis du renseignement » Numéro spécial de la revue « Enjeux Atlantiques - Press » Communication - Paris, avril 1995.

« Approches françaises du renseignement - Y-a-t-il une culture nationale ? » Compilation de textes effectuée sous la direction de l'amiral Pierre LACOSTE - Collection « Perspectives Stratégiques » - Fondation pour les Etudes de Défense - Paris, 1997.

« Le renseignement » Les Cahiers de la Sécurité Intérieure - Institut des Hautes Etudes de la Sécurité Intérieure - Paris, 1997.

« Renseignement et société de l'information » Francis BEAU - Fondation pour les Etudes de Défense - Paris, 1997.

« Encyclopédie du renseignement et des services secrets » Jacques BAUD - Editions Lavauzelle - 1997.

« Histoire des services secrets français, de l'affaire Dreyfus au Rainbow Warrior » Douglas PORCH - Albin Michel - 1997.

« Le Renseignement - Un enjeu de pouvoir » Brigitte HENRI - Editions Economica - Paris, 1998.

Direction de la Surveillance du Territoire (DST).

« Roger Wybot et la bataille pour la DST » Philippe BERNERT - Presses de la Cité - Paris, 1975.

« 5 ans à la tête de la DST - 1967-1972 : la mission impossible » Jean ROCHET - Librairie Plon - Paris, 1985.

« Le KGB en France » Thierry WOLTON - Editions Grasset & Fasquelle - Paris, 1986.

« Les visiteurs de l'ombre » Marcel CHALET et Thierry WOLTON - Editions Grasset & Fasquelle - Paris, 1990.

« DST - Neuf ans à la division antiterroriste » Daniel BURDAN et Jean-Charles DENIAU - Editions Robert Laffont - Paris, 1990.

« Carlos - Les réseaux secrets du terrorisme international » Bernard VIOLET - Editions du Seuil - Paris, 1996.

« Bonjour Farewell » Sergueï KOSTINE - Editions Robert Laffont - Paris, 1997.

Intelligence Economique

« Intelligence économique et stratégie des entreprises » Rapport du groupe dirigé par Henri MARTRE - La Documentation Française - Paris, 1994.

« L'intelligence économique » Alain BLOCH - Economica - Paris, 1996.

« Du renseignement à l'intelligence économique » Bernard BESSON et Jean-Claude POSSIN - Dunod - Paris, 1996.

« Annuaire Européen Des Professionnels De l'Intelligence Economique » SIECA Publications - Paris, 1997.

Renseignements Généraux (RG)

« RG - 20 ans de police politique » Jacques HARSTRICH et Fabrizio CALVI - Calmann-Lévy - 1991.

« Renseignements Généraux : service public ou police de l'ombre ? » Le Crapouillot Nouvelle Série n° 108 - Mars/avril 1992.

« RG - La machine à scandales » Patrick ROUGELET - Editions Albin Michel - Paris, 1997.

« La commissaire et le corbeau » Eric MERLEN et Frédéric PLOQUIN - Editions du Seuil - Paris, 1998.

« Les RG à l'écoute de la France - Police et politique de 1981 à 1997 » Francis ZAMPONI - Editions La Découverte - Paris, 1998.

SDECE puis DGSE

« SDECE service 7 » Philippe BERNERT - Collection « Presses Pocket » - Presses de la Cité - Paris, 1980.

« La piscine - Les services secrets français 1944-1984 » Roger FALIGOT et Pascal KROP - Collection « L'Epreuve des Faits » - Editions du Seuil - Paris, 1985.

« 11e Choc » Erwan BERGOT - Collection « Troupes de Choc » - Presses de la Cité - Paris, 1986.

« Dans le secret des princes » Christine OCKRENT et Comte de MARENCHES - Editions Stock - 1986.

« Mission Oxygène » Patrick du MORNE-VERT - Collection « Le Livre de Poche » - Editions Filipacchi - 1987.

« Les grandes énigmes de notre temps : l'affaire *Greenpeace* » Jacques DEROGY - Editions de Crémille - Genève, 1990.

« La mission impossible - A la tête des Services Secrets » Pierre MARION - Calmann-Lévy - 1991.

« Au cœur du secret - 1500 jours aux commandes de la DGSE. 1989/1993 » Claude SILBERZAHN et Jean GUISNEL - Librairie Arthème Fayard - 1995.

« Agent secrète » Dominique PRIEUR et Jean-Marie PONTAUT - Fayard - 1995.

« La mort était leur mission - Le service Action pendant la guerre d'Algérie » Constantin MELNIK - Plon - 1996.

« Un amiral au secret » Amiral Pierre LACOSTE et Alain-Gilles MINELLA - Flammarion - 1997.

Renseignement militaire

TTA 181/1 - « Le renseignement opérationnel dans les forces terrestres »

« Le 13 - Dragons Parachutistes » Pierre DUFOUR - Editions du Fer à Marquer - 1990.

« Les chevaliers de l'ombre » Patrick EHRHARDT (historique de la 33e Escadre de Reconnaissance en trois tomes) - 1996 à 1998.

EXTRAITS DE PRESSE & TEXTES OFFICIELS

Abréviations :

A&C/AI : Air & Cosmos/Aviation International
AA : Armées d'Aujourd'hui
Air Actu : Air Actualités
D&A : Défense & Armement
DAI : Défense & Armement International
DAH : Défense & Armement/Héraclès
ESD : Eurosatory Show Daily
IDR : International Defence Review
JDW : Jane's Defence Weekly
RID : Revue Internationale de Défense
S&V : Science & Vie
Terre Mag : Terre Magazine

Généralités

« Du bruit dans les services » Jean SCHMITT - Le Point no 866 - 24 avril 1989.

« Du rififi chez les hommes de l'ombre » Elie MARCUSE, Xavier RAUFER et James SARAZIN - L'Express - 30 mai 1991.

« Russie : les héritiers du KGB s'intéressent toujours à l'industrie occidentale » Jean GUISNEL - Capital - Février 1995.

« Les services de renseignement échapperont à la rigueur budgétaire » Jacques ISNARD - Le Monde - 18 avril 1996.

« Des divergences ont opposé les services secrets français » Jacques ISNARD - Le Monde - 30 mai 1996 - *Nota :* concerne l'assassinat des moines par les GIA.

« Le secret-défense abcès de la démocratie » Guy CARCASSONNE - Le Point - 11 octobre 1997.

« La nomination de Philippe Rondot au Renseignement - Une volonté de coordination » Le Figaro - 13 novembre 1997.

« Renseignement : le ministre veut être informé » Jean GUISNEL - Le Point - 15 novembre 1997.

« Le secret-défense sera examiné par une commission indépendante » Erich INCIYAN - Le Monde - 28 novembre 1997.

« Transformez vos cadres en superflics » Georges MARGOSSIAN - Capital - Décembre 1997.

« Une commission indépendante sera saisie des demandes de levée du secret-défense » Pascal CEAUX - Le Monde - 18 décembre 1997.

« Des changements en perspective dans les services de renseignement » Jacques ISNARD - Le Monde - 22 janvier 1998.

« Les parlementaires ont obtenu de siéger à la commission du secret-défense » Clarisse FABRE - Le Monde - 14 février 1998.

« Aerospatiale filialise ses activités et révise du tout au tout sa stratégie » Virginie MALINGRE - Le Monde - 20 février 1998.

« Un rapport réclame le renforcement des pouvoirs de la CNIL » Cécile PRIEUR - Le Monde - 6 mars 1998.

Services de renseignement « civils »
SDECE puis DGSE

« Tempête à la piscine » Christian FAUVET - L'Express - 12 novembre 1982.

« Les charlots à Auckland » Jacques DEROGY et Jean-Marie PONTAUT - L'Express - 16 août 1985.

« Avis présenté au nom de la commission de la Défense sur le projet de loi de finance 1988. Soutien général des forces » Jacques PEYRAT - Annexe au procès-verbal de séance de l'Assemblée Nationale - 8 octobre 1987.

« M. Claude Silberzahn à la tête de la DGSE - Le retour d'un civil à la piscine » Georges MARION - Le Monde - 23 mars 1989.

« Une direction collégiale à la DGSE » Jacques ISNARD - Le Monde - 6 juillet 1989.

« La Piscine veut redorer son blason » Jean-Pierre TENOU - L'Est Républicain - 22 octobre 1989.

« Quand la DGSE posait des fausses bombes à Bugey » Le Canard Enchaîné - 25 avril 1990.

« La DGSE a testé deux centrales » La Dépêche - 25 avril 1990.

« Les simulations guerrières des services secrets » Jacques ISNARD - Le Monde 27 avril 1990.

« When Friends Become Moles » Jay PETERZELL - TIME - 28 mai 1990.

« La DGSE agrandit ses antennes en pleine Camargue » Le Monde - 13 juillet 1991.

« La DGSE a espionné des hommes d'affaires américains » Le Monde - 14 septembre 1991.

« La DGSE est autorisée à recruter plus de cent fonctionnaires supplémentaires » Le Monde - 19 septembre 1991.

« La France va accroître dès 1992 ses moyens de renseignement » Jacques ISNARD - Le Monde - 23 octobre 1991.

« Les services secrets cherchent à doter civils et militaires d'un statut unique » Jacques ISNARD - Le Monde - 2 juin 1992.

« Les sbires de Mobutu ont-ils tué Philippe de Dieuleveult ? » Philippe BREWAEYS - L'Evénement du Jeudi - 29 septembre 1994.

« L'état-major de la DGSE va quitter Paris pour un fort en Seine-Saint-Denis » Le Monde - 4 octobre 1994.

« Quand la DGSE attaque les entreprises américaines » Jean GUISNEL et François VEY - Capital - Février 1995.

« Espionnage : que valent des Français ? » Michel FAURE, Christian ROCHE et Xavier RAUFER; « Dix défis pour l'an 2000 » Xavier RAUFER - L'Express - 2 mars 1995.

« Le spleen des agents secrets français » Jacques ISNARD - Le Monde - 2 juin 1995.

« Alexandre de Marenches - Le plus long mandat de patron des services secrets » Jacques ISNARD - Le Monde - 6 juin 1995.

« Le seigneur de l'ombre » Christine OCKRENT - L'Express - 8 juin 1995.

« A Curaçao, en 1985, les mystérieux ennuis du *Greenpeace* » Bertrand Le GENDRE - Le Monde - 12 septembre 1995.

« La tentative de coup d'état aux Comores n'a pas encore livré tous ses secrets » Georges MARION - Le Monde - 26 décembre 1995.

« Affaire des Comores - Les secrets d'un coup tordu » Paul GURET - Le Point n° 1216 - 6 janvier 1996.

Direction de la Surveillance du Territoire (DST)

« La patiente revanche de la DST » Hervé GATTEGNO et Erich INCIYAN - Le Monde - 17 août 1994.

« Deux soldats de l'ombre dans l'entourage de M. Pasqua » Jacques ISNARD - Idem.

« Carlos, le grand déstabilisateur » Hervé GATTEGNO et Erich INCIYAN - Le Monde - 18 août 1994.

« La longue traque de la DST » Xavier RAUFER; « Un chasseur solitaire » Xavier RAUFER;

« A l'ombre du mur » Jean LESIEUR - L'Express - 18 août 1994.

« Taupes de labos » Françoise HARROIS-MONIN - L'Express - 2 mars 1995.

« Un préfet de la gauche est nommé directeur de la DST » Erich INCIYAN - Le Monde - 28 août 1997.

« Francis Temperville se dépeint en ingénieur manipulé par le KGB » Maurice PEYROT - Le Monde - 29 octobre 1997.

« Yves Bonnet, ancien directeur de la DST, placé en garde à vue » Jacques FOLLOROU - Le Monde - 28 novembre 1997.

« Yves Bonnet mis en examen pour complicité d'escroquerie » Jacques FOLLOROU - Le Monde - 29 novembre 1997.

« La justice tente d'éclaircir les curieuses missions de la société Conserver » Jacques FOLLOROU - Le Monde - 1er décembre 1997.

Secrétariat Général de la Défense Nationale (SGDN)

Ordonnance n° 59-147 du 7 janvier 1959 portant organisation générale de la Défense.

Décret n° 62-808 du 18 juillet 1962 relatif à l'organisation de la Défense Nationale.

Décret n° 62-809 du 18 juillet 1962 fixant les attributions du Secrétaire Général de la Défense Nationale.

Décret n° 62-1208 du 17 octobre 1962 fixant la composition et les attributions du Comité Interministériel du Renseignement.

Décret n° 78-78 du 25 janvier 1978 fixant les attributions du Secrétaire Général de la Défense Nationale.

« Réforme du SGDN » Relevé de décision émanant du Cabinet du Premier Ministre Jacques CHIRAC - 16 juillet 1987.

Décret n° 89-258 du 20 avril 1989 fixant la composition et les attributions du Comité Interministériel du Renseignement.

« Le SGDN » Plaquette de présentation - 1989.

« La commission des finances demande au premier ministre d'accroître le rôle du SGDN en matière de renseignement » Le Monde - 4 novembre 1994.

« La France cherche à mieux lutter contre les formes modernes de l'espionnage. Des directives sont en préparation au SGDN » Jacques ISNARD - Le Monde - 1er mars 1995.

« Le Secrétariat Général de la Défense Nationale réorganisé » Jacques ISNARD - Le Monde - 16 septembre 1995.

« SGDN - Nouvelle organisation » Plaquette de présentation - 1er octobre 1995.

« Entretien avec M. Jean Picq, Secrétaire Général de la Défense Nationale. Mission : coordonner » AA n° 207 - Février 1996.

« Jean Picq offre sa démission de Secrétaire Général de la Défense Nationale » Jacques ISNARD - Le Monde - 4 décembre 1996.

Renseignements Généraux (RG)

« Les secrets des RG » Dossier collectif - Le Point - 29 octobre 1990.

« L'histoire chargée d'un informateur de l'inspecteur Dufourg » Dominique Le GUILLEDOUX - Le Monde - 4 novembre 1990.

« Le facteur espion, viré par La Poste, lâché par les RG » Patricia TOURANCHEAU - Libération - 21 mai 1991.

« Charles Pasqua déplore l'affaire de l'espionnage du conseil national du PS » Gérard COURTOIS - Le Monde - 8 juillet 1994.

« Le PS porte plainte pour atteinte à la liberté individuelle et à l'intimité de la vie privée » Maurice PEYROT; « Une police de trop » Edwy PLENEL - Le Monde - 9 juillet 1994.

« Le commissaire Pochon chargé d'un audit des RG parisiens » Le Monde - 10 juillet 1994.

« La police des polices conclut au caractère fortuit de l'écoute des débats par un fonctionnaire des RG » Le Monde - 13 juillet 1994.

« L'homme qui en faisait trop » Gilles GAETNER - L'Express - 14 juillet 1994.

« Les Renseignements généraux parisiens abandonnent le suivi des partis politiques » Erich INCIYAN - Le Monde - 15 septembre 1994.

« Pasqua invite les RG à faire leur révolution culturelle » Francis ZAMPONI - Libération - 22 septembre 1994.

« Les RG retrouvent la politique par la coulisse » L'Evénement du Jeudi - 29 septembre 1994.

« Les renseignements généraux font l'objet d'une réforme limitée » Erich INCIYAN - Le Monde - 4 octobre 1994.

« Vent de fronde dans les RG parisiens » L'Evénement du Jeudi - 10 novembre 1994.

« Pasqua redéfinit les missions des Renseignements Généraux » Francis ZAMPONI - Libération - 21 novembre 1994.

« Ecoutes, RG : La France surveillée » Christophe BARBIER, Gilles GAETNER et Jean-Marie PONTAUT - L'Express - 10 avril 1997.

« Le procès sur les écoutes n'a pas éclairci l'affaire Doucé » Philippe BROUSSARD - Le Monde - 15 janvier 1998.

Autres services

« Circulaire relative aux conditions d'exercice par la Gendarmerie de sa mission renseignement » n° 32600 - Direction Générale de la Gendarmerie Nationale - 8 novembre 1985.

« Les missions de renseignement de la Gendarmerie, une banque de données » Chef d'Escadron Jean-Marie VIGNOLLES - AA n° 122 - Juillet 1987.

« La centralisation et l'exploitation des renseignements judiciaires » Lt-Col DELFERRIRE - Gendarmerie Nationale n° 153 - Octobre 1987.

« Les oreilles de l'Etat » Jacqueline DENIS-LEMPEREUR - Science & Vie n° 897 - Juin 1992 - *Nota :* traite du GIC et des écoutes téléphoniques.

« Circulaire relative aux cellules renseignement des groupements de Gendarmerie départementale » n° 30000 - Direction Générale de la Gendarmerie Nationale - 10 novembre 1994.

« La Gendarmerie française s'investit à l'étranger » Jacques ISNARD - Le Monde - 27 décembre 1997.

Renseignement militaire

— Généralités

« L'Ecole Interarmées du Renseignement et des Etudes Linguistiques (EIREL) » Maurice FAIVRE - Défense Nationale - Octobre 1988.

« M. Joxe veut donner au renseignement militaire le statut d'une arme » Le Monde - 8 mai 1991.

« Technical advances spur battlefield EW » Mark HEWISH - IDR 2/1992.

Décret n° 92-1483 du 31 décembre 1992 relatif à l'organisation de la représentation du ministre chargé des armées au sein des missions diplomatiques françaises à l'étranger.

« Une nouvelle dimension - La révolution du renseignement militaire » Frédéric TURLAN - AA n° 178 - Mars 1993.

« Dossier : l'Ecole Interarmées du Renseignement et des Etudes Linguistiques » Romain LEFEBVRE - Terre Mag n° 54 - Mai 1994.

« La culture du renseignement : l'Ecole Interarmées du Renseignement et des Etudes Linguistiques (EIREL) de Strasbourg » AA n° 195 - Novembre 1994.

« La DGSE et la DRM tentent de faire bon ménage pour mieux coopérer sur le renseignement militaire » Jacques ISNARD - Le Monde - 28 novembre 1994.

« Le gouvernement remplace le 'patron' de la direction du renseignement militaire » Jacques ISNARD - Le Monde - 26 novembre 1995.

« Le parcours peu banal du général Heinrich, numéro deux de l'IFOR » Le Monde - 28 février 1996.

« Dossier : la guerre électronique » Transmissions Magazine n° 12 - Mars 1996.

« Renseignement : option langues étrangères - l'Ecole Interarmées du Renseignement et des Etudes Linguistiques » Gwenn LÉAUSTIC - AA n° 224 - Octobre 1997.

— Direction de la Protection et de la Sécurité de la Défense (DPSD)

Décret n° 81-1041 du 20 novembre 1981 fixant les attributions de la Direction de la Protection et de la Sécurité de la Défense et portant suppression de la Direction de la Sécurité Militaire.

« L'enquête de la DPSD ne met en cause aucun militaire » Jacques ISNARD - Le Monde - 30 octobre 1997 - *Nota :* concerne la polémique autour de l'ouvrage « L'affaire Yann Piat ».

— Terre

« Les Dragons aux yeux de lynx » Troupes d'Elite.

« Le programme ORCHIDEE, système majeur de surveillance du champ de bataille » Paul DENARIÉ - D&A n° 51 - Mai 1986.

« Le système français Orchidée » Gérard TURBÉ - RID 9/1987.

« La surveillance du champ de bataille » Général (CR) Jean GIRODET - DAH n° 78 - Novembre 1988.

« Unmanned Aerial Vehicles - Part 1 : European programs » Brigitte SAUERWEIN - IDR avril 1989.

« The French Army's MART system progresses » Robert SALVY - IDR juin 1989.

« L'avion léger télépiloté MART » Stéphane FERRARD (magazine et date de publication inconnus).

Interopérabilité du système Orchidée » DAH n° 93 - Mars 1990.

« Robots volants : les yeux du champ de bataille » Général (CR) Jean GIRODET et Michel SAINT-SETIERS - DAH n° 98 - Septembre 1990.

« MART » DAI n° 104 - Mai/juin 1991.

« Le 13e Régiment de Dragons Parachutistes » Eric MICHELETTI - RAIDS n° 69 - Février 1992.

« Le renseignement opérationnel dans l'Armée de Terre » Dossier collectif - AA n° 179 - Avril 1993.

« Piver CL-289 » Général (CR) Jean GIRODET - Terre Mag n° 49 - Novembre 1993.

« La Bosnie vue à travers les yeux du Fox » Charles BICKERS - ESD 21 juin 1994.

« Charges de guerre électronique pour drones » Jean DUPONT; « Livraison en juillet du premier hélicoptère-radar Cougar-Horizon » Christel TARDIF - A&C/AI n° 1478 - 27 juin 1994.

« Deux Brevel ont volé » A&C/AI n° 1511 - 24 mars 1995.

« L'Armée de Terre se familiarise avec le Piver » André BRÉAND; « Naissance en Europe d'une industrie des drones » Jean DUPONT et Michael TAVERNA - A&C/AI n° 1514 - 14 avril 1995.

« Forte demande sur le marché de l'espion intellectuel » Jacques ISNARD - Le Monde - 15 septembre 1995.

« Le vol du faucon » 13e RDP - Terre Mag n° 67 - Octobre 1995.

« L'URH 27 : des alpins très spéciaux » Lt-Col DUMAS - Terre Magazine n° 72 - Mai 1996.

« STAIR désormais monté sur VBL » Jean-Louis PROMÉ - ESD 24 juin 1996.

« Le système Piver, œil de la paix en Bosnie » Bernard BOMBEAU - A&C/AI n° 1572 - 28 juin 1996.

« Les drones français de l'IFOR » Frédéric LERT et Yves DEBAY; « Brève histoire des drones de reconnaissance » - RAIDS n° 125 - Octobre 1996.

« Keeping the Peace » Frédéric LERT - Unmanned Vehicles - Octobre 1996.

« Bilan positif des drones CL-289 en Bosnie » Jean DUPONT - A&C/AI n° 1597 - 24 janvier 1997.

« Le renseignement » Dossier collectif - Terre Mag n° 81 - Mars 1997.

« Vers une certification civile des drones » Jean DUPONT - A&C/AI n° 1618 - 20 juin 1997.

« Une femme à l'écoute » Olivier CLAUDON - Terre Mag n° 88 - Novembre 1997 - *Nota :* concerne la présence d'éléments du 54e RT en ex-Yougoslavie.

« Le PIVER vole avec un radar synthétique » Jean DUPONT - A&C/AI n° 1634 - 14 novembre 1997.

— Air

« Les éclaireurs électroniques » Général (CR) Pierre MENANTEAU - S&V « Aviation 87 » - Juin 1987.

« Un ange passe au Dunkerque » Alain CROSNIER - Air Fan - Février 1990.

« La 54e Escadre Electronique Tactique - A l'écoute H 24 » Dossier collectif - Air Actu n° 466 - Octobre 1993.

« L'autre mission du Mirage IVP : la reconnaissance stratégique » Air Actu n° 476 - Octobre 1994.

« Premier vol du drone israélien Heron » Jean DUPONT - A&C/AI n° 1492 - 4 novembre 1994.

« Les voleurs d'images - ER 1/33 Belfort » Air Actu n° 478 - Janvier 1995.

« Le F1CR n'y voit toujours pas la nuit » A&C/AI n° 1503 - 27 janvier 1995.

« 100e mission Mirage IV sur l'ex-Yougoslavie » Air Actu n° 480 - Mars 1995.

« Allez Sarigue sors de ton trou ! » Jean-Loup CARDEY - Air Fan n° 196 - Mars 1995.

« Drones israéliens pour services secrets français » A&C/AI n° 1511 - 24 mars 1995.

« France set to sign for Hunter UAV systems » J.A.C. LEWIS - JDW - 8 avril 1995.

« Reco - Runs sur la Champagne » Olivier KLÈNE - Air Fan n° 198 - Mai 1995.

« Panne sèche pour les Hunter israéliens voulus par la France » A&C/AI - 26 mai 1995.

« Le Sarigue NG à l'AIA de Clermont-Ferrand » Nicole BEAUCLAIR - A&C/AI n° 1539 - 10 novembre 1995.

« 50 berges pour le 1/33 - 1re partie » Patrick BIGEL - Zone Air n° 11 - Janv./fév. 1996.

« La France achète cinq drones Hunter » Jean DUPONT et Claudine MEYER - A&C/AI n° 1553 - 16 février 1996.

« 50 berges pour le 1/33 - 2e partie » Patrick BIGEL - Zone Air nº 12 - Avril 1996.

« Le renseignement et l'Armée de l'Air » Dossier collectif - AA nº 211 - Juin 1996.

« A 60 000 pieds pour tout voir et tout entendre » Stéphane BARENSKY - Revue Aerospatiale - Juin 1996.

« Des Mirage IVP pour la reconnaissance » Jean De GALARD - A&C/AI nº 1573 - 5 juillet 1996.

« L'Armée de l'Air a besoin de vingt drones » Jean DUPONT - A&C/AI nº 1596 - 17 janvier 1997.

« Le drone Hunter au CEAM » A&C/AI nº 1612 - 9 mai 1997.

« Reconnaissance vidéo sur Mirage F1CR » Jean DUPONT - A&C/AI nº 1615 - 30 mai 1997.

« La famille Heron s'agrandit vers le haut » Jean DUPONT - A&C/AI nº 1618 - 20 juin 1997.

— Mer

« Le BEM Monge » Bernard DUMORTIER - Marines nº 52 - Décembre 1997.

« Un espion blanc pour écouter le silence de la mer » Jacques ISNARD - Le Monde - 23 décembre 1997.

— Espace

« L'exploitation des images spatiales par PIAO » François LOUANGE - Défense & Technologie International - Septembre 1990.

« Pleins feux sur Hélios » Jean-Paul CROIZÉ et Thierry d'ATHIS - Le Figaro - 14 mai 1991.

« La France, l'Italie et l'Espagne envisagent de placer deux satellites d'observation Hélios en orbite » Jacques ISNARD - Le Monde - 26 juin 1992.

« Imagerie satellite » François LOUANGE - L'Armement nº 41 - Février/mars 1994.

« L'US Air Force se branche sur le satellite SPOT » Jean DUPONT - A&C/AI nº 1471 - 9 mai 1994.

« L'Espagne se retire du projet de satellite espion Hélios-2 » Jacques ISNARD - Le Monde - 19 octobre 1994.

« Hélios deal may further Bonn-Paris alignment » J. A. C. LEWIS - JDW - 5 novembre 1994.

« Des satellites-espions pour l'Europe » Jacques ISNARD - Le Monde - 15 janvier 1995.

« Participation européenne pour Hélios-2 » Christian LARDIER - A&C/AI nº 1502 - 20 janvier 1995.

« Spécial Hélios » Dossier collectif - Air Actu nº 480 - Mars 1995.

« Hélios et les fractales » Albert DUCROCQ - A&C/AI nº 1526 - 7 juillet 1995.

« L'armée de l'air américaine a recours à SPOT » Jean-François AUGEREAU; « Les yeux de l'Europe dans le ciel » Jacques ISNARD - Le Monde - 8 juillet 1995.

« Lancement réussi à Kourou du satellite d'observation militaire Hélios 1-A » Jean-François AUGEREAU - Le Monde - 9 juillet 1995.

« Hélios, premier satellite militaire français » Pierre LANGEREUX - A&C/AI nº 1527 - 14 juillet 1995.

« Hélios : l'œil de l'Europe dans le ciel » Germain CHAMBOST - S&V nº 936 - Septembre 1995.

« L'Allemagne rejoint Hélios-2 et Horus » Christian LARDIER - A&C/AI nº 1544 - 15 décembre 1995.

« SPOT a dressé les cartes des accords de Dayton sur la Bosnie » Jacques ISNARD - Le Monde - 10 janvier 1996.

« Le satellite Hélios-1 assure l'autonomie stratégique de la France en Irak » Jacques ISNARD - Le Monde - 19 septembre 1996.

« Renseignement militaire, monopole américain ? » TTU nº 154 - 26 septembre 1996.

« France halts Helios-2 as Bonn wavers » JDW - 23 octobre 1996.

« Première visite au centre de Torrejon » Christian LARDIER - A&C/AI nº 1598 - 31 janvier 1997.

« L'Allemagne quitte Hélios-2 » Christian LARDIER - A&C/AI nº 1638 - 12 décembre 1997.

« La France lance sans l'Allemagne le projet de satellites espions européens Hélios-2 » Jacques ISNARD - Le Monde - 14 décembre 1997.

« Des yeux nouveaux pour mieux comprendre la Terre » Sébastien NEMO - Revue Aerospatiale nº 145 - Février 1998 - *Nota :* concerne le satellite SPOT 4.

VIDÉOTHÈQUE

« La Brigade de Renseignement et de Guerre Electronique » - « Top Défense » - France 3 - 28 mai 1994.

« La 54e Escadre Electronique Tactique de Metz » Reportage de G. CLAVEL, J. HAUSSARD, J.-C. KAUFMANN et P. CASTILLO - « Visions » - France 3 - 11 juin 1994.

« RG, les flics de l'ombre » Reportage de J.-P. VAN GEIRT et J.-C. FONTAN - « Reportages » - TF1 - 15 février 1997.

« Les nouvelles technologies du renseignement » - « Top Défense » - France 3, 27 septembre 1997.

« Mercenaires, espions, forces spéciales : quelle vie pour les hommes de l'ombre ? » - « Ça se discute » - France 2 - 3 mars 1998.

PUBLICATIONS

« Le Monde du Renseignement », lettre d'information bimensuelle éditée par Indigo Publications (10, rue du Sentier, 75002 Paris).

« RAIDS », magazine édité par Histoire & Collections (5, avenue de la République, 75541 Paris Cedex 11).

« TTU », lettre hebdomadaire d'informations stratégiques éditée par la SARL Certes (25, rue du Louvre, 75001 Paris).

SITES INTERNET

www.indigo-net.com (site du « Monde du Renseignement », de nombreux articles accessibles grâce à un système de paiement sécurisé).

www.janes.com (site du groupe britannique Jane's, qui édite notamment le mensuel « Jane's Intelligence Review »).

www.defense.gouv.fr (site du ministère français de la Défense).

TABLE DES MATIÈRES

éditions lavauzelle

B.P. nº 8
87350 panazol
paris cedex 75008
20, rue de Saint-Pétersbourg

Dépôt légal : juin 1998
ISBN nº 2-7025-0424-8